El género gramatical en español: factores determinantes en la asignación de género en sustantivos inanimados

STUDIA ROMANICA ET LINGUISTICA

SRL 84

Mar Capilla Martín

El género gramatical en español: factores determinantes en la asignación de género en sustantivos inanimados

PETER LANG
Berlin · Bruxelles · Chennai · Lausanne · New York · Oxford

Información bibliográfica de la Deutsche Nationalbibliothek
La Deutsche Nationalbibliothek recoge esta publicación en la Deutsche Nationalbibliografie. Los datos bibliográficos están disponibles en la dirección de Internet https://dnb.dnb.de.

Catalogación en publicación de la Library of Congress
Names: Capilla Martín, Mar author
Title: El género gramatical en español: factores determinantes en la asignación de género en sustantivos inanimados / Mar Capilla Martín.
Description: Berlin; New York: Peter Lang, 2026. | Series: Studia romanica et linguistica, 0170-9216; 84 | Includes bibliographical references.
Identifiers: LCCN 2026018636 (print) | LCCN 2026018637 (ebook) | ISBN 9783631948361 hardcover | ISBN 9783631948378 pdf | ISBN 9783631948385 epub
Subjects: LCSH: Spanish language--Gender | Spanish language--Noun | Spanish language--Animacy
Classification: LCC PC4211 .C36 2026 (print) | LCC PC4211 (ebook)
LC record available at https://lccn.loc.gov/2026018636
LC ebook record available at https://lccn.loc.gov/2026018637

ISSN 0170-9216
ISBN 978-3-631-94836-1 (Print)
ISBN 978-3-631-94837-8 (ePDF)
ISBN 978-3-631-94838-5 (ePUB)
DOI 10.3726/b23517

Publicado por Peter Lang GmbH, Berlin, Alemania

info@peterlang.com

Esta publicación ha sido revisada por pares.

www.peterlang.com

Contacto sobre el Reglamento relativo a la seguridad general de los productos (RSGP): gpsr@peterlang.com

A mis padres, fuente inagotable de apoyo y amor incondicional.
A mí misma por no rendirme.

Índice

Lista de figuras

Lista de tablas

Introducción

Este volumen aborda el estudio del género gramatical en español con el propósito de ofrecer una caracterización detallada de los mecanismos de asignación de género en los sustantivos inanimados. El objetivo principal consiste en establecer una clasificación que permita explicar los diversos factores que intervienen en dicho proceso, considerando también los préstamos introducidos en español en las últimas décadas.

El género gramatical constituye uno de los pilares de la estructura del español y configura un sistema de clasificación nominal que afecta no solo a la morfología, sino también a la concordancia, la pronominalización y otros aspectos de la lengua. Su estudio ha ocupado un lugar destacado en la tradición lingüística y gramatical, desde las primeras gramáticas hasta los enfoques estructuralistas y generativistas más recientes. Las investigaciones sobre el género en español han explorado tanto su naturaleza y origen histórico como las reglas que rigen la concordancia, las variaciones dialectales o las implicaciones sociolingüísticas derivadas del uso y la percepción del género. En la actualidad, la reflexión en torno al género gramatical sigue siendo un campo de notable vitalidad, que articula cuestiones estructurales, semánticas y pragmáticas con debates contemporáneos sobre la inclusividad lingüística y la representación de género.

A lo largo de la historia, diversos autores —desde Nebrija (1492) y Correas (1626) hasta Villar (1972, 1974, 1983), Alcina Franch y Blecua (1975) o Alarcos (1994)— han examinado el género gramatical desde perspectivas teóricas y metodológicas diversas. En las últimas décadas, los trabajos de Morera (2011), Ambadiang (1994, 1999, 2011), Hoyos (2002), Tubert (2003), Kramer

(2015, 2020), Picallo (2016), Fábregas (2022), Mills (2010) o Márquez (2013), entre otros, han renovado la discusión desde campos como la semántica, la morfología, la sintaxis o la sociolingüística. Sin embargo, los estudios centrados específicamente en los criterios de asignación de género en sustantivos inanimados siguen siendo escasos. Entre las contribuciones más relevantes cabe mencionar las de Loporcaro (2017), Rodríguez González (2019), Montero Curiel (2019, 2021, 2024) y García Gallarín (2020), quienes han aportado datos fundamentales sobre los factores etimológicos, semánticos y dialectales implicados en la determinación del género.

La asignación de género en los sustantivos inanimados —aquellos que carecen de referente sexuado— se caracteriza por su variabilidad y por la interacción de múltiples factores de naturaleza formal, semántica e histórica. Mientras algunos gramáticos han considerado que dicha asignación responde a convenciones arbitrarias, otros han señalado la existencia de motivaciones regulares asociadas a la forma, la etimología o la analogía. En este volumen se parte de la hipótesis de que el género masculino funciona como valor por defecto en español, y de que los sustantivos inanimados tienden a recibir esta marca salvo en los casos en que factores semánticos, formales o etimológicos favorezcan la asignación del género femenino. Asimismo, se propone que la distinción entre sustantivos continuos y discontinuos, apenas explorada en la literatura previa, constituye un elemento determinante en la distribución de género. En el caso de los préstamos lingüísticos —especialmente los anglicismos—, se examina hasta qué punto la ausencia de marcas flexivas en la lengua de origen condiciona la asignación del género en español y qué papel desempeñan las analogías formales y semánticas en este proceso.

El propósito general de este estudio es comprender la naturaleza del género en los sustantivos inanimados del español y establecer los patrones que rigen la asignación de género femenino en determinadas terminaciones. Por otro lado, se pretende identificar los factores que provocan desviaciones respecto de la tendencia general al masculino, con el fin de delinear la regularidad subyacente del sistema.

Desde una perspectiva metodológica, el libro se organiza en dos grandes partes. La primera examina la evolución histórica y teórica del concepto de género gramatical, desde su origen y desarrollo en la tradición gramatical hasta su tratamiento en la lingüística contemporánea. Se abordan tanto las dimensiones diacrónicas como las sincrónicas del género, con especial atención a su relación con otras categorías gramaticales —como el número o la concordancia— y a su papel en la configuración del sistema morfológico del español. La segunda parte presenta el análisis empírico. En primer lugar, se estudia el comportamiento de los sustantivos inanimados procedentes del latín, con el objetivo de determinar si la asignación de género obedece a principios arbitrarios o a patrones regulares y predecibles. En segundo lugar, se aborda la asignación de género en los préstamos, especialmente los procedentes del inglés, explorando los mecanismos mediante los cuales estas voces se integran en el sistema morfológico y semántico del español. El volumen concluye con un capítulo de síntesis en el que se recogen los principales resultados y se señalan las líneas de investigación que se abren a partir del estudio realizado.

PARTE I

Fundamentos teóricos

El género gramatical en la investigación lingüística

El término *género* proviene del latín *genus* y significa 'clase, tipo o especie a la que pertenece una persona o cosa'. Esta diferenciación en conjuntos, basada en rasgos más o menos comunes, es compartida en la mayoría de las lenguas, de modo que casi todas presentan una clasificación de los sustantivos en clases. Existen diversas formas en que las lenguas clasifican los sustantivos según su género gramatical, lo que evidencia la complejidad y la diversidad de las lenguas naturales (Corbett, 2013). En algunas, como el español, el italiano, el portugués, el francés o el sardo, se reconocen dos géneros —masculino y femenino— que se manifiestan a través de terminaciones o palabras específicas (Giudici, 1967; Díaz Padilla, 1994; Blasco-Ferrer, 1994; Maiden y Robustelli, 2007; RAE y ASALE, 2025; Cunha y Cintra, 2017). Sin embargo, no son las únicas lenguas que cuentan con un sistema binario: también el hindi y varias lenguas semíticas —árabe, arameo, amárico o hebreo— comparten esta disposición (Davidson, 1962; Riloba, 1982; Shapiro, 1989; Leslau, 1995; Muraoka, 1997; Ryding, 2005). Asimismo, existen lenguas con tres géneros —masculino, femenino y neutro—, como el latín o el alemán, que, al ser lenguas con declinaciones, permiten identificar el género de un sustantivo por su terminación o por el artículo en el caso del alemán (Engel, 1991, Durrell, 2021).

En otras lenguas se emplean clasificadores cuya función es categorizar el referente del sustantivo de acuerdo con su significado. En coreano, por ejemplo, se utilizan caracteres específicos para expresar el género: la palabra 'estudiante' se representa como 학생, y para designar a una estudiante mujer se agrega 여 ('mujer') a 학생 ('estudiante'), mientras que para un estudiante hombre se añade 남 ('hombre') (Sohn, 1999). En chino mandarín incluso se asocian conceptos negativos como celos, envidia, sospecha o violación a la mujer, incorporando el radical específico de feminidad a dichas palabras (Lin, 1981; Huang y Shi, 2016). Este mecanismo se observa también en lenguas como el japonés, el tailandés, el vietnamita o la lengua de signos (Thompson, 1965; Stokoe, 1974; Kiyose, 1995; Smyth, 2002). Cabe destacar que el uso de clasificadores no implica necesariamente la presencia de género gramatical, sino que constituye una forma distinta de categorización, ajena a la clasificación binaria o ternaria propia de otras lenguas. El uso de clasificadores refleja así un rasgo gramatical relevante desde el punto de vista tipológico (Moreno Cabrera, 2003).

En ruso, el género de un sustantivo se determina por su terminación: los sustantivos femeninos acaban en а, я o ь; los neutros, en *о*, *е* o *ё*; y los masculinos, en consonante, *й* o *ь*.[1] Sin embargo, el hecho de que femenino y masculino compartan la terminación *ь* genera cierto ámbito de indeterminación (Wade, 2020). De manera similar, en lenguas como el polaco o el checo el género se determina según la terminación en nominativo, con la particularidad de que los nombres animados masculinos humanos o humanizados se distinguen gramaticalmente: al funcionar como objetos directos, adoptan la marca del genitivo en lugar del acusativo (Heim, 1976; Stone, 1980). Estas diferencias ponen de manifiesto la complejidad y la diversidad del género gramatical según los criterios lingüísticos o culturales de cada lengua.

En otras lenguas, como el buruchasquio (norte de Pakistán), los sustantivos se agrupan en cuatro clases gramaticales: seres humanos masculinos, dioses y espíritus; seres humanos femeninos, diosas y espíritus; animales y sustantivos contables e inanimados; sustantivos incontables y abstractos (Čašule, 2009). El género puede también marcarse mediante palabras que introducen semánticamente el sexo, como en quechua o quichua (Adelaar, 1977).[2] En quechua, por ejemplo, el género se indica mediante la anteposición de *qhari* ('varón'), *urqu* ('macho'), *warmi* ('mujer') o *china* ('hembra'). Otra posibilidad consiste en expresarlo a través de medios léxicos, como en yoruba, donde

---

1 Como señala Forbes (1964), el ruso se asemeja estructuralmente en este aspecto más al resto de las lenguas indoeuropeas que el alemán.

2 El quechua, o quichua, es una lengua mayoritariamente hablada en países como Ecuador, Perú, Bolivia y también, aunque con menor frecuencia, en Argentina y Chile.

ọmọ okùnrin ('niño masculino') y *ọmọ obìnrin* ('niño femenino') mantienen el mismo lexema principal (Bamgbose, 2010). En guajiro, en cambio, los sustantivos carecen de género gramatical predeterminado, y los nombres con referentes sexuados simplemente indican la especie. En esta lengua, el género no marcado es el femenino, empleado tanto para referentes de ambos sexos como para objetos inanimados, hecho que podría relacionarse con la estructura matriarcal de la cultura wayú en la que las mujeres tienen un papel de liderazgo en la política, la economía, lo social y lo religioso (Olza Zubiri y Jusayú, 1986).

También existen lenguas que carecen de género gramatical, como el inglés, aunque su sistema pronominal marque género en la tercera persona singular, que incluye pronombres de sujeto —*he, she, it*—, pronombres de objeto —*her, him, it*—, posesivos —*hers, his, its*— o reflexivos —*himself, herself, itself*—. Además, en esta lengua el artículo definido *the* se aplica tanto al masculino como al femenino y a ambos números. El estonio tampoco distingue género gramatical, aunque marca el femenino mediante los morfemas *-nna* o *nais-* en profesiones o cargos desempeñados por mujeres (Harms, 1962; Metslang, 2024). Por su parte, el finés emplea el pronombre *hän* indistintamente para referirse a hombres o mujeres (Atkinson, 1977; Karlsson, 2017). De modo similar, el farsi emplea la vocal *u* (وواا) para *ella* o *él* y se emplean los mismos sustantivos, pronombres y adjetivos para describir cosas y personas (Rodríguez Vargas, 2022). En turco y húngaro, la distinción de género en los pronombres está ausente. No obstante, en turco, dependiendo del caso en el que se encuentre el sustantivo, se añade un sufijo u otro: en el caso acusativo se añade el sufijo *-i/-ı* al sustantivo masculino (*evi* 'casa'), *-yi/-yı* al femenino (*geceyi* 'noche') y *-u/-ü* al sustantivo neutro (*günü* 'día'). En cuanto a los pronombres, en húngaro para hablar de *él*, *ella* o *ello* se emplea *ö* y su plural *ők* para aludir a *ellos* o *ellas* (Tihany, 1942; Kornflit, 1993; Rounds, 2008). Otras lenguas, como el asamés, el oriya, el tagalo, el malay o el euskera, siguen el mismo patrón (Winstedt, 1913; Kroeger, 1991; Masica, 1991; Hualde y Ortiz de Urbina, 2003).

La distinción de género, por tanto, varía entre lenguas, con sistemas que van desde estructuras múltiples hasta la ausencia total de la categoría (Corbett, 2013). El estudio del género gramatical requiere, por ello, considerar no solo sus manifestaciones lingüísticas, sino también los factores sociales, culturales e históricos que influyen en su desarrollo (Wartburg, 1951 [1991]; Posner, 1998).

Este último sostiene que el género gramatical es una categoría compleja que refleja tanto factores biológicos como culturales y sociales, siendo clave para comprender la estructura de las lenguas naturales.

En referencia al concepto del *género*, algunos autores lo interpretan como una simple clasificación nominal que no refleja necesariamente la diferencia sexual (Anderson, 1961; Roca, 1989). Este sistema puede incluir la clase *sexo* o combinarse con otros rasgos —abstracto, colectivo, humano, animado— que el hablante utiliza al interpretar el género de los sustantivos. La percepción del género, mediada por la conciencia lingüística, revela la relación entre las estructuras lingüísticas y la visión del mundo. Esta idea se remonta a la *Teoría animista* de Grimm (1822), quien proponía que los hablantes primitivos atribuían espíritu a los elementos materiales y los clasificaban metafóricamente como masculinos, femeninos o neutros. Así, aquellos referentes asociados con la grandeza o la fortaleza serían considerados de género masculino, mientras que los vinculados a la debilidad o a la pequeñez serían asociados al género femenino. Finalmente, los elementos que son productos de un proceso serían agrupados bajo el género neutro. Aunque esta teoría resulta hoy insostenible por su sesgo sexista, constituyó un punto de partida al distinguir entre nombres sensoriales y abstractos, y al vincular la noción de género con la individuación.

Posteriormente, Brugmann y Delbrück (1897) reforzaron la distinción entre nombres de masa y contables desde una base lingüística. En su *Morfología comparada de las lenguas indoeuropeas* sostienen que el género gramatical es una categoría fundamental de las lenguas indoeuropeas la cual surge de la distinción biológica entre masculino y femenino, extendiéndose luego a otros sustantivos. Según ellos, el femenino se originó a partir de la voz *gwenā* ('mujer') con sufijo *-a*, frente al masculino en *-o*. En oposición, Meillet (1921) y Wartburg (1951 [1991]) consideraron incoherente la distinción heredada del indoeuropeo, mantenida solo por convención. Meillet propuso que la verdadera oposición era entre animado e inanimado, donde el masculino —y ocasionalmente el femenino— se oponía al neutro. Como ocurría en el indoeuropeo, el género en el lenguaje debía permitir reflejar la variedad en el mundo entre lo animado, masculino y femenino, y lo inanimado, neutro. Y es precisamente la idea de oposición entre masculino y femenino la que ha sido transmitida, posteriormente, para reflejar la oposición entre los conceptos de macho y hembra. Dicha teoría cuenta con un respaldo significativo por parte de numerosos lingüistas, que defienden que el género tiene su origen en un sistema binario, donde la oposición no está basada en el sexo del referente, sino en un contraste entre ser animado y objeto inanimado. Wartburg amplió esta idea al sugerir que las lenguas antiguas clasificaban los sustantivos animados como masculinos o femeninos, y los inanimados como neutros, con motivaciones semánticas o mitológicas, como la feminización de *la tierra* o la masculinización de *los ríos*. Villar (1972, 1974, 1983, 1996) retomó esta oposición y defendió que el género animado tuvo inicialmente motivación semántica, aunque posteriormente incorporó sustantivos inanimados por extensión funcional. Así, este autor negaba que el animismo pudiese explicar por sí mismo las anomalías que se dan en el género indoeuropeo por lo que concluye en que estas irregularidades no tienen justificación semántica ni referencial. En cuanto a la clasificación de género en español, Villar afirmaba la existencia de tres tipos: masculino, femenino y común de dos. Con esta distribución se aleja del género neutro, aunque señalaba que este aparece en los adjetivos, pronombres y participios cuando estos se sustantivan.

Por su parte, Martinet (1956) propuso que el género no depende de propiedades inherentes, sino de la concordancia con adjetivos y otros elementos de la oración. Desde esta perspectiva, la distinción masculino/femenino se origina en los demostrativos. Esta idea fue desarrollada por Zenenko (1983) y por Chomsky y Lasnik (1993), quienes entendieron el género como una categoría que se manifiesta a través de la concordancia. Fernández Pérez (1991), en cambio, sostuvo que el sustantivo es el portador inherente del género, mientras que el adjetivo solo flexiona en él. Por su parte, Loporcaro (2017) añadió que el género no es una propiedad universal fija, sino una convención cultural y lingüística sujeta a variación. Y por ello debemos entender el género gramatical desde otros aspectos del lenguaje, como la concordancia, la formación de plurales, el contacto lingüístico y la variación dialectal.

En suma, el género gramatical constituye un sistema nominal de clasificación que ha suscitado debate desde sus orígenes. Las primeras teorías, basadas en atribuciones metafóricas, cedieron paso a explicaciones más estructurales, centradas en la concordancia o en la oposición animado/inanimado. Sin embargo, persiste la falta de consenso sobre la motivación que subyace en los nombres sin referencia sexual: para algunos, el género es una convención arbitraria; para otros, un fenómeno con raíces semánticas, formales o culturales. En cualquier caso, el género gramatical sigue siendo una categoría controvertida, esencial para comprender tanto la estructura formal de las lenguas como la manera en que estas reflejan la percepción humana del mundo. Por ello, es necesario discutir cuestiones que se han ido planteando durante siglos: la conciencia misma del concepto *género*, sus funciones y rasgos, su manifestación en los sustantivos como categoría gramatical, su clasificación formal o la arbitrariedad de su asignación. Todo ello es una breve muestra del problema que existe en torno al género gramatical, un concepto que a lo largo de la historia ha sido controvertido, y sigue siéndolo, debido a su aparente falta de lógica o racionalidad.

Estudio del género desde una perspectiva diacrónica

2.1. Del indoeuropeo al español a través del latín

Desde la perspectiva de la civilización occidental, la familia lingüística de mayor relevancia, dada la cantidad de lenguas que abarca en el contexto europeo, es la familia indoeuropea. Su antecesor común, denominado protoindoeuropeo, no ha dejado documentación escrita, lo que obliga a su reconstrucción mediante métodos comparativos. Durante el primer tercio del siglo XIX, esta familia de lenguas se convirtió en objeto de estudio para destacados lingüistas como Rask (1818) y Bopp (1833), quienes exploraron las conexiones entre las distintas lenguas indoeuropeas y descubrieron notables similitudes estructurales y culturales. A partir de estas investigaciones, se ha podido establecer que los pueblos asentados en Europa y en amplias zonas de Asia —incluida buena parte del subcontinente indio— fueron absorbidos por la vasta familia de lenguas indoeuropeas, legítimas herederas no solo de un sistema lingüístico común, sino también de una compleja tradición cultural (Kretschmer, 1934; Ballester, 2006). A pesar de la escasa información conservada sobre las fases más antiguas del indoeuropeo —una de las familias con mayor número de hablantes, alcanzando en la actualidad unos 2250 millones—, los estudios comparativos permiten conocer con precisión muchos de sus rasgos y estructuras fundamentales.

En sus orígenes, la lengua indoeuropea primitiva carecía de procedimientos derivativos y flexivos, por lo que las palabras eran monomorfemáticas o invariables. La función sintáctica de los elementos oracionales se determinaba principalmente por el orden de las palabras, de modo que una alteración en este podía modificar el significado de la oración. Con el tiempo, el indoeuropeo experimentó un proceso de evolución que le permitió adaptarse a las transformaciones culturales y sociales de sus hablantes. Este cambio no se produjo de forma súbita, sino que se desarrolló progresivamente: en un primer estadio, la flexión gramatical ocupaba un papel secundario; en fases posteriores, en cambio, la lengua se convirtió en un sistema altamente flexivo, en el que tanto el sustantivo como el verbo presentaban variación morfológica según categorías gramaticales. Uno de los rasgos más característicos de este estadio fue la tonalidad, dado que la altura del tono determinaba tanto la categoría gramatical como el significado léxico. En lo que respecta al sustantivo, el indoeuropeo distinguía inicialmente dos géneros —animado e inanimado— basados en la animacidad de las entidades, diferenciación que se expresaba mediante terminaciones y otros mecanismos morfológicos. Con el paso del tiempo, este sistema binario evolucionó hacia un modelo tripartito, que distinguía los géneros masculino, femenino y neutro. Por regla general, los nombres que designaban seres machos adoptaban el género masculino; los que referían a hembras, el femenino; mientras que el neutro se reservó para los objetos asexuados. No obstante, como se analizará más adelante, esta correlación entre género y sexo no siempre se mantuvo de manera regular (Lehmann, 1974; Clackson, 2007).

Diversos factores explican la transición desde el modelo binario a uno tripartito. Algunos investigadores la atribuyen a la diferenciación interna dentro del grupo de sustantivos animados; otros, a la necesidad de categorizar de modo más preciso los inanimados (Meringer, 1923; Krahe, 1964; Lockwood, 1969). En el indoeuropeo, este proceso supuso la gramaticalización de la oposición sexual mediante morfemas específicos: según Rodríguez Adrados (1975, 1984, 1987, 1995), la terminación *-ā* (y en ocasiones *-ī*) servía para designar seres hembra, mientras que *-os* se consolidó como marca de masculino, generando así la distinción formal entre varón y hembra. No obstante, coexistían numerosos sustantivos que aún no se habían visto afectados por esta diferenciación y que más tarde adoptaron género masculino o femenino por influencia de la concordancia o de otros mecanismos léxicos. En este sentido, oposiciones simbólicas como cielo/tierra o fuego/agua reflejan paralelos masculino/femenino en el léxico indoeuropeo. El femenino, marcado morfológicamente, se oponía al masculino, no marcado, fenómeno que, según Rodríguez Adrados (2008), no debe interpretarse como una subordinación del femenino, sino como el resultado de una polarización estructural:

el masculino general, indiferente al sexo, se diferenció del masculino-sexo, creado por oposición al femenino, verdadero punto de partida del sistema de género.[3] Este proceso, iniciado hacia el tercer milenio a. C., pervive aún en el español y en muchas lenguas indoeuropeas modernas. En esta misma línea, Aguilar (2021) considera que los términos *género masculino* y *género femenino*, heredados de la gramática tradicional, resultan imprecisos. Propone, en su lugar, distinguir entre géneros marcados y no marcados, siendo el masculino el no marcado —al poder referirse a entidades de ambos sexos— y el femenino el marcado, al establecer una diferenciación explícita.

Con el transcurso de los siglos, el indoeuropeo se expandió por vastas regiones de Europa y Asia, diversificándose en múltiples lenguas que, pese a sus diferencias, compartían un origen común. La mayoría de las lenguas europeas actuales descienden de esta familia, con la excepción de ciertas familias menores y de algunas lenguas aisladas. Entre las principales ramas indoeuropeas se encuentran la germánica, baltoeslava, albanesa, irania, celta, helénica e itálica. Dentro de esta última se sitúa el latín, integrante de un conjunto de unas veinte lenguas relacionadas (Rask, 1818; Bopp, 1833). Hacia el año 1000 a. C., el latín fue introducido en la península itálica por pueblos de ascendencia indoeuropea y se consolidó en la región del Lacio, en torno al río Tíber. En el 218 a. C., la expansión romana alcanzó la Península Ibérica, iniciándose un proceso de romanización que implicó la implantación de la cultura, las instituciones y, de manera decisiva, la lengua latina. El latín se difundió ampliamente por el territorio peninsular, con la excepción del área vascófona, donde el euskera se mantuvo como lengua autóctona.

Al igual que el resto de las lenguas indoeuropeas, el latín heredó de su antecesor una estructura morfológica flexiva, como se manifiesta en su declinación, mediante la cual los sustantivos, los determinantes, los pronombres y los adjetivos adoptan diferentes representaciones según la función sintáctica que desempeñen. La declinación latina se construye en seis casos: nominativo,

---

[3] Brugmann y Delbrück (1897) descubrieron que el uso de sufijos femeninos como *-a-*, *-ie-* (*-i-*) tenía como función formar nombres abstractos y colectivos. De esta manera, los nombres discontinuos se considerarían masculinos. Como hemos visto en el apartado anterior, siguiendo la teoría de Grimm (1822), Brugmann y Delbrück (1897) diferencian entre sustantivos de masa y sustantivos discontinuos, y asocian el género femenino a un tipo de cuantificación. A partir de esta descripción, podemos establecer que existen criterios semánticos y formales que intervienen en la distribución de género.

genitivo, dativo, acusativo, vocativo y ablativo. El caso nominativo marca el sujeto o el atributo de la oración; el genitivo, el complemento del nombre o del adjetivo; el dativo, el complemento indirecto. El acusativo refiere al objeto directo o el complemento circunstancial. El ablativo representa el complemento circunstancial o el complemento regido y el vocativo expresa la función apelativa. En cuanto al género del sustantivo, el antiguo indoeuropeo tenía dos variedades: por un lado, el género animado para designar seres vivos, dentro del cual se producía una subdivisión entre género animado macho y género animado hembra, y, por otro, el género inanimado para designar entes o nociones abstractas. A su vez, el género animado macho poseía dos funciones: específica (para referirse a un ser vivo animado macho) y genérica (empleada para designar un ser vivo animado universal, fuese cual fuese su sexo); en cambio, el género animado hembra únicamente contaba con una función, la específica, es decir, se refería solo y exclusivamente a un ser vivo animado hembra. Estos rasgos binarios incluidos en el género animado establecen que el género inanimado se constituya como el género neutro en las lenguas procedentes del indoeuropeo. Un ejemplo ilustrativo es el latín clásico, que incorporó del indoeuropeo tres géneros gramaticales: femenino, masculino y neutro. Además, en su distribución gramatical, el latín clásico tendía a una concepción animista, de modo que las entidades eran masculinas o femeninas en función de su carácter sexuado, frente a los sustantivos neutros, reservados para las entidades desprovistas de sexo (Pinkster, 2015, 2021; Ramos Guerreira, 2021).

En el latín clásico, la palabra no aportaba la información morfológica necesaria para conocer la adscripción genérica del sustantivo. Así, el latín contaba con cinco declinaciones: la primera declinación (tema en *-a*), la segunda declinación (tema en *-o*), la tercera declinación (tema en consonante o en *-i*), la cuarta declinación (tema en *-u*) y la quinta declinación (tema en *-e*). Los nombres masculinos solían presentar terminaciones en *-us* o *-um*, los femeninos en *-a*, y los neutros, frecuentemente, en *-um*. Esta distribución formal, aunque no absoluta, servía de pauta general para la identificación del género. No obstante, existían numerosas excepciones que mostraban la arbitrariedad parcial del sistema, como *manus* ('mano'), femenino en *-us*, o *cornu* ('cuerno'), neutro en *-u* (Arellano, 1996; Pharies, 2007). Desde el punto de vista histórico, el género neutro desempeñó un papel fundamental en la organización gramatical del latín. Los sustantivos neutros designaban, en su mayoría, entes inanimados o abstractos, y su presencia afectaba a la concordancia de los elementos dependientes: los adjetivos y pronombres adoptaban formas neutras en función del género del núcleo. Sin embargo, ya en las fases finales del latín vulgar comenzó a observarse un proceso de erosión del neutro, que fue progresivamente absorbido por los géneros masculino y femenino. Este fenómeno, ampliamente documentado por Herman (2000) y Ledgeway (2012), se considera una de las transformaciones más significativas en el paso del latín al romance.

Con el transcurso del tiempo, la tendencia a asignar el género gramatical en función de la naturaleza sexual del sustantivo cambió. La terminación de la palabra comenzó a aportar información para la adscripción genérica y la desaparición de la visión animista hizo que el neutro empezara a desvanecerse.[4] De este modo, en el latín vulgar se reajustó el género de los sustantivos, por lo que el modelo ternario se convirtió en binario, al mantener exclusivamente masculino y femenino. Fueron diversos los factores que contribuyeron a esta simplificación. En primer lugar, en latín los casos marcaban diversas funciones sintácticas, por lo que la terminación por sí sola no podía determinar de manera clara la función sintáctica, al menos en la lengua hablada. A esto hay que añadirle el aumento del uso de las preposiciones, que en muchas ocasiones sustituían a la marcación de los casos como el genitivo, el dativo y el ablativo. Conforme pasaron los años, las preposiciones fueron más frecuentes que las desinencias de caso, delimitando la función y el significado de la palabra, un obstáculo al que el latín se enfrentaba. En segundo lugar, la expansión del acusativo en latín hizo que este absorbiera todos los demás casos, salvo el nominativo. De esta manera, en latín vulgar se terminó por simplificar el sistema de casos a un sistema bicasual: nominativo (para la función de sujeto) y oblicuo (para el resto de las funciones). Algunos estudiosos como Iliescu (1973) o Penny (1993) consideran que, en realidad, los sustantivos romances heredados del latín proceden del nominativo, que a su vez surge de la unión del caso nominativo y oblicuo del latín vulgar. Otras investigaciones más recientes, como las planteadas por Cennamo (2009), defienden la extensión del acusativo en las lenguas romances. La autora destaca la amplia variedad de funciones que el acusativo podía desempeñar, llegando a considerarlo el caso por defecto. Tanto es así que,

4 Loporcaro (2017) señala que el género neutro no se perdió en el latín hablado, como se ha sugerido a lo largo de la historia, sino que sufrió una sucesión de transformaciones desde el latín tardío, las cuales son responsables de los diferentes sistemas que se pueden observar en la actualidad en las lenguas romances.

según Cennamo, es posible creer que los hablantes utilizaran el acusativo en cualquier contexto sintáctico, lo que suponía el uso del acusativo como único caso y, en consecuencia, el colapso del sistema de casos.

En último lugar, la evolución fonética del latín también jugó un papel importante en la pérdida de casos y de declinaciones. El cambio fonológico que experimentó el latín tuvo consecuencias determinantes: el sonido final de las palabras latinas comenzó a reducirse o a desaparecer, lo que dificultaba la distinción entre los distintos casos. La elisión de la *m* en el acusativo singular, la abertura de la *ŭ* y su posible confusión con *ō*, la abertura de *ĭ* y probable confusión con *ē*, la pérdida de la distinción cuantitativa de las vocales, entre otros hechos: todos estos factores ayudaron a que las desinencias en latín se difuminaran y terminaran por confundirse unas con otras. Ante el cambio fonológico del latín, las preposiciones ganaron terreno a las desinencias casuales, pues marcaban de forma más clara las funciones sintácticas, motivo por el cual las desinencias fueron desapareciendo. En síntesis, la pérdida de los casos y de las declinaciones en el latín se debió a una combinación de factores fonéticos, morfológicos y sintácticos. La evolución lingüística del latín dio lugar a las lenguas romances, que presentan una morfología nominal más simplificada y una menor flexión en comparación con el latín clásico (Alvar y Pottier, 1983).

Con este nuevo modelo binario, en la evolución del género gramatical desde el latín al español, la correlación entre forma y género adquirió una importancia determinante. Los sustantivos que terminaban en *-a* tendieron a asociarse con el femenino, mientras que aquellos en *-o* lo hicieron con el masculino. Esta correspondencia, consolidada durante la transición al romance, se mantuvo como una de las regularidades más estables del sistema español, aunque no exenta de excepciones. Ejemplos como *día* (masculino) o *mano* (femenino) muestran la persistencia de formas heredadas que resistieron la tendencia general. A este respecto, Meillet (1958) advierte que el género femenino no surgió de la primera declinación con tema en *-a*, sino por analogía con la expresión de género mediante un cambio de la terminación que sufrieron los adjetivos, por lo cual de los sustantivos de tema en *-o* se obtuvieron secundariamente sus formas femeninas en *-a*.

Por su parte, Rodríguez (1996, 2003-2004, 2005) plantea que la reducción de géneros ocasiona una mayor generalización de la oposición referida al sexo. Así, se otorga un nuevo valor de género. Por otro lado, este autor destaca, desde una perspectiva fonético-fonológica, el reajuste en las declinaciones y en el sistema vocálico final como la razón subyacente de la arbitrariedad en la elección de género de los sustantivos pertenecientes a la tercera declinación (consonante/-e). En líneas generales, si el sustantivo neutro singular acababa en *-um*, *-us*, *-u* se otorgaba género masculino. En el caso de los plurales neutros en *-a*, algunos se percibieron como sustantivos de género femenino, reanalizándose como singulares. En sus investigaciones, Rodríguez habla de un género fijo y desmotivado, que no añade información semántica, un mero valor gramatical. No obstante, no solo influyen causas fonético-fonológicas en el reajuste de las declinaciones, sino que este autor también considera factores semánticos que simplifican los géneros de los sustantivos a dos, masculino y femenino, eliminando el neutro. Esta simplificación conlleva una mayor generalización de la oposición basada en el sexo del referente, generando nuevos valores de género. A su vez, el género neutro, presente en adjetivos y pronombres, modifica su naturaleza: de denotar lo 'inanimado', en español pasa a representar lo 'abstracto', mientras que en otros dialectos ibero-románicos también puede indicar lo 'continuo' o lo 'no contable'.

Este reajuste morfológico no fue homogéneo en todas las lenguas romances. El francés, por ejemplo, eliminó el género neutro por completo, mientras que el italiano y el español conservaron algunas huellas de la distinción originaria. En el caso del español, ciertos sustantivos o construcciones reflejan vestigios del antiguo neutro latino. Así ocurre con el uso del artículo *lo*, heredero del pronombre neutro *illum*, que conserva valores referenciales abstractos o de generalidad (*lo bueno, lo importante*).

Respecto al funcionamiento del género en las lenguas romances, Loporcaro (2017) muestra cómo cada lengua manifiesta su género mediante distintas terminaciones, al tiempo que examina la evolución del género gramatical en estas lenguas. Su estudio resulta fundamental para el análisis del género, ya que evidencia, entre otros aspectos, cómo diversas variedades románicas presentan sistemas más complejos que el binario tradicional —masculino y femenino—. Así, el sistema de género del asturiano guarda estrecha relación con los sistemas cuatripartitos de algunos dialectos italianos. Aunque se asemeja al español al distinguir entre masculino (*-u*) y femenino (*-a*), difiere al incorporar un tercer valor de género (*-o*), denominado neutro de materia. Según el análisis del autor, el asturiano posee dos sistemas de género: uno prenominal, coincidente con el binario, y otro tripartito, presente en otros contextos sintácticos. En esta perspectiva, el neutro asturiano no se concibe como un género morfológico, sino como un clasificador nominal que expresa la cualidad de continuo de las entidades designadas.

En relación con el género neutro, Loporcaro (2017) señala que el neutro del latín vulgar desarrolló una distinción morfológica entre el neutro alternante, que denotaba colectividad analítica mediante el demostrativo *illu*, y el neutro de masa, que expresaba colectividad sintética a través del demostrativo *illoc*. Asimismo, el autor aborda su estudio desde dos perspectivas complementarias: una diacrónica, orientada a reconstruir el proceso evolutivo que condujo a los sistemas de género actuales en las lenguas romances, y otra sincrónica, centrada en describir la diversidad estructural de dichos sistemas y la variación tipológica que presentan en distintas regiones. Desde la óptica diacrónica, Loporcaro sugiere que los sistemas tripartitos representan probablemente una fase intermedia en la evolución del género gramatical en las lenguas románicas, previa a la consolidación de los sistemas binarios. De este modo, demuestra que el sistema tripartito del latín clásico persistió en el latín vulgar, con la única diferencia de que el neutro se asimiló al masculino en singular (*-u*) y al femenino en plural (*-e*) por efecto de cambios fonéticos. Esta etapa de transición originó dos desarrollos posteriores: la conservación de sistemas tripartitos en algunas lenguas romances, como el rumano, el canepinese o el altamurano, y la reducción al sistema binario en el italiano estándar y en la mayoría de las lenguas y dialectos románicos.

Otro de los planteamientos centrales de Loporcaro concierne al propio concepto de género. Siguiendo la definición de Corbett (1991), sostiene que el género gramatical se define por la concordancia. Según este enfoque, los géneros se establecen en función de clases de concordancia (*agreement classes*), determinadas dentro de cada sistema lingüístico por morfemas característicos que vinculan los regentes —los nombres— con los regidos —los elementos dependientes, como adjetivos, participios o artículos—. Este enfoque distingue su propuesta de otros modelos tradicionales sobre el género gramatical. En el caso del español, resulta imprescindible realizar un análisis morfológico y sintáctico del género, ya que los subsistemas que lo componen se interrelacionan y conforman un sistema integral. Según Hoyos (2002), el género gramatical constituye una categoría lingüística que expresa un sistema de clasificación estrictamente gramatical —masculino, femenino o neutro— y que marca las relaciones necesarias entre nombres, artículos y adjetivos. De acuerdo con la Nueva gramática de la lengua española (en adelante *NGLE*;

RAE y ASALE, 2025, § 2.1a), el género gramatical es un rasgo inherente de los sustantivos y pronombres, que se manifiesta en la concordancia con determinantes, cuantificadores, adjetivos y otras clases de palabras. En cuanto a su clasificación, los sustantivos se dividen en masculinos y femeninos, puesto que el neutro no puede considerarse un tercer género —como sucede en alemán o en latín—, sino un exponente de una clase gramatical vinculada a conceptos abstractos (RAE y ASALE, 2025). Más adelante se abordará el denominado neutro de materia.

En lo referente al género de los sustantivos inanimados, no parece existir un principio gramatical universal que determine su asignación, aunque se observan ciertas tendencias que se tratarán en próximos capítulos. En estos casos, el género es una propiedad gramatical inherente, desvinculada del sexo, a diferencia de los sustantivos animados, donde el género distingue el sexo del referente (*niño/niña, hermano/hermana, perro/perra, ministro/ministra, burro/burra*). En ocasiones, el sexo de la entidad no se especifica (*la culebra, la liebre, la persona*) o se marca en ambas formas (*el testigo/la testigo, el cónyuge/la cónyuge*). El género en sustantivos animados puede manifestarse de distintas maneras, siendo la más habitual la adición de desinencias o sufijos: *poetisa* (*-isa*), *chica* (*-a*), *condesa* (*-esa*), *emperatriz* (*-triz*), entre otros. Además, los sustantivos pueden clasificarse en comunes en cuanto al género, heterónimos, ambiguos y epicenos. En los comunes, una única forma agrupa ambos géneros, especificados mediante los determinantes o adjetivos que concuerdan con el sustantivo: *el/la pianista, el/la estudiante, el/la atleta, el/la modelo*. Los heterónimos, por su parte, emplean raíces distintas (*toro/vaca, caballo/yegua, hombre/mujer, padre/madre*). Los epicenos designan seres animados de ambos sexos bajo un único género gramatical (*el rinoceronte, la víctima*). A diferencia de los comunes, los epicenos no permiten marcar el sexo del referente mediante la concordancia, ya que su forma está fijada en un solo género. Existen epicenos masculinos (*el personaje* *[*la personaje*]) y femeninos (*la persona* *[*el persona*], *la víctima* *[*el víctima*]). Cuando el sustantivo alude a un animal, puede añadirse una especificación: *la hormiga macho* o *la hormiga hembra*. En la actualidad, algunos de estos sustantivos admiten flexiones femeninas: *el tiburón/la tiburona, el anfitrión/la anfitriona, el hurón/la hurona, el león/la leona*.

En cuanto a los sustantivos inanimados, estos seleccionan un único género gramatical —masculino (*libro, sofá, reloj*) o femenino (*mesa, pared*)—, aunque existen casos de ambigüedad: *el/la mar, el/la azúcar, el/la vodka*.

La elección de género suele depender del registro, la variedad dialectal o el nivel de lengua (Gómez Torrego, 1996; Rini, 2019). Como indica la *NGLE* (RAE y ASALE, 2025, § 2.8a), los ejemplos de sustantivos animados ambiguos son escasos, entre ellos *ánade*, cuyo género solo puede inferirse mediante la concordancia, no por desinencia.[5] En muchos sustantivos animados, el género diferencia el sexo del referente (*niño/niña*), mientras que en los demás constituye una propiedad gramatical inherente sin relación con el sexo. La terminación no siempre refleja ni el género ni el sexo del referente: *persona*, por ejemplo, posee género gramatical femenino y engloba ambos sexos. Este papel del segmento final ha sido decisivo en la morfología del español. Algunos especialistas incluso han cuestionado la existencia de un morfema flexivo de género, proponiendo tratar esta información dentro de la morfología derivativa (Murillo, 1999; Lliteras, 2008; Serrano-Dolader, 2010). Así, casos como *la mano* o *la foto* presentan terminaciones en *-o* con género femenino, y otros como *el mapa* o *el cometa*, terminaciones en *-a* con género masculino. En tales ejemplos, la terminación no determina el género. En otros casos, el género se asocia a factores léxicos o semánticos, como la continuidad (*leño/leña*), el tamaño (*cesto/cesta*) o la relación árbol-fruto (*manzano/manzana*). En los seres no sexuados, el género depende de su estructura interna —significado y significante— o de su etimología. En esta línea, Rodríguez Díez (2005) propone una distribución semántica del género en función del tamaño, según el dominio léxico en el que se establece la distinción masculino/femenino, abarcando ámbitos como recipientes, topografía, medios de comunicación, vestimenta, alimentación, herramientas, flora, fauna, número, tiempo, cantidad o intensidad.

En definitiva, el español conserva parcialmente la clasificación de género heredada del latín, que a su vez proviene del indoeuropeo. Este distinguía los nombres según un criterio natural, oponiendo lo animado a lo inanimado. Entre los inanimados se incluyen nombres de entidades inertes (*lápiz, mesa, edificio, botella, papel*) y abstractas (*alegría, bondad*). Con las declinaciones latinas, muchos sustantivos inanimados pasaron al grupo de los neutros, que reunió nombres no sexuados y dio origen a la actual confusión entre género

---

[5] Cabe señalar que el género etimológico de *ánade* es el femenino, documentado en tratados y textos literarios desde los siglos XIV al XVI. Sin embargo, el uso del alomorfo *el* pudo haber propiciado un reanálisis, que dio como resultado el género masculino a partir del siglo XVI.

natural y género gramatical. Con el reajuste de las declinaciones, el neutro desapareció por razones fonético-fonológicas y sintáctico-semánticas, lo que acentuó la oposición entre masculino y femenino. De esa contraposición surgió en español una distinción morfosintáctica: masculino, marcado con *-o*, y femenino, con *-a*. Las marcas de género del español son, pues, resultado de la evolución de las terminaciones latinas. Ahora bien, la noción de género en latín difiere de la que rige en las lenguas romances. En latín, el masculino y el femenino se definen en oposición al neutro, mientras que en español el femenino se define frente al masculino y viceversa. Por ello, conviene diferenciar el concepto de género, vinculado a la caracterización sexual, del de género gramatical, entendido como una categoría formal que clasifica los sustantivos según el sistema morfológico de cada lengua.

2.2. El tratamiento del género en las gramáticas del español

Desde un punto de vista lingüístico, el género gramatical ha sido tratado por gramáticos clásicos, como Nebrija, Villalón, Jiménez Patón, Correas, Bello o Villar, y por otros autores más contemporáneos como Blecua, Seco, Alarcos o Ambadiang. En este apartado, presentamos un breve análisis de algunas gramáticas con el propósito de exponer la evolución del tratamiento del género gramatical desde sus primeras manifestaciones en las gramáticas del español hasta trabajos más actuales. Debido a la ingente cantidad de estudios, hemos dividido el análisis en dos periodos fundamentales: antes del siglo XX y después del siglo XX. La comprensión de ambas etapas nos brinda una visión completa y profunda sobre el género gramatical y su evolución a lo largo del tiempo. En los siglos anteriores al siglo XX, podemos examinar el surgimiento y el desarrollo de la categoría de género, así como los factores que influyeron en su formación. Por otro lado, al analizar la etapa contemporánea, podemos explorar los debates actuales en torno al género gramatical y su tratamiento en los últimos años.

2.2.1. Gramáticas hasta el siglo XX

Desde sus inicios, la palabra *género* ha suscitado una notable controversia entre los gramáticos. Los griegos fueron los primeros en ocuparse de esta categoría. En su *Poética* (335 a. C./2016), Aristóteles sostiene que el género gramatical de las palabras mantiene una conexión con la naturaleza de las cosas que representan: los sustantivos femeninos se asocian a objetos o seres pasivos y receptivos, los masculinos a los activos y dinámicos, y los neutros a realidades sin género definido. El filósofo griego señala además que el género gramatical influye en la percepción: una palabra en masculino puede evocar fuerza o poder, mientras que una en femenino puede transmitir debilidad o pasividad.

En la concepción griega del género como categoría gramatical, este se entiende como una propiedad formal que se manifiesta exclusivamente en los fenómenos de concordancia. Así, un sustantivo será clasificado como femenino si concuerda con un adjetivo de género femenino, como neutro si lo hace con uno neutro y como masculino si concuerda con uno masculino. Los géneros, además, se vinculan con una clasificación sexual de los sustantivos, salvo ciertas excepciones (Protomártir Vaquero, 2008). A partir de Aristóteles, y a lo largo de la Edad Media y la Edad Moderna, el género se concibe como un rasgo formal y arbitrario. En esta línea, Nebrija (1492) plantea el género gramatical como una propiedad de las palabras que no puede modificarse libremente y que debe aprenderse junto al léxico de la lengua. Martínez Gómez Gayoso, en su *Gramática de la lengua castellana* (1743), retoma esta tradición aristotélica al definir el género como «la diferencia con que los nombres se distinguen unos de otros, según el sexo que se les atribuye» (part. II, lec. IV, p. 35), esto es, según su naturaleza. La idea de una relación entre género gramatical y naturaleza ha sido, sin embargo, objeto de crítica por numerosos lingüistas y filósofos. Hoy se reconoce, de manera general, que el género gramatical es una convención lingüística variable entre lenguas y sin conexión necesaria con la esencia de los objetos o seres que designa.

En cuanto a la correlación entre género y sexo, Aristóteles, en su *Metafísica* (ca. 348–335 a. C./2018), concibe el género como el resultado de la diferenciación sexual expresada por las parejas macho (*arren*) y hembra (*thelu*) —en animales— o varón (*aner*) y mujer (*gyné*) —en la especie humana—. Para el filósofo, macho y hembra o varón y mujer son contrarios, pero no especies distintas, pues pertenecen al mismo género. La distinción reside en la materia y en el cuerpo, es decir, en los órganos sexuales. De estas ideas surge una oposición conceptual entre lo humano (varón/mujer) y lo animal (macho/hembra). Nebrija (1492) retoma la clasificación grecolatina al definir el género como aquello por lo que el macho se distingue de la hembra y el neutro de ambos. No obstante, esta diferenciación basada en una visión zoológica no equivale a la distinción gramatical entre masculino y femenino. Aristóteles ya advertía que, aunque el género gramatical puede reflejar el sexo biológico de los seres nombrados, no siempre existe correspondencia directa.

En relación con la clasificación del género, la primera gramática conocida que aborda esta cuestión es la de Dionisio de Tracia (ss. II–I a. C./2003), quien distingue cinco géneros: masculino, femenino, neutro, común y epiceno. El autor plantea también el *genus omne*, género común a los tres. Otros gramáticos, como Aristóteles (335 a. C./2016) o el anónimo lovaniense (1555), reconocen tres: masculino, femenino y neutro (Ramajo, 1987; Calero Fernández, 1994). El segundo anónimo de Lovaina (*Gramática de la lengua vulgar de España*, 1559) y Miranda (1566) proponen dos géneros: viril y mujeril. Villalón (1558) introduce una nueva distribución —masculino, femenino y común de dos—, ampliada por Jiménez Patón (1614), quien incorpora el neutro. Correas, en su *Arte de la lengua española castellana* (1626), reconoce seis géneros: masculino, femenino, neutro, común de dos, ambiguo y epiceno. Un siglo después, Martínez Gómez Gayoso (1743) añade el género común de tres (*la/lo/el prudente*), alcanzando siete categorías: masculino, femenino, neutro, común de dos, común de tres, ambiguo o dudoso, y epiceno o promiscuo. Heredia (1767) simplifica la clasificación y elimina el género ambiguo y epiceno, dejando cinco: masculino, femenino, neutro, común de dos y común de tres. Más cercana a la visión moderna es la propuesta académica de 1771, recogida también por Salvá (1830) y Bello (1847), que distingue dos géneros —masculino y femenino—, además de un neutro restringido a ciertos adjetivos, al artículo *lo* y a pronombres terminados en *-o* (*ello, esto, aquello*).[6] La *Gramática* de 1796 amplía el sistema con los géneros epiceno y común, y la de 1858 añade el ambiguo, manteniéndose esta clasificación en la edición de 1870.

Otras gramáticas establecen clasificaciones basadas en rasgos formales. En la *Útil y breve institutión para aprender los principios y fundamentos de la lengua española* (1555), los sustantivos terminados en *-a* son femeninos; los acabados en *-o*, masculinos; y los terminados en *-e* o consonante pueden

[6] En su *Gramática de la lengua castellana destinada al uso de los americanos* (1853), Bello limita el género neutro a algunos pronombres, adjetivos e infinitivos (*cantar* de *canto*, *comer* de *como*, *partir* de *parto*). A este respecto, el autor expone que equivalen a un neutro los conceptos que significan cosas y que se reproducen colectivamente: *aquellos pozos, aquella naturaleza, aquella fertilidad* (§ XV).

pertenecer a cualquiera. En la obra de Santiago de Villafañe y Yebra (*Speculum Grammaticorum*, 1701) se distinguen tres tipos de sustantivos: los definidos por su significado, los identificados por su terminación y los ambiguos. Esta clasificación anticipa la relevancia de los factores formales y semánticos en la asignación del género. Gramáticos como Miranda (1566), Heredia (1767), Salvá (1830) o Bello (1847) destacan la importancia de la terminación como criterio determinante. Salvá (1830) supone un punto de inflexión al integrar la significación y la terminación como principios esenciales para determinar el género. Clasifica los nombres atendiendo a su significado y género: los de reinos, provincias o ciudades son femeninos si terminan en *-a* (*Salamanca, Valencia, Barcelona*), y masculinos en otro caso (*Teruel, Toledo, Madrid*). Los nombres de montes o vientos son masculinos, salvo excepciones como *brisa* o *tramontana*. Consciente de las irregularidades, Salvá ofrece un catálogo de terminaciones (*-a, -e, -i, -y, -l, -n, -o, -r, -s, -u, -x, -z*) para sistematizar el género, aunque reconoce las numerosas excepciones. Posteriormente, Bello (1847) amplía esta clasificación, añade nuevas consonantes (*-d, -j*) y elimina la *-y*, mientras que la *Gramática de 1858* incluye la *-t*. Frente a esta perspectiva formal, algunos autores —como el anónimo de 1555 o la *Gramática* de la RAE (1771)— advierten que ni la terminación ni la significación son reglas fiables, pues «las reglas que se estableciesen para conocer el género por la significación, ó por la terminación de los nombres, serían largas, embarazosas y llenas de excepciones» (part. I, cap. III, art. IV, p. 14).

Martínez Gómez Gayoso (1743) propone resolver la ambigüedad a través del uso del artículo y del adjetivo, retomando la tradición clásica que los considera indicadores de género. Así, el masculino se marca con *el*, el femenino con *la*, el neutro con *lo* y los comunes con la combinación de estos artículos. Es importante señalar que el latín atiende a la concordancia para explicar el género y lo manifiesta a través de demostrativos. Así, un nombre será masculino si puede concordar con el demostrativo *hic*, femenino, si va con el demostrativo *haec* y neutro, con el demostrativo *hoc*. En el mismo sentido, Nebrija (1492) define el género según los elementos que acompañan al sustantivo, distinguiendo siete clases y subrayando la relevancia de la concordancia: masculino (*el* + S *[el libro]*), femenino (*la* + S *[la carta]*), neutro (*lo* + S *[lo justo]*), común de dos (*el/la* + S *[el/la testigo]*), común de tres (*el/lo/la* + S *[el/la/lo fuerte]*), dudoso (*el* o *la* + S *[el color o la color]*), mezclado (*el* o *la* + S de especie *[el ratón macho* y *el ratón hembra, la paloma macho* y *la paloma hembra*]).

Por su parte, Bello (1847) ofrece un análisis detallado de las reglas de concordancia y de las excepciones, como *iris* o *Sierra Morena*, que rompen los patrones morfológicos. *Iris*, a pesar de ser parte de los sustantivos griegos con terminación en *-is*, usualmente femeninos, presenta género masculino. Lo mismo ocurre con *Sierramorena*, que tiene género femenino a pesar de pertenecer al grupo de nombres propios de ríos, montes y cordilleras, los cuales suelen tener género masculino en español. Otro caso sería el sustantivo *hipérbole*, ambiguo, a pesar de pertenecer al grupo de sustantivos en *-e* que hacen referencia a figuras gramaticales o retóricas, normalmente femeninos.

En síntesis, las gramáticas vernáculas anteriores al siglo XX conciben el género como una propiedad inherente del sustantivo. Las gramáticas modernas comienzan a distinguir entre género natural y género gramatical, atendiendo a la asignación y a las normas de concordancia. Autores como Villafañe y Yebra (1701), Miranda (1566), Heredia (1767), Salvá (1830) o Bello (1847) destacan la importancia de la terminación y el contenido semántico para la fijación del género. Estas propuestas muestran que el género gramatical, lejos de ser arbitrario, responde a patrones formales y semánticos. Las nociones de Nebrija reflejan, además, la tensión entre forma, significado y función sintáctica, tensiones que anticipan los debates contemporáneos sobre la categoría de género (Montero Curiel, 2024).

2.2.2. Gramáticas desde el siglo XX

En el transcurso del siglo XX, las gramáticas experimentaron una notable evolución que reflejó los profundos cambios sociales, culturales y lingüísticos del momento. A medida que la lingüística moderna desarrollaba nuevos enfoques teóricos y metodológicos, las gramáticas tradicionales se vieron cuestionadas y transformadas, lo que dio lugar a un panorama de estudios gramaticales en constante revisión y expansión. Bello (1847), en su *Gramática de la lengua castellana destinada al uso de los americanos*, seleccionó y organizó las ideas más coherentes de la primera mitad del siglo XIX, sentando las bases para los desarrollos posteriores. Con posterioridad, obras académicas como las diferentes ediciones de la *Gramática de la lengua castellana* (1917, 1920, 1924, 1931, 1959) mantuvieron una clasificación semejante en lo que respecta al género de los sustantivos y su distribución, teniendo en cuenta factores como la terminación y el significado.

En cuanto al concepto de género, autores como Alcina Franch y Blecua (1975), Hjelmslev (1976), Lloyd (1993) o Alarcos (1994) lo abordan desde criterios esencialmente formales. Alcina Franch y Blecua (1975) definen el género como la clase de morfemas que permite actualizar un determinado morfema lexemático como sustantivo o adjetivo, marcar la concordancia y aportar información sobre el sexo u otros aspectos de la realidad representada por el lexema mediante la oposición de los morfos del sistema. Así, distinguen entre un género motivado, cuando existe una relación entre concordancia y sexo o entre concordancia y significado, y un género inmotivado, cuando dicha relación no se da. En la misma línea, Alarcos (1994) considera el género gramatical una categoría morfológica que se aplica a sustantivos, adjetivos y determinantes, y que se manifiesta a través de marcas morfológicas como la terminación (*-o* para masculino, *-a* para femenino). Destaca además la confusión frecuente entre género gramatical y sexo del referente, al tiempo que advierte que el género no puede entenderse como un mero accidente gramatical, pues ello contradiría su carácter inherente. Por su parte, Hjelmslev (1976) sostiene que el género gramatical no constituye un rasgo semántico, sino una categoría formal independiente del significado, regulada por las reglas gramaticales que determinan el género de los sustantivos y de otros elementos lingüísticos.

Esta concepción del género como propiedad gramatical inherente a los sustantivos y, en algunos casos, a los pronombres —manifestada a través de la concordancia con determinantes, cuantificadores, adjetivos y participios— ha perdurado en los estudios posteriores (RAE y ASALE, 2025 § 2.1a). En esta misma línea, Seco (1989) subraya la importancia del artículo y del adjetivo como elementos definitorios en la identificación del género, mientras que González Calvo (1979) considera que el género en español constituye una categoría sintáctica, no semántica ni morfológica, que permite clasificar los sustantivos en masculinos y femeninos conforme a las reglas de la concordancia.

Como se señalaba en el apartado anterior, las gramáticas tradicionales centraron su atención en describir las normas que rigen la asignación del género gramatical en los sustantivos, basándose fundamentalmente en criterios de significado y de terminación. Esta perspectiva es compartida por Ambadiang (1999), quien sostiene que el género de cualquier sustantivo en español está determinado por su forma o por rasgos léxicos relacionados con su significado, su clase léxica o su referente. Distingue, por tanto, dos tipos de criterios: uno semántico (el sexo del referente) y otro formal (las marcas morfológicas o los procesos de concordancia). En general, el criterio semántico determina el género de los sustantivos animados mediante el sexo del referente (gato/gata), mientras que en los inanimados se establece a través de rasgos de contenido como la dimensión (nevero/nevera, charco/charca, pozo/poza), la forma (trono/trona, barco/barca, carretillo/carretilla) o la cantidad (fruto/fruta, leño/leña, madero/madera). Esta asociación ha sido interpretada por algunos autores como un proceso de derivación y no de flexión (Roca 2005, 2006, 2013; Serrano-Dolader 2010).

En esta línea, estudios como los de Moreno Fernández y Ueda (1986) o Millán Chivite (1994) sostienen que este tipo de desinencias funcionan como afijos derivativos que expresan tamaño, especie de árbol o incluso sexo. En relación con este último rasgo, Moreno Fernández y Ueda (1986) destacan la equivalencia entre la desinencia *-a*, que marca el sexo femenino, y otras como *-esa*, *-iz* o *-ina*, utilizadas con idéntico propósito. En los sustantivos inanimados, la relación entre terminación y género se explica, según Millán Chivite (1994), mediante diferentes modalidades de oposición. Este autor retoma tres pares de rasgos planteados por Hjelmslev (1976) para la reducción de los valores semánticos en los sustantivos inanimados: compacto/discreto, limitado/ilimitado y concentrado/expansivo. Los dos primeros, según Hjelmslev, se vinculan al número, mientras que el último se asocia al género. En este sentido, el valor concentrado reflejaría cualidades atribuidas tradicionalmente a lo femenino —creación, expansión, continuidad—, lo que explicaría que muchas palabras que expresan estados, acciones o cualidades sean femeninas (*felicidad, salvación, ternura, vejez, extrañeza*). No obstante, establecer el valor semántico concentrado/expansivo como factor determinante de la asignación de género resulta problemático, ya que las palabras pueden incorporar simultáneamente otras nociones que influyen en la elección de género.

Por otra parte, Alcina Franch y Blecua (1975) sostienen que la distribución de los nombres en masculino y femenino responde a justificaciones históricas y etimológicas. Esta misma perspectiva aparece en el *Esbozo de una nueva gramática de la lengua española* (RAE 1973), donde se proponen tres criterios posibles para la asignación de género: significación, etimología y terminación. A partir de estos principios se desarrollan trabajos recientes como el de García Gallarín (2020), que, desde un enfoque histórico, confirma la continuidad entre el latín y el romance y subraya la relevancia del género etimológico como componente esencial para comprender la asignación del género en español. La etimología, ya considerada un factor decisivo en el siglo XV por Nebrija (1492) durante la etapa de intensa latinización del español, mantiene hoy su papel central.

En cuanto a la clasificación del género gramatical, el *Esbozo de una nueva gramática de la lengua española* (RAE 1973) distingue los sustantivos en femeninos y masculinos según el género del artículo y de algunos pronombres que los acompañan, y especifica la inexistencia del género neutro en español, con las consiguientes implicaciones morfosintácticas. Esta visión es retomada por Alarcos (1994), quien defiende una clasificación binaria —masculino/femenino— que se mantiene en la *NGLE* (RAE y ASALE 2025), donde el género neutro queda restringido a demostrativos, artículos, pronombres personales y cuantificadores, siguiendo las observaciones ya presentes en Villar (1974) y Bello (1847).

Respecto a la distribución del género por terminaciones, el *Esbozo de una nueva gramática de la lengua española* (RAE 1973) abandona las sistematizaciones rígidas de obras anteriores. En consonancia con Martinet (1956), Seco (1989) advierte el carácter arbitrario del género gramatical y señala la escasa fiabilidad de determinar el género de un sustantivo únicamente a partir de su terminación. Ejemplifica su afirmación con los sustantivos terminados en *-e*, entre los cuales coexisten formas masculinas y femeninas sin patrón predecible: *el monte, el cisne, el coche, la nave, la nube, la lumbre, la leche*. En esta obra se explica que en español existen dos géneros gramaticales —masculino y femenino— y que, en general, los sustantivos referidos a seres vivos femeninos son de género femenino, mientras que los que designan seres vivos masculinos son de género masculino. Asimismo, se ofrece una relación de sufijos y terminaciones que suelen marcar el género de los sustantivos, como *-a* y *-ción* para los femeninos, y *-o* y *-ma* para los masculinos, aunque se reconoce que no todos los sustantivos que presentan dichas terminaciones siguen necesariamente la regla (*el rocío, el clima, la libido, la alarma*). También se menciona la existencia de sustantivos de género variable, cuyo valor depende del contexto o del uso, como *el/la joven o el/la testigo*, categorías que otros gramáticos, desde Villalón o Jiménez Patón hasta Correas, Gayoso o Heredia, designaron como *género común* o *género común de dos*. González Calvo (1979), en cambio, sostiene que en español no se reconocen los géneros neutro, común, ambiguo ni epiceno, puesto que la asignación de género se limita a las categorías sintácticas masculino y femenino.

En suma, el concepto de género ha experimentado a lo largo de la historia una notable evolución. La definición del género y su manifestación en las palabras han sido objeto de debate constante. A la luz de lo expuesto, puede afirmarse que los criterios que intervienen en la asignación del género son tanto semánticos como formales. Los primeros se relacionan con el sexo del referente o con rasgos del contenido —tamaño, forma, dimensión—, mientras que los segundos aluden a procesos de concordancia o marcas morfológicas. Aunque la terminación del sustantivo ha sido considerada un indicador relevante, no siempre proporciona información concluyente. Esta clasificación, basada en rasgos formales y semánticos, permite agrupar los sustantivos y demostrar que el género gramatical no es arbitrario, sino que sigue determinados patrones. A partir de estos supuestos, el presente estudio profundizará en el análisis del género gramatical en español, atendiendo a los aspectos semánticos, formales e históricos —o etimológicos— que configuran su compleja estructura.

Estudio del género desde una perspectiva sincrónica

3.1. Aspectos formales

El género gramatical en español puede estudiarse desde diferentes enfoques. Desde una perspectiva formal, cabe el estudio de los morfemas de flexión de las marcas de palabra o terminaciones vocálicas, así como de las relaciones sintácticas que sirven para establecer concordancias entre categorías. En este capítulo, trataremos de determinar la relación de la asignación de género gramatical en español con los componentes morfológico, fonológico o sintáctico.

3.1.1. Morfema de género y marca de palabra

Desde la morfología se han abordado diversas cuestiones relacionadas con el género. Algunos estudios, como los de Wonder (1978), Hoyos (2002) o Tubert (2003), han insistido en la diferenciación entre género y sexo, así como en el papel que desempeña la terminación de las palabras en la marcación del género. También desde esta disciplina, Ambadiang (1994, 1999, 2011) parte del análisis de Saporta (1962) para explicar la flexión del género como un rasgo morfológico. En este planteamiento se distingue entre un morfema masculino (*-o*) y un morfema femenino (*-a*). Para Saporta (1962), las palabras que carecen de tales morfemas se consideran raíces, de modo que los morfemas *-o* y *-a* presentan como alomorfos *-e* y cero, según el contexto o el nombre. Ambadiang, sin embargo, rechaza este análisis, ya que la oposición entre masculino (*-o*) y femenino (*-a*) plantea dificultades en formas como *papel*, *orden*, *rey*, *color*, *metrópoli*, *crisis* o *colibrí*, carentes de marcas explícitas que indiquen información de género; y en otras como *dínamo* o *líbido*, donde la terminación formal no corresponde al género gramatical (*la dínamo*, *la líbido*).

Para Saporta, el género de tales formas solo puede determinarse a través de la concordancia, aunque este enfoque omite el componente semántico y no explica los sustantivos de doble género, como *el mar / la mar.*

Stockwell, Bowen y Martin (1965) sostienen que no existe un segmento vocálico final que corresponda directamente a un rasgo de género. En esta línea, Corbett (1991, 2007, 2013) propone una clasificación tipológica, basada en datos de unas doscientas lenguas, que distingue entre sistemas de asignación de género semánticos y sistemas formales. Entre los primeros, diferencia los sistemas semánticos estrictos, donde el género del nombre está determinado por su significado, como en inglés, y los sistemas predominantemente semánticos, presentes en lenguas donde subsiste un residuo de motivación semántica, como el chino. Dentro de los sistemas formales, distingue los morfológicos, en los que un sufijo específico determina el género gramatical del nombre, como en ruso, y los fonológicos, en los que el género se asigna en función de rasgos fónicos simples o de la posición del acento. Además, Corbett subraya la relevancia del género gramatical en la organización cognitiva del mundo y en la construcción social de la identidad.

Desde un punto de vista morfológico, se diferencian dos tipos de segmentos finales en la palabra: el morfema flexivo y la marca de palabra, también denominada segmental o desinencial. El primero aporta información relativa al sexo y se manifiesta mediante marcas explícitas, como las terminaciones *-a* y *-o* en los sustantivos. La segunda, en cambio, carece de información sexual. Así, en palabras como *mapa* o *líbido*, no puede asociarse la terminación *-o* al masculino ni *-a* al femenino. La confusión entre morfema flexivo y marca de palabra ha llevado a identificar erróneamente el morfema de género con dicha marca, que, en realidad, carece de contenido morfológico (Ambadiang, 1994).

Harris (1985) propone distintas denominaciones para los segmentos vocálicos átonos que aparecen al final de la palabra. Bajo su noción de *marca de palabra*, las vocales finales dejan de considerarse morfemas de género, por lo que desaparece la relación entre dichas terminaciones y la categoría gramatical. Según Harris, el concepto de marca de palabra incluye cualquier subsegmento silábico final. Pazó (1989) añade a esta definición el rasgo de *no acentuado*. Por su parte, Harris retoma el concepto introducido por Hooper y Terrell (1976), quienes hablaban de *class vowels* o "vocales de clase", una idea justificada por la estructura acentual. Estos autores sostienen que cualquier vocal puede funcionar como marca de clase, aunque ninguna mantiene una correlación directa con el género, salvo

-a y *-o*. La motivación de tales *class vowels* se basa en el acento y la morfología: en el caso no marcado, la sílaba que contiene la última vocal de la raíz lleva el acento (*profesor*), mientras que, en el caso marcado, el acento se desplaza una sílaba hacia atrás (*profesora*) (Hooper y Terrell, 1976). Harris comparte esta idea y sostiene que, en los sustantivos del español, la marca de palabra carece de contenido semántico, sintáctico o morfológico (Harris, 1985; Pazó, 1991; Ambadiang, 1994). Pazó (1989) matiza, sin embargo, que tanto Harris como Hooper y Terrell establecen una relación entre la asignación del acento y las marcas flexivas, aunque dicha relación puede entenderse, en términos más amplios, entre el acento y las marcas de palabra.

En cuanto a los factores fonológicos que intervienen en la asignación del género, destacan los estudios de Rosenblat (1951, 1952, 1953, 1962), Bull (1965), Bergen (1978, 1980), Teschner y Russell (1983, 1984) y la RAE (1931), que apuntan a una posible relación entre los segmentos finales, el acento o la extensión de la palabra y la determinación del género en español. Según estos autores, los sustantivos terminados en *-i* o *-u* suelen ser masculinos, salvo excepciones como *metrópoli*, *palmacristi* o *tribu*; los terminados en *-e* pueden pertenecer a ambos géneros. Por su parte, los nombres acabados en *-a*, tradicionalmente asociados al femenino, no siempre lo son, como muestran ejemplos del tipo *problema*, *planeta* o *poema*. Estos trabajos concluyen que los factores fonológicos, por sí solos, no bastan para justificar la asignación del género, aunque Bergen (1978) advierte que la fonética subyacente puede desempeñar un papel en la mayoría de los sustantivos.

Los estudios fonológicos revelan, por tanto, solo tendencias de carácter estadístico que ayudan a explicar el comportamiento de determinadas terminaciones vocálicas, sin ofrecer resultados concluyentes. A la luz de estos datos, y dada la complejidad que entraña el género en cualquier nivel lingüístico, resulta pertinente profundizar en las terminaciones del español no asociadas al género y examinar hasta qué punto la asignación gramatical y el componente fonológico están interrelacionados. La mayor parte de los sustantivos terminados en *-a* se consideran femeninos (*mesa*, *rosa*, *silla*, *agenda*), mientras que los terminados en *-o* son predominantemente masculinos (*libro*, *frasco*, *cuaderno*, *bolígrafo*). Aquellos acabados en consonante o en otras vocales presentan una distribución más irregular: pueden ser masculinos (*césped*, *cojín*, *televisor*, *diente*, *ímpetu*) o femeninos (*nube*, *ley*, *flor*, *tribu*). De ello se desprende que los grupos más problemáticos para establecer el género son los sustantivos terminados en consonante, en *-e*, en *-i* y en *-u*, cuyas vocales finales, consideradas marcas segmentales sin información genérica, dificultan su clasificación.

3.1.2. La concordancia

Según los datos revisados hasta el momento, el género se comporta de manera idiosincrásica en lo que respecta a su asignación, lo que lo convierte en un rasgo en gran medida impredecible y arbitrario. Kramer (2015, 2020) propone que las terminaciones *-o* y *-a* no constituyen expresiones morfológicas de género, sino vocales temáticas cuya realización está parcialmente condicionada por él. En español, los sustantivos que designan entidades inanimadas son masculinos o femeninos, y su asignación, según esta autora, es esencialmente arbitraria. No existe, por tanto, una relación sistemática entre el significado y el género, ni entre la forma fonológica del sustantivo y su valor gramatical. Esta concepción de la arbitrariedad del género había sido ya señalada por autores como Hockett (1958), Dahl (2000), Borer (2005) o Picallo (2008). Dahl (2000) subraya la necesidad de analizar el género gramatical de manera independiente de la distinción sexual entre masculino y femenino, entendida como una categoría social y cultural que no siempre se corresponde con el género gramatical de las palabras. A su juicio, el género gramatical no resulta predecible ni a partir de la forma ni del significado, ya que su empleo está condicionado por factores contextuales, pragmáticos y discursivos. Además, distingue entre género semántico-léxico y género semántico-referencial: en el primer caso, el género se determina por las propiedades del sustantivo; en el segundo, por el referente del sintagma nominal. Ninguna de estas categorías coincide plenamente con la distinción tradicional entre género semántico y no semántico, puesto que el género referencial es siempre semántico, mientras que el léxico puede estar motivado por factores formales o semánticos, o ser totalmente arbitrario. Picallo (2008) incide en este mismo punto al destacar la naturaleza dinámica y variable del género, que no debe concebirse como una categoría rígida o estática.

En un estudio sintáctico relativamente reciente, Fábregas (2022) analiza la integración del género en el paradigma flexivo del español y destaca la falta de correspondencia formal entre la terminación y el valor de género. El autor clasifica distintos grupos de sustantivos en función de su marca de género con el fin de detectar patrones regulares en su asignación.

Propone nueve grupos basados en factores como la alternancia entre masculino y femenino, la marca de palabra, la interpretación composicional o idiomática del género (composicional en *amigo/amiga*, *profesor/profesora*; idiomática en *mesa*, *foto*, *coche*), y la conservación de la marca de palabra en el diminutivo *-it-*. Esta última prueba, inspirada en Harris (1985), se fundamenta en criterios fonológicos: la combinación con el diminutivo *-it-* —que no impone marca de palabra— permite identificar el género inherente del sustantivo (*el papel* > *el papel-it-o*; *la manzana* > *la manzan-it-a*).

Por otro lado, se observan con frecuencia casos de discordancia, es decir, desacuerdos entre los elementos de una oración que no concuerdan en género: *El personaje, interpretado por la actriz Abril Alcalde, es muy femenina* en lugar de *El personaje, interpretado por la actriz Abril Alcalde, es muy femenino.* Algunos autores sostienen que el género solo se manifiesta a través de la concordancia, entendida como su única expresión formal. En esta línea, Estapá (1990-1991) considera que el género reside en la presencia de *-a* u *-o* en el adjetivo, desvinculándolo del sustantivo. Otros, como Harris (1991), defienden que la marca de palabra de un sustantivo no refleja de modo transparente la concordancia de género. Para resolver esta discrepancia, Harris (1991) distingue entre el género como clasificador nominal (marca de palabra) y como rasgo sintáctico (concordancia). En casos de discordancia, la concordancia reproduce el género de la forma, no el de su clasificador: *la man-o izquierd-a* (Fábregas, 2022). A partir de estas nociones, Fábregas (2022) concibe la clasificación tradicional del género como la materialización de dos extensiones: los clasificadores nominales (marca de palabra) y el género como rasgo *phi* (concordancia). En este sentido, la marca de palabra vincula el área de clasificación con la funcional (rasgos nominales). Este análisis se extiende también a los pronombres, donde se distinguen tres clases de género (masculino, femenino y neutro), y a los adjetivos, que presentan cuatro patrones principales:

a) *listo/lista* (adjetivos terminados en *-o* que forman el femenino con *-a*);
b) *alegre* (adjetivos terminados en *-e* con una única forma para ambos géneros);
c) *francés/francesa* (adjetivos que forman el femenino añadiendo *-a*);
d) *gris* (adjetivos terminados en consonante con una única forma para ambos géneros).

En su trabajo, Fábregas defiende además que el masculino debe interpretarse como ausencia de valor de género, una categoría próxima al neutro.

Desde una perspectiva sintáctica, Picallo (2016) señala que la morfología y la sintaxis mantienen una relación estrecha: una categoría morfológica como el género se proyecta en categorías sintácticas, determinando las relaciones de concordancia, que son esencialmente sintácticas. El sustantivo posee rasgos inherentes que inducen la concordancia en los demás elementos del paradigma nominal. Cada sustantivo tiene asociado un género que actúa como atributo determinante en las lenguas flexivas y corresponde a una categoría funcional dentro del sintagma nominal.

De todo ello se desprende que el género gramatical presenta un comportamiento idiosincrásico, condicionado por múltiples factores. En español, la relación entre una categoría lingüística abstracta, como el género, y sus exponentes es modular, ya que involucra tres dominios autónomos: el semántico, el sintáctico (concordancia) y el morfofonológico (marca de palabra y relaciones de redundancia fonológica) (Harris, 1991). Comprender la organización interna de cada uno de estos módulos resulta esencial para analizar las interacciones que se establecen entre ellos.

En suma, desde el punto de vista morfológico, se distinguen dos tipos de elementos finales en español: el morfema flexivo y la marca de palabra. El primero contiene información vinculada al sexo y constituye una marca formal explícita, mientras que el segundo carece de contenido y no se considera un morfema. Asimismo, la relación entre morfología y sintaxis es clave, ya que una categoría morfológica como el género se proyecta en las categorías sintácticas y determina las relaciones de concordancia, que son de naturaleza funcional y estructural.

3.1.3. Concordancia de materia

Uno de los fenómenos más estudiados en relación con el género gramatical, estrechamente vinculado con la concordancia, es el denominado por Alonso (1962) *neutro de materia*; es decir, la posibilidad de que a través del morfema de género se establezca una distinción entre sustantivos discontinuos y continuos. El primero en analizar este fenómeno fue Menéndez Pidal (1962), quien observó que la concordancia entre el sustantivo y el adjetivo permitía diferenciar los nombres continuos de los discontinuos. En asturiano, por ejemplo, los sustantivos discontinuos que llevan artículo masculino muestran concordancia con adjetivos terminados en *-u/-os* (*el paisanu vieyu*), mientras que los sustantivos femeninos concuerdan con adjetivos en *-a/-as* (*la casa blanca*). No obstante, los sustantivos continuos coinciden en género con el adjetivo mediante la terminación *-o* (*la ropa tá llimpio*). Estas peculiaridades se manifiestan principalmente en sustantivos femeninos continuos, aunque, según García González (1985), las discrepancias de concordancia también pueden observarse en otros elementos gramaticales, como los posesivos (*la comida mio*), los demostrativos (*la farina esto ye mui blanco*) o los indefinidos (*nun veo llechi dengúo*) (García González, 1985; Fernández-Ordóñez, 2007). Desde entonces, el fenómeno ha sido objeto de numerosos estudios, entre los cuales destacan los trabajos de Fernández-Ordóñez (2006, 2007) basados en el Corpus Oral y Sonoro del Español Rural (en adelante COSER). En dichas investigaciones, la autora propone sustituir la denominación *neutro de materia* por las de *concordancia continua* o *concordancia de materia*, términos que reflejan con mayor precisión la realidad lingüística. La expresión *neutro de materia*, por el contrario, induce a interpretar erróneamente la existencia de una triple clasificación de género (masculino, femenino y neutro), cuando en realidad se trata de un fenómeno de variación morfosintáctica.

En cuanto a su extensión geográfica, el fenómeno denominado *neutro de materia* se documenta principalmente en el centro y norte de España, concretamente en amplias zonas de ambas Castillas y en el norte peninsular, desde la Asturias centro-oriental y Cantabria hasta el valle del Nervión. Esta transferencia morfológica da lugar, en el español de dichas áreas, a casos anómalos de concordancia con sustantivos continuos: *agua hervido/subterráneo, leche ordeñado/frío/merengado, lana blanco/rosado/limpio*. Asimismo, esta *concordancia de materia* se refleja también en el empleo de pronombres átonos, como en *La leche se lo comprábamos a un vecino* (RAE y ASALE, 2025, § 12.2ñ). Según la *NGLE*, el uso de esta concordancia fue frecuente en la lengua medieval, donde se empleaban como sustantivos masculinos nombres continuos que en la actualidad se consideran femeninos (*leche*, *leña*, *ropa*). En este sentido, resulta plausible suponer que la oposición entre continuo y discontinuo desempeñara un papel relevante en la asignación de género de ciertos sustantivos del español. Por esta razón, se tendrá en cuenta dicha oposición como posible factor determinante en la asignación de género de los sustantivos seleccionados para este estudio.

3.2. Aspectos semánticos y pragmáticos

Desde la semántica se han abordado diversos factores que inciden en la asignación del género gramatical. Es sabido que, en el caso de los sustantivos animados, prevalece el sexo sobre cualquier otra información, lo que genera cierta regularidad formal. Por el contrario, en los sustantivos inanimados los factores semánticos son de naturaleza diversa, pues el género depende de la clase léxica del sustantivo. Esta vinculación resulta a menudo problemática, dado que la organización del léxico carece de límites claramente definidos y, en consecuencia, pueden intervenir distintos factores en la asignación semántica del género. Por lo general, se consideran masculinos los sustantivos que designan colores (*azul, blanco, amarillo*), días (*lunes, viernes, jueves*), idiomas (*italiano, portugués, español*), números (*cuatro, diez, quince, cero*), puntos cardinales (*norte, sur, este*), vientos (*huracán, tifón, ciclón*), notas musicales (*do, sol, re*), entre otros. Son femeninos, en cambio, los nombres de las horas (*una, dos, siete*), de las letras (*a, g, p, j*), o de las islas (*las Canarias*). Estos sustantivos suelen heredar el género del hiperónimo, a menudo elidido (*el color azul, el número cuatro, las islas Baleares, la letra z*), aunque no siempre de forma sistemática (*el do* frente a *la nota musical*).

Autores como Pottier (1959), Moreno Fernández y Ueda (1986) o Millán Chivite (1994) —como se señaló en el § 2.2.2— advierten que, en el caso de los sustantivos inanimados, la relación entre la terminación y el género se explica por la existencia de diversas modalidades semánticas: individual/colectivo, árbol/fruto, totalidad/parte, forma/contenido, incorporado/exento, causa/efecto, proceso físico/proceso mental, visión continua/visión discontinua, elemento natural/elaborado, genérico/específico, animado/inanimado, hombre/animal, persona/no persona, o entidad básica/color representativo. También intervienen rasgos únicos como la relación metafórica, temporal, espacial, material, formal, funcional, cualitativa o valorativa. Según Millán Chivite (1994), estos rasgos permiten clasificar los sustantivos en grupos que determinan su asignación de género desde una perspectiva semántica: género dimensional (*cesto/cesta*), cuantificador intensivo (*el calor/la calor*), ente individual o colectivo (*banco/banca*), árbol y fruto (*almendro/almendra*), implicación constitutiva (*tejo/teja*), incorporado y exento (*capilla/capillo*), relación espacial (*castillo/Castilla*), causa y efecto (*labio/labia*), proceso físico y mental (*partido/partida*), temporal (*arado/arada*), visión continua y discontinua (*madera/madero*), elemento natural y elaborado (*pozo/poza*), diferencia de calidad (*jaco/jaca*), materia (*pincha/pincho*), forma (*canasto/canasta*), función (*campano/campana*), genérico y específico (*gráfico/gráfica*), metáfora (*mango/manga*), oposición humano/animal (*garra/garro*), persona/no persona (*jardinero/jardinera*), y entidad básica/color representativo (*la rosa/el rosa*).[7]

Estos autores reconocen, sin embargo, las limitaciones del sistema, ya que dicha distribución no abarca la totalidad de los sustantivos del español. Además, los tipos semánticos pueden superponerse por la acumulación de características distintivas dentro de las parejas opositivas: así, *cesto/cesta* podría pertenecer al género dimensional, al de causa y efecto o al de diferencia de forma. Pese a estas imprecisiones, la clasificación resulta valiosa, pues muestra la diversidad de matices semánticos implicados en la asignación de género. La *NGLE* (RAE y ASALE, 2025) advierte, además, que en pares como *casa/caso* o *foca/foco* las terminaciones *-a* y *-o* no implican oposición léxica o gramatical, sino que se trata de casos de paronomasia, donde la semejanza formal no se corresponde con un vínculo semántico, al contrario de lo que sucede en *soldado/soldada* o *peso/pesa*.

El rasgo semántico adquiere también relevancia en la adaptación de préstamos de lenguas sin género morfológico, como el inglés. Rodríguez González (2019) demuestra que la asignación de género en estos sustantivos no es arbitraria, sino que depende de rasgos semánticos —en particular, del hiperónimo— y de rasgos fonológicos. Así, *la blazer* hereda el género de *chaqueta*, mientras que *el béisbol* comparte rasgos con *el sol* o *el caracol*. En otros anglicismos, el hiperónimo determina de igual modo el género: *rave* adquiere el femenino por su hiperónimo 'fiesta', y *duty free shop* adopta el masculino de *establecimiento*, aunque el CREA registra también usos femeninos (*la duty free*), derivados de un cambio de hiperónimo ('tienda'):

> Es muy curioso, pero nuestros datos nos dicen que buena parte de los españoles que viajan desconoce lo que es una duty free (*Cambio16* [Esp.] 1990).

Rodríguez González (2019) señala que, cuanto más evidente es el hiperónimo, menor es la arbitrariedad. Así ocurre con *pub*, cuyo género procede de *local* o *establecimiento*. Cuando hay más de un hiperónimo, la asignación es más

---

[7] En la propuesta de clasificación, este autor aclara que Fernando González Ollé documenta en Burgos la oposición entre *pozo* y *-a* como denominaciones respectivas del depósito de agua, ya sea de origen natural o artificial.

vacilante: *el radio* ('aparato') / *la radio* ('radiotelefonía'); *el vodka* ('licor') / *la vodka* ('bebida'); *el maratón* ('deporte') / *la maratón* ('carrera'). El género de los sustantivos inanimados, por tanto, puede depender del nombre genérico al que pertenecen, aunque no siempre de forma sistemática. Así, *el verano* y *la primavera* muestran que, incluso dentro de una misma categoría semántica (las estaciones del año), la correspondencia de género no es predecible. Por este motivo, Rodríguez González argumenta que los factores que influyen en la elección del género de los anglicismos en español incluyen la analogía con otras palabras en español, la percepción de género que tienen los hablantes, la frecuencia de uso y la influencia de factores externos, como la publicidad y los medios de comunicación.

Morera (2011) también destaca la dimensión semántica en la asignación de género. Según su propuesta, la forma masculina orienta la sustancia internamente, otorgándole un carácter genérico, mientras que la forma femenina la orienta externamente, confiriéndole un valor específico o marcado. Por ejemplo, en *tormento/tormenta*, *punto/punta* o *el/la frente*, la forma masculina proyecta la base semántica de la raíz (*torment-*, *punt-*, *frent-*), y la femenina expresa una expansión o manifestación de la misma. Así, el género no se reduce a un rasgo formal, sino que refleja una oposición semántica en el nivel de la significación. De acuerdo con este planteamiento, todos los sustantivos poseen en el sistema lingüístico ambas posibilidades de género, aunque solo una se actualice en el uso. Existen, por tanto, sustantivos con doble realización (*banco/banca*, *chozo/choza*) y otros que han fijado una única variante (*casa*, *forma*, *edificio*). En estos últimos casos, la forma complementaria permanece latente y puede activarse en el discurso si el hablante lo requiere, como sucedió históricamente con *guitarro*, formado a partir de *guitarra*. El género gramatical, por tanto, establece una relación binaria en la que la forma masculina remite a la base de la sustancia y la femenina a una manifestación más compleja. Esta organización lingüística implica que, cuando los sentidos de ambas variantes están relacionados, se debe describir primero la variante primaria, que puede ser tanto la forma masculina como la forma femenina, y luego la variante secundaria en relación con la primera. Por otro lado, este autor destaca que, en casos como *el puente/la puente*, la polisemia del género no se refiere a la polisemia de significado, sino a la polisemia de uso o sentido. Su aportación, además, resulta especialmente relevante al cuestionar la validez de las categorías tradicionales de *epiceno*, *común*, *ambiguo* y *heterónimo*, al considerarlas carentes de base idiomática. Los nombres epicenos, sostiene, no constituyen una clase particular, sino un uso específico de sustantivos masculinos o femeninos; los comunes adquieren su género sintagmáticamente según el sexo; los ambiguos representan un uso particular en el que confluyen dos variantes sin pérdida semántica; y los heterónimos son simplemente signos que designan individuos de distinto sexo dentro de una misma clase conceptual.

3.2.1. El género no marcado y el desdoblamiento léxico

El desdoblamiento de género constituye una práctica lingüística que consiste en emplear formas diferenciadas para aludir a personas de distintos géneros dentro de un discurso que busca ser no sexista o inclusivo. Esta estrategia se utiliza especialmente en lenguas con género gramatical, como el español, donde se dispone de unidades morfológicamente distintas para el masculino y el femenino. Así, en lugar de emplear la forma genérica masculina *los profesores* para referirse a un grupo mixto, puede optarse por la forma desdoblada *los profesores y las profesoras*, que incluye explícitamente a ambos géneros. De modo análogo, se prefiere *presidenta* frente a *presidente* cuando se alude a una mujer que ocupa dicho cargo. El desdoblamiento se presenta, por tanto, como un mecanismo que pretende promover la inclusión y la igualdad de género a través del lenguaje, al reconocer de manera explícita la presencia de las mujeres en el discurso. No obstante, también ha sido objeto de críticas, principalmente por su extensión y complejidad, que pueden considerarse contrarias al principio de economía lingüística, especialmente en contextos donde la inclusión se da por supuesta o carece de relevancia comunicativa. En última instancia, su uso depende del contexto discursivo y de la preferencia del hablante: para algunas personas constituye una herramienta de visibilización y equidad, mientras que otras lo perciben como innecesario o excesivo.

Históricamente, el español ha contado con un masculino de valor genérico, heredado del plural neutro latino que englobaba ambos géneros. Según la *NGLE* (RAE y ASALE, 2025, § 2.2a), el masculino genérico o no marcado designa el miembro de una oposición binaria que puede englobar al conjunto. De este modo, expresiones como *los profesores descansarán este verano* o *los trabajadores gozarán de más derechos* abarcan a personas de ambos sexos bajo la forma masculina. Sin embargo, en contextos como *los hombres que viven en esta calle*, el término *hombres* excluye naturalmente a las mujeres, lo que ha impulsado la búsqueda de fórmulas más inclusivas. De este propósito nace el desdoblamiento léxico, es decir, la mención explícita de ambos géneros (*hombres y mujeres*, *niños y niñas*, *padres y madres*, *señoras y señores*), con el fin de visibilizar a la mujer en el discurso. Aunque hoy este procedimiento se asocia con las reivindicaciones sociales contemporáneas, su uso no es nuevo en la historia del español. El Corpus Diacrónico del Español (CORDE) recoge numerosos ejemplos tempranos, entre ellos algunos del *Poema de mio Cid* (c. 1140):

> Exiénlo a ver mugieres e varones,
> burgueses e burguesas por las finestras son [...]
> [...] ciento moros e ciento moras quiérolas quitar [...].

Asimismo, se documentan casos en otras obras significativas:

> E quando xebravan los fijos de las madres apartava Jacob los suyos a su cabo, e [...] ovo muchas greyes, e hombres y sirvientes e sirvientas [...] (*General Estoria*, Alfonso X, c. 1275).

> Et porque este libro es fecho en romance [...] tan bien omnes commo mugeres [...] (*El Conde Lucanor*, Don Juan Manuel, 1325–1335).

> Parece que los gitanos y gitanas solamente nacieron en el mundo para ser ladrones (Cervantes, *La gitanilla*, 1613).

La recurrencia de estos ejemplos demuestra que el desdoblamiento ha sido históricamente un recurso de precisión referencial, empleado para explicitar los componentes del referente colectivo. En la actualidad, este mismo procedimiento ha sido retomado por las guías de lenguaje inclusivo, que recomiendan el uso paralelo de las formas masculina y femenina (*alumnos y alumnas*, *amigos y amigas*). Quienes se oponen a esta estrategia suelen argumentar que compromete la claridad y la economía expresiva; sin embargo, en español se aceptan sin reparo otras redundancias como *subir para arriba* o *salir afuera*. Por tanto, la extensión argumental no siempre se percibe como una infracción a la economía del lenguaje.

En las últimas décadas, diversas instituciones españolas han publicado guías y manuales orientados a promover un lenguaje no sexista o inclusivo, en los que el desdoblamiento ocupa un lugar destacado, aunque no exclusivo. Dichos documentos no proponen aplicarlo de manera sistemática a todas las categorías con flexión (determinantes, nombres, adjetivos, etc.), sino emplearlo cuando sea pertinente para evitar el uso exclusivo del masculino genérico. En la práctica, el desdoblamiento se registra principalmente en textos escritos de carácter periodístico, administrativo o político, y en menor medida en la lengua oral, donde su uso suele limitarse a los vocativos (*señoras y señores*), consolidados históricamente como fórmulas de cortesía.

Junto con el desdoblamiento, el español ha desarrollado otras estrategias para promover la inclusión, entre ellas el uso de la letra *x*, posiblemente influido por el inglés (*womxn*), donde se busca eliminar la referencia al morfema *man* o *men*. En el ámbito hispanohablante, su uso se ha extendido sobre todo en redes sociales —X, Facebook, Instagram— como forma de activismo lingüístico. Este procedimiento busca cuestionar el binarismo de género y fomentar la reflexión sobre la diversidad, aunque su ilegibilidad limita su integración en la lengua oral. Otro recurso frecuente es el uso del símbolo @, restringido al ámbito escrito por no ser un elemento lingüístico propiamente dicho. Sin embargo, plantea ambigüedades, como en *Día del Maestr@*, donde la contracción *del* mantiene valor masculino. También se han propuesto alternativas como el guion (-), la barra (/) o el punto medio (•), aunque todas ellas resultan impronunciables y generan problemas de accesibilidad para personas con discapacidad visual, ya que los lectores de pantalla no las interpretan adecuadamente. En un intento de superar estas limitaciones, García Meseguer (1994) propuso la incorporación del morfema *-e* como forma inclusiva. Este neomorfema se inspira en sustantivos comunes en cuanto al género (*estudiante, intérprete, conserje*), donde la *-e* funciona como vocal no marcada. Su adopción se ve favorecida por su frecuencia en el sistema fonológico del español y su carácter neutro. En contraste, las vocales *-i* y *-u* no resultan viables: la primera por su asociación con los diminutivos, y la segunda por su escasa productividad e inteligibilidad.

En relación con el lenguaje inclusivo, Mendívil (2020) analiza la evolución histórica del masculino genérico desde el latín hasta el español contemporáneo, explicando su consolidación y las críticas recientes a su falta de inclusividad. El autor propone soluciones que permitan equilibrar la igualdad de género con la eficacia comunicativa. Por su parte, Reyes Benítez (1990–1991) estudia las formas de uso del género gramatical en español para garantizar la inclusión de todos los hablantes, pero advierte del riesgo de confundir los conceptos de *sexo* y *género*. Según la autora, el exceso de desdoblamientos puede generar redundancia y obstaculizar la lectura, lo que reduce la coherencia y eficacia del discurso. En la misma línea, Gil (2020) señala que, aunque el propósito del lenguaje inclusivo es legítimo, su aplicación mecánica puede producir paradojas y resistencias interpretativas. Para el autor, la inclusión lingüística debe entenderse como una práctica social más amplia, orientada a cuestionar estructuras de exclusión y no solo como una modificación morfológica superficial. Además, advierte que la introducción del morfema *-e* no puede ser la única vía hacia la inclusión, pues podría excluir a hablantes con limitaciones de accesibilidad o comprensión.

El debate en torno al género no marcado y la introducción de la *-e* ha generado múltiples posturas. Si bien esta vocal podría funcionar como forma genérica (*les gobernantes*), su generalización instauraría un sistema ternario —masculino, femenino y genérico— que contravendría la tendencia del español a simplificar distinciones en plural. Además, solo se aplicaría a un grupo reducido de palabras (*alumnos, alumnas, alumnes*), mientras que en sustantivos comunes (*estudiantes, docentes*) la neutralización ya está resuelta morfológicamente. Ello plantea la necesidad de ajustar también los determinantes (*los/las/les estudiantes*), lo que aumentaría la complejidad estructural del sistema.

En definitiva, el desdoblamiento de género constituye una estrategia válida para visibilizar la presencia femenina y promover la igualdad discursiva, aunque no está exenta de limitaciones funcionales y sociales. Su empleo debe considerarse una opción más dentro de un conjunto amplio de recursos que buscan una representación lingüística más equitativa. En última instancia, la incorporación de la perspectiva de género en el análisis lingüístico es esencial para comprender la relación entre lengua, sociedad y cultura, así como para avanzar hacia un uso más consciente e inclusivo del español.

3.2.2. El sexismo lingüístico

El género gramatical se relaciona estrechamente con el fenómeno denominado *sexismo lingüístico*, entendido como la discriminación o sesgo de género expresado a través del lenguaje. Este puede manifestarse de diversas maneras: mediante el empleo de pronombres masculinos genéricos para referirse a colectivos mixtos, la exclusión de las mujeres en expresiones de carácter general o el uso de diminutivos con connotaciones sexistas. También puede aparecer a través de estereotipos de género, cuando determinadas profesiones o roles se asocian sistemáticamente con un sexo concreto. Así, el uso habitual del femenino *enfermeras* como forma colectiva contribuye a reforzar la idea de que la enfermería es una profesión eminentemente femenina.

Desde la sociolingüística, se defiende la necesidad de analizar las relaciones entre lengua, género y sexismo desde una perspectiva contextual y multidisciplinar. Algunos trabajos adoptan el marco teórico del construccionismo social (Butler, 2001), desde el cual se estudian las manifestaciones discursivas de la feminidad y la masculinidad en función del estilo comunicativo del hablante. En este sentido, Holmes (2006) observa que el llamado *lenguaje femenino* tiende a caracterizarse por la cooperación, la empatía y la conciliación, mientras que el *lenguaje masculino* se asocia con la competitividad, la afirmación personal y el dominio de los espacios de habla pública. Asimismo, la sociolingüística ha abordado la representación de las mujeres en los medios de comunicación, en particular en el ámbito político. Diversos estudios (Bengoechea, 2003; Bengoechea y Gumiel, 2023) muestran que, en el tratamiento mediático de las políticas españolas, se enfatiza con frecuencia su condición de mujeres por encima de su labor profesional o ideológica, destacando su apariencia o vestimenta antes que su desempeño político. En esta misma línea, Mills (2010), en *Language and Sexism*, examina casos de *sexismo indirecto o encubierto* en los medios, donde las mujeres son objeto de juicios implícitos que refuerzan la desigualdad. Una cuestión central que emerge de estos estudios es el uso del masculino como género genérico, que designa simultáneamente al sexo masculino y al conjunto de la especie. Esta práctica ha generado críticas y propuestas para establecer un género neutro o colectivo que refleje una sociedad más inclusiva y supere la visión androcéntrica del lenguaje.

Desde la pragmática, el estudio del género se ha centrado tanto en la representación del habla masculina y femenina como en las interacciones entre ambos. Tradicionalmente, se ha atribuido al llamado *lenguaje femenino* características como la falta de claridad o determinación, la emotividad excesiva o la contradicción interna, frente a un *lenguaje masculino* descrito como directo, lógico y transparente. Esta concepción sesgada ha tenido incluso repercusiones judiciales. Ehrlich (2001, 2007) documenta un caso de agresión sexual en los tribunales de Canadá en el que la jueza justificó la absolución del acusado alegando un "malentendido comunicativo" derivado de la supuesta ambigüedad del lenguaje femenino. Este ejemplo ilustra cómo los prejuicios lingüísticos pueden perpetuar la culpabilización de las mujeres y reforzar la desigualdad social.

En España, la investigación sobre la relación entre lengua, género y sexismo se ha desarrollado principalmente en los ámbitos sociolingüístico y gramatical, centrada en el análisis del lenguaje sexista. En los últimos años se han publicado diversas guías institucionales destinadas a promover un uso no sexista del lenguaje, como la *Guía sindical del lenguaje no sexista* (2008), la *Guía de uso no sexista del lenguaje* de la Universidad de Murcia (2011) o la *Guía para un uso no sexista de la lengua* de la Universidad Autónoma de Madrid (2019). Sin embargo, estas propuestas han suscitado debate. Bosque (2012), en su *Informe sobre sexismo lingüístico y visibilidad de la mujer*, señala que algunas recomendaciones de dichas guías no se ajustan a la gramática normativa ni a los principios de estilo. El autor sostiene que el lenguaje, aunque refleja desigualdades sociales, no es en sí mismo su origen, sino un instrumento a través del cual la sociedad expresa dichas desigualdades. Además, advierte que algunas estrategias inclusivas pueden resultar innecesarias o contraproducentes: el uso excesivo de formas genéricas como *personas* en lugar de *hombres y mujeres* puede dificultar la comprensión y afectar la economía comunicativa.

Diversos autores han abordado el sexismo lingüístico desde perspectivas complementarias. Entre ellos destacan Olivares (1986), García Meseguer (1988, 1994), Iglesias Casal (1990), Calero Fernández (1999, 2002) o Márquez (2013). García Meseguer (1994) identifica distintas manifestaciones del sexismo, tanto gramaticales como léxicas o discursivas: el uso de masculinos genéricos (*los ciudadanos*, *los profesionales*) invisibiliza a las mujeres, y los estereotipos asociados a ciertos roles consolidan la desigualdad. Desde una perspectiva crítica y feminista, el autor propone fomentar el lenguaje inclusivo no sexista y revisar el discurso en todos los ámbitos comunicativos. En la misma línea, Iglesias Casal (1990) subraya que el lenguaje influye en el pensamiento y en la conducta, al estructurar la realidad de manera no neutral. La discriminación lingüística se manifiesta, por tanto, en la selección de términos, en los estereotipos y en la asignación de roles en función del género. Para la autora, la educación y la sensibilización son esenciales en la erradicación del sexismo lingüístico, pues el cambio lingüístico debe ir acompañado de una transformación cultural y actitudinal. Arias Barredo (1995) también reflexiona sobre la inclusión de las mujeres en el lenguaje, argumentando que no basta con introducir formas femeninas, sino que es necesario cuestionar la estructura misma del sistema de género gramatical. En la misma dirección, Mills (2010) examina cómo el lenguaje contribuye a la reproducción de la discriminación de género, mediante la utilización de términos peyorativos —como *histérica* o *emocional*— que deslegitiman a las mujeres. La autora propone, además, la *reapropiación positiva* de vocablos tradicionalmente negativos (*bruja*, *loca*), resignificándolos como símbolos de autonomía y empoderamiento. Por su parte, García Meseguer (1994) introduce la denominada *regla de la inversión*, una herramienta analítica que consiste en sustituir una palabra por su equivalente de otro género —por ejemplo, *zorro/zorra*— para observar si el significado se mantiene o se altera. Cuando el cambio de género modifica la valoración semántica o pragmática del término, se revela la existencia de un sesgo sexista en la lengua.

Otros estudios pragmáticos destacan que el uso del masculino contribuye a ocultar la presencia femenina, especialmente en nombres de profesiones, cargos u oficios. Calero Fernández (1999) confirma la persistencia de esta discriminación tras analizar diferentes términos, y propone medidas para corregirla y eliminar el sesgo sexual del lenguaje. La autora identifica también un fenómeno de animalización de las mujeres mediante metáforas o apelativos despectivos: *lagarta* (mujer astuta o engañosa), *gallina* (cobarde), *zorra* (promiscua), *loba* (prostituta), *tigresa* (seductora), *perra* (de conducta inmoral), *arpía* (malvada), *vaca* (obesa), *pájara* (astuta) o *coneja* (mujer con alta fertilidad). Estas denominaciones contrastan con expresiones que enaltecen al varón (*sexo fuerte*) o degradan a la mujer (*sexo débil*). Del mismo modo, expresiones como *mujer pública* o *fulana* se asocian con la prostitución, mientras que *hombre público* designa una figura de relevancia social, y *fulano* se emplea de forma neutra para referirse a una persona indeterminada.

Desde la lexicografía, diversos autores han abordado el tratamiento de la mujer en los diccionarios del español. Forgas Berdet (2011) y Cabeza Pereiro y Rodríguez Barcia (2013) identifican sesgos de género en las definiciones lexicográficas. Estudios posteriores (Calero Fernández, 2002; Lledó Cunill, Calero Fernández y Forgas Berdet, 2004; Díaz Llorca y Díaz Llorca, 2017; Coedo, 2018) confirman la persistencia de un discurso lexicográfico androcéntrico, incapaz de reflejar adecuadamente la realidad femenina. Rodríguez Barcia (2018), en su análisis de la versión 23.6 del *DLE*, señala la influencia de la ideología académica en la representación de la mujer y advierte que, pese a los avances recientes, aún subsisten problemas de sesgo y estereotipia. La autora aboga por una lexicografía comprometida con la igualdad, que revise críticamente las definiciones y evite perpetuar visiones discriminatorias.

En conjunto, la investigación sobre el sexismo lingüístico revela que el lenguaje no solo refleja las estructuras sociales, sino que también contribuye a reproducirlas. La incorporación de una perspectiva de género en el análisis lingüístico resulta, por tanto, imprescindible para comprender los mecanismos discursivos de la desigualdad y promover un uso más justo, inclusivo y equitativo de la lengua.

3.2.3. Sustantivos de profesiones, cargos y oficios

En los últimos años, los sustantivos que más controversia han suscitado han sido aquellos que designan profesiones, cargos u oficios, muchos de los cuales se emplean en masculino genérico, lo que ha sido objeto de críticas por parte de quienes consideran que esta práctica invisibiliza a las mujeres y las excluye del uso lingüístico. Guerrero-Salazar (2010) señala que la incorporación de la mujer a determinados ámbitos profesionales ha supuesto un cambio social visible en español e indica que el sexismo no está inherentemente presente en la lengua, sino en la manera en que se utiliza. En consonancia con ello, Cabeza Pereiro y Rodríguez Barcia (2013) afirman que uno de los aspectos más evidentes del sexismo lingüístico se encuentra en los nombres de profesiones y cargos, marcados por un sesgo de género que refleja la discriminación social que las mujeres han experimentado históricamente en dichos contextos. Las autoras subrayan que el uso de términos como *estibador*, *soldador* o *canciller*, correspondientes al género masculino, refleja una realidad social en la que el acceso de las mujeres a estos ámbitos ha sido tradicionalmente limitado.

No obstante, aunque el acceso a ciertos puestos o cargos pueda resultar difícil, la formación de términos como *estibadoras* o *soldadoras* es más sencilla que la de palabras como *bedela*. Ello se debe a que la inclusión de género es más fácil de aplicar a aquellas voces que poseen un sufijo, mientras que las que carecen de un paradigma claro presentan mayor resistencia a ser modificadas. Por otro lado, se argumenta que el uso del masculino como genérico no es neutro, ya que contribuye a invisibilizar a las mujeres y a perpetuar la idea de que determinados ámbitos son exclusivos de los hombres. En este sentido, autores como Guerrero-Salazar (2010) proponen el empleo de formas inclusivas que visibilicen la presencia de las mujeres y contribuyan a la construcción de una sociedad más igualitaria. Dado que tanto la cultura como la ideología influyen en el uso del lenguaje, resulta pertinente contrarrestar el predominante androcentrismo.

Paredes García (2011) señala que, aunque en algunos casos se emplee la forma femenina para designar a mujeres en profesiones o cargos tradicionalmente masculinos —como *la jueza* o *la médica*—, esta práctica no siempre es aceptada y puede generar resistencia o confusión en determinados contextos. Según el autor, la elección de género en nombres de profesiones y cargos constituye un fenómeno complejo que requiere consideraciones lingüísticas, sociales y políticas. En su estudio destaca que la edad del hablante es un factor determinante en la selección del morfema de género: los hablantes jóvenes tienden a preferir formas sintéticas como *la médica* o analíticas como *la médico mujer*, frente a la utilización de *la médico*, más frecuente entre los adultos mayores.

Por su parte, Álvarez de Miranda (2018) observa que en español existe una tradición de emplear el género masculino para referirse a grupos mixtos, lo que puede ocultar la presencia de las mujeres en profesiones o cargos. En relación con esta idea, advierte que el uso del femenino en profesiones como *enfermera* o *secretaria* puede reforzar estereotipos de género y limitar la percepción de las mujeres en esos roles. De modo complementario, Albitre Lamata (2021) analiza la representación de las mujeres en la sociedad a través de la construcción del género en palabras como *portavoz* y *árbitro*. En su estudio, la autora subraya que la aparición de formas como *portavoza* o *árbitra* surge de la necesidad del hablante de nombrar y visibilizar la presencia femenina en dichas profesiones, siendo el propio hablante quien decidirá adoptar o rechazar estas formas.

Considerando lo anterior, el uso actual de sustantivos femeninos constituye un reflejo del cambio social y del progreso laboral y profesional de las mujeres. No obstante, aún persisten sustantivos femeninos con una carga despectiva que infravaloran a las personas de sexo femenino —*lagarta*, *arpía*, *sargenta*, *generala*—, motivo por el cual numerosas investigaciones han centrado su análisis en la visibilización de la mujer a través de la lengua (García Meseguer, 1988, 1994; Calero Fernández, 1999, 2002).

A lo largo del capítulo se ha abordado la problemática asociada al concepto de *marca de palabra*. Algunos autores distinguen dos tipos de segmentos finales en la palabra: el morfema flexivo, que aporta información relativa al sexo, y la marca de palabra, que carece de dicha información y se refiere a terminaciones que no necesariamente se asocian con el género. Otros sostienen que las vocales finales en los nombres no deben considerarse morfemas de género, sino marcas de palabra sin correlación directa con él. Asimismo, se han destacado los problemas relacionados con el género gramatical y la concordancia. Algunos autores defienden que el género no se fundamenta en propiedades inherentes del objeto al que alude el sustantivo, sino que se origina mediante la concordancia con otros elementos gramaticales presentes en la oración. En ausencia de esta relación, no existiría la distinción entre masculino y femenino en los sustantivos. En este sentido, se ha subrayado la relevancia del *neutro de materia*, un rasgo significativo en la asignación de género, al sugerir que la distinción entre continuo y discontinuo puede influir en la elección del género en español. Desde una perspectiva semántica y pragmática, se ha observado que, en los sustantivos inanimados, los factores semánticos son variados y dependen de la clase del sustantivo. Para explicar esta diversidad, algunos autores han propuesto distintas clasificaciones, aunque reconocen sus limitaciones, ya que no abarcan la totalidad del léxico nominal español. La semántica, sin embargo, resulta especialmente útil en la asignación de género de los préstamos, sobre todo en aquellos procedentes de lenguas sin rasgos flexivos, como el inglés. Por último, se ha abordado el género no marcado y las diferentes estrategias para lograr un lenguaje inclusivo —desdoblamientos, uso de *x*, @ o *-e*, entre otras—. Se reconoce, por tanto, que el género gramatical no siempre se corresponde con el género de las personas o los objetos que representa. Desde una perspectiva sociolingüística, se ha examinado el sexismo lingüístico, destacando las diferencias entre los términos referidos a mujeres y a hombres, así como el matiz despectivo que surge al aludir al primer grupo. Las gramáticas contemporáneas conciben el género como una construcción social y cultural y analizan cómo las convenciones lingüísticas pueden perpetuar la discriminación y la desigualdad de género. En suma, los estudios lingüísticos actuales han ampliado su visión del género gramatical al incorporar una variedad de enfoques teóricos e interdisciplinarios, lo que permite una comprensión más profunda y matizada del papel del género en la lengua y de su relación con la sociedad y la cultura.

PARTE II

Metodología y análisis de datos

En ausencia de una referencia o de un género natural, muchos sustantivos inanimados, abstractos o que designan masa tienden a adoptar el género según la clase a la que pertenecen. Con el fin de determinar qué motivaciones subyacen a la asignación de género en estos sustantivos, esta parte se centra en las terminaciones que diversas gramáticas han considerado arbitrarias o vacilantes, al no seguir una tendencia específica (Posner, 1998). Para ello, se llevará a cabo un análisis basado en un corpus amplio constituido por sustantivos inanimados, abstractos o de masa con diferentes terminaciones, con el propósito de comparar los resultados y confirmar las hipótesis planteadas, contribuyendo así al conocimiento de la asignación de género en español. El punto de partida metodológico lo constituye la propuesta de Salvá (1830), a partir de la cual se examinan todas las terminaciones presentes en español (*-b*, *-c*, *-d*, *-e*, *-f*, *-g*, *-h*, *-i*, *-j*, *-k*, *-l*, *-m*, *-n*, *-ñ*, *-p*, *-q*, *-r*, *-s*, *-t*, *-u*, *-v*, *-w*, *-x*, *-y*, *-z*), con la excepción de *-o* y *-a*, debido a la marcada tendencia a asignar género masculino a los sustantivos terminados en *-o* y femenino a los terminados en *-a*. El análisis se centra especialmente en las voces femeninas, ya que se parte de la hipótesis de que el género gramatical masculino constituye la forma no marcada o por defecto en español. Desde una perspectiva tanto diacrónica como sincrónica, se estudiará el género gramatical en este tipo de sustantivos, puesto que ambas aproximaciones son clave para comprender en profundidad procesos morfológicos como la variación de género.

El español, como es sabido, ha recibido influencias de múltiples lenguas a lo largo de su historia, entre ellas el latín, el árabe, el griego, el italiano, el francés o el inglés. En primer lugar, el latín, lengua de origen del español, aporta aproximadamente el 70 % del léxico actual. En segundo lugar, durante la ocupación musulmana de la península ibérica, el árabe ejerció una profunda influencia. Según Lapesa (1981), más de 4000 palabras del español tienen raíz árabe, especialmente en ámbitos como la agricultura, la astronomía, las matemáticas, la medicina y la arquitectura (*algodón, nácar, aceite, tabaco, jarabe*). El griego constituye la tercera fuente de influencia, sobre todo en el vocabulario científico y técnico (*afasia, adenia, topografía, sismología, protio*). Otras lenguas romances, como el italiano y el francés, también han enriquecido el léxico español, particularmente en los campos de la moda, la gastronomía y el arte. Durante los siglos XV y XVI, Italia fue uno de los focos del Renacimiento, y su lengua adquirió un notable prestigio cultural en Europa, lo que favoreció la incorporación de numerosos italianismos (*café, acuarela, balcón, carnaval*). En cuanto al francés, su influencia histórica en Europa y el prestigio asociado a su cultura y literatura propiciaron la adopción de galicismos considerados cultos o refinados (*bombón, taller, élite, hotel, menú*). Asimismo, las lenguas peninsulares también han contribuido al acervo léxico del español: el gallego (*costa, percebe*), el catalán (*anchoa, alioli, avería*), el asturiano (*filandón*), el aragonés (*afeitar, chepa*) o el portugués (*baliza, volcán, zorro*). Por último, el inglés constituye la influencia más reciente, especialmente en los campos de la tecnología, la informática y la comunicación global. Con la expansión científica y tecnológica y el fenómeno de la globalización, el español ha adoptado un número creciente de anglicismos, siendo hoy la lengua extranjera de la que más préstamos se incorporan. La globalización ha potenciado además el uso del inglés como lengua de intercambio comercial y cultural, por lo que muchos términos se emplean directamente en contextos internacionales.

En relación con la motivación que explica la incorporación de préstamos, pueden señalarse cinco factores principales. En primer lugar, el contacto lingüístico entre comunidades genera la necesidad de préstamos para facilitar la comunicación. En segundo lugar, la influencia cultural de países dominantes puede promover el uso de voces extranjeras. En tercer lugar, los préstamos técnicos o científicos surgen para designar nuevas realidades sin equivalente exacto en español. En cuarto lugar, la adopción responde a la creación expresiva, incorporando unidades que amplían las posibilidades comunicativas del hablante (véase *tomate, bidé*). Finalmente, en quinto lugar, algunos préstamos se introducen por motivos sociolingüísticos, como la búsqueda de prestigio o sofisticación, cuando el hablante percibe el uso de extranjerismos como signo de distinción (Gómez Capuz, 2000).

Dada la amplitud de los datos, resulta pertinente organizar el análisis según el origen de los sustantivos. Así, el estudio se estructura en dos capítulos: uno dedicado a la asignación de género en los sustantivos inanimados de origen latino y otro centrado en la asignación de género en los préstamos lingüísticos. Los sustantivos seleccionados para el corpus cumplen como requisito estar registrados en el *Diccionario de la lengua española* (en adelante *DLE*, versión 23.6 en línea).[8] Este recurso, complementado con el *Mapa de diccionarios*, el *Nuevo tesoro lexicográfico* (en adelante *NTLLE*) y el *Diccionario histórico*, permite acceder a información lexicográfica y diacrónica de alta fiabilidad. Además, el *DLE* posee una especial relevancia en el ámbito académico, dado que su objetivo es recoger el léxico comúnmente empleado en España y en el conjunto del mundo hispánico.

Para optimizar la búsqueda y el tratamiento de los datos, se ha empleado también el *Diccionario avanzado* disponible en la plataforma *Enclave RAE*, que permite realizar consultas filtradas por criterios gramaticales, etimológicos o de frecuencia. A partir de esta herramienta se han obtenido datos detallados sobre el número de sustantivos según su origen y categoría. Conviene advertir que las cifras proporcionadas por el *DLE* para categorías distintas del sustantivo pueden estar sujetas a imprecisiones, pues en algunos casos la obra contabiliza distintas acepciones de un mismo lema como entradas independientes. Por este motivo, la selección de sustantivos se ha revisado exhaustivamente con el fin de garantizar la fiabilidad y coherencia de los datos utilizados para el análisis.

El corpus diseñado para esta investigación incorpora datos de distintas variedades del español y de diversos periodos históricos. Estas coordenadas resultan esenciales para comprender la evolución del género gramatical, dado que el género asignado a un sustantivo puede variar según la zona

---

8 A pesar de que sería conveniente consultar la etimología de las palabras seleccionadas con obras de referencia como el *Diccionario Etimológico Romance (DÉRom)* o el *Oxford Latin Dictionary* (*OLD*), este trabajo se centra fundamentalmente en el *DLE* y en los sustantivos que este incorpora, por lo que se ha tomado como referencia la etimología consignada en dicha obra. Esta decisión metodológica se justifica por la función normativa y representativa del *DLE* dentro de la lexicografía académica, que constituye el marco de análisis principal del presente estudio.

geográfica o la etapa histórica. Para ello, se han consultado los siguientes corpus académicos:

- **Corpus Diacrónico del Español** (**CORDE**): abarca desde los orígenes del idioma hasta 1974 y cuenta con más de 250 millones de registros, que incluyen textos de prosa y verso, narrativos, líricos, dramáticos, científicos, históricos, jurídicos, religiosos y periodísticos.
- **Corpus de Referencia del Español Actual** (**CREA**): contiene textos escritos y orales producidos entre 1975 y 2004 en todos los países hispanohablantes. En esta investigación se ha empleado la versión 0.3 del CREA anotado (2021), que permite búsquedas por formas, lemas y categorías gramaticales.
- **Corpus del Español del Siglo XXI** (**CORPES XXI**): incluye documentación de 2001 a 2025. En este estudio se han utilizado las versiones 1.2 y 1.3, que abarcan más de 438 millones de formas ortográficas procedentes de textos escritos y transcripciones orales.

En todos los casos, se ha tenido en cuenta tanto la frecuencia absoluta (número total de ocurrencias) como la frecuencia normalizada (proporción por millón de palabras). Esta última resulta fundamental para los análisis estadísticos, pues permite comparar resultados de manera equilibrada entre corpus de distinto tamaño. Dado que el CORDE carece de frecuencia normalizada, en su caso se ha trabajado con el número total de registros.

Asimismo, se ha incorporado el COSER, dirigido por Inés Fernández-Ordóñez, que recoge más de 1910 horas de grabaciones realizadas entre 1990 y 2022 en enclaves rurales de la Península Ibérica. Este corpus permite observar variantes diatópicas y rasgos dialectales vinculados al uso real del género gramatical. De forma complementaria, se ha recurrido al Google Ngram Viewer, herramienta basada en libros digitalizados entre 1800 y 2019. Aunque carece de diseño, resulta útil para rastrear la presencia diacrónica de determinadas formas léxicas. Sin embargo, sus resultados deben interpretarse con cautela, dado que requieren una revisión manual para evitar sesgos derivados de errores de segmentación o catalogación.

Respecto al tratamiento estadístico, en los gráficos y figuras incluidos en este estudio, los datos porcentuales no siempre proceden de frecuencias normalizadas obtenidas en los corpus académicos. En tales casos, se sigue una metodología cuantitativa propia, basada en la recolección y el análisis de datos numéricos. Se define inicialmente un valor total o de referencia (100 %), a partir del cual se calculan los valores específicos correspondientes a las variables de interés. Este procedimiento se aplica de manera uniforme a todos los conjuntos de datos, garantizando la comparabilidad y precisión de los resultados. Para asegurar la exactitud de los cálculos y minimizar posibles errores humanos, se ha utilizado el software estadístico R, que permite automatizar los procesos de análisis y validación de resultados.

Análisis de sustantivos inanimados de origen latino

4.1. Terminación en consonante

4.1.1. Terminación V + *r*

Para determinar cómo se configura el género gramatical en la terminación V + *r*, analizamos de manera individual las secuencias vocálicas seguidas de la consonante *r*: *-ar*, *-er*, *-ir*, *-or* y *-ur*. De estos grupos se extraen las palabras con género femenino o con vacilación de género que puedan contribuir a identificar los factores determinantes en la asignación de género para dicha terminación. Una búsqueda general en el *Diccionario avanzado* ofrece la siguiente información: existen 291 voces con género femenino que presentan esta terminación, de las cuales 25 son sustantivos inanimados.

En primer lugar, conviene examinar conjuntamente los sufijos *-ar* y *-al*, empleados para formar numerosos sustantivos que designan árboles o plantas, así como terrenos plantados o sembrados. Así, a partir de *pera*, *plátano* o *cereza* se crean *peral*, *platanar* y *cerezal*, respectivamente. Algunos sustantivos denominales en *-ar* y *-al* refieren a utensilios o instrumentos, como *dedal*, *pedal* o *cabezal*. Estos sufijos también generan adjetivos denominales (*muscular*, *mental*), varios de los cuales pueden funcionar como sustantivos al omitirse el nombre que modifican (*teléfono celular* > *el celular*). En ambos procesos, la elección entre *-ar* y *-al* obedece a un mecanismo fonológico de disimilación (RAE y ASALE, 2025): se selecciona *-ar* cuando la consonante líquida más próxima en la base léxica es *l* o *ll*, y se prefiere *-al* cuando dicha consonante es *r*. Dado que los sufijos *-ar* y *-al* provienen del latín —*-āris* y *-ālis*, respectivamente—, algunos adjetivos que presentan estas terminaciones son formaciones heredadas del latín: *clericālis* > *clerical*, *triumphālis*> *triunfal*. No obstante, desde una perspectiva sincrónica, estas formaciones suelen reinterpretarse como derivadas de los sustantivos *clérigo* y *triunfo*.

Por otra parte, la terminación *-ar* funciona como marca de infinitivo, propia de los verbos. Los verbos en *-ar* pueden formarse a partir de sustantivos (*peine* > *peinar*), adjetivos (*activo* > *activar*) o adverbios (*atrás* > *atrasar*). Desde una óptica sincrónica, el grupo más numeroso de palabras con terminación *-ar* corresponde a los verbos, muchos de ellos derivados con valor causativo deadjetival. En consecuencia, el *DLE* registra 23 791 verbos, junto con 481 adjetivos y 1172 sustantivos con el sufijo derivativo *-ar* (*acemilar*, *achuar*, *caulinar*, *cautelar*, *celular*, *circular*, *vehicular*, *tabular*, entre otros). Desde el punto de vista estadístico, una primera búsqueda en el CORPES indica que el género masculino es el predominante en los sustantivos cuya terminación es *-ar*: la frecuencia normalizada de sustantivos masculinos alcanza 1906, 1 casos por millón, frente a 24,85 por millón en los femeninos. La diferencia es, por tanto, considerable, lo que refuerza la idea de que la terminación *-ar* asigna género masculino a los sustantivos inanimados.

Según los datos del *DLE*, se registran 291 sustantivos femeninos y 911 masculinos con esta terminación. Si se seleccionan únicamente los inanimados, los resultados muestran 25 femeninos frente a 393 masculinos en *-ar*. Entre los femeninos se encuentran formaciones que pueden funcionar como adjetivos o sustantivos con diferentes acepciones (*auxiliar*, *capitular*, *circular*, *miliar*, *titular*, *velar*), así como adjetivos empleados en sintagmas nominales con núcleo elidido (*la alveolar* < *la consonante alveolar*; *la dentoalveolar* < *la consonante dentoalveolar*; *la labiovelar* < *la consonante labiovelar*; *la uvular* < *la consonante uvular*; *la yugular* < *la vena yugular*). En este estudio se descartan estos grupos, dado que no aportan información relevante para la investigación del género gramatical. De este modo, dentro de los sustantivos femeninos se conservan aquellos de origen latino (*cuchar* y *par*), árabe (*almíbar*, *azúcar*, *azuquítar*), los de etimología desconocida (*llar*) y los sustantivos ambiguos *mar*, de origen latino, y *guájar*, del árabe.

Como se ha señalado, tres sustantivos inanimados de origen latino presentan género femenino en español: *cuchar*, *par* en plural y *mar*. El primero, *cuchar*, actúa como apócope de *cuchara*, de la que hereda el género. Esta voz se documenta por primera vez con género femenino en textos de ordenamientos y códigos legales:

> De la ochaua del pan una cuchar, a rrazon de XXXII. cuchares ena ochaua. Et de la sal similiter sicut del pan. Et de la morabera de la cera III. dinneros (*Fuero de Usagre* [Esp.] 1242–1275).

No obstante, en el CORDE se registra también con género masculino en varios ejemplos, como en el refrán *Después del manjar / se come el cuchar*, donde *cuchar* equivale a *cuchara*. En este caso, la elección del género podría deberse a la imitación estructural *el manjar / el cuchar*. La consulta en el Corpus Léxico de Inventarios (CorLexIn) arroja dos casos de *un cuchar*, procedentes de La Rioja y Álava.[9] El *NTLLE* muestra que el *Diccionario de Autoridades* (1729) recoge por primera vez esta voz con género femenino y como sinónimo de *cuchara*. Más tarde, en 1780, se registra un nuevo significado: 'lo mismo que broca o tenedor', acepción que se mantiene con género masculino desde 1780 hasta 1992. Es posible que se haya producido una división similar a la del catalán (*culler* [masculino] 'cucharón' / *cullera* [femenino] 'cuchara'), lo que explicaría la fluctuación de género en el *DRAE*.[10] Basándonos en la explicación de Covarrubias (1611), *cuchar* proviene del latín *cochleāre*, mientras que *cuchara* deriva del italiano *cucchiara*, con el mismo significado.[11] Según Covarrubias, *cochleāre* procede de *cochlea* ('caracol'), pues las cucharas de hierro, más parecidas a brocas o tenedores, se usaban para comer guisos de caracoles. Las cucharas, en cambio, se reservaban para alimentos líquidos o blandos, como caldo, miel, sopa o arroz. Con el tiempo, *cuchar* cayó en desuso (Tabla 1) y *cuchara* adquirió mayor representación en el español, conservando también su significado.

Tabla 1: Distribución de los sustantivos *cuchar* y *cuchara* en los corpus académicos

	cuchar	*cuchara*
CORDE	191 casos	1750 casos
CREA	0 casos	858 casos
CORPES XXI	0 casos	3943 casos

9 En la actualidad, el corpus CorLexIn contiene cerca de 1 600 000 palabras transcritas provenientes de documentación notarial inédita de archivos ubicados tanto en España como en América.

10 En *culler/cullera*, el catalán podría hacer una distinción basada en el tamaño del objeto de tipo específico.

11 A pesar de la etimología propuesta por Covarrubias, *cuchara* procede, con toda probabilidad, del latín *cochleare*, con apócope de la *-e* final y no de la *-a*. Resulta dudoso considerarla un italianismo, dado que se documenta tempranamente en el español medieval. En el CORDE se registran trece casos de *cuchara* en el siglo XIV y seis de *cucharas* en ese mismo siglo. Además, la forma plural *cuchares* aparece ya con género femenino, lo que confirma la temprana fijación de dicho género en la palabra.

Los siguientes casos que analizamos son *mar* y *par*, los cuales comparten ciertas características. Tanto *mar* (*mare, maris*) como *par* (*pār, parĭs*) son formas monosílabas procedentes de la tercera declinación latina, cuyo género etimológico era el neutro. Aunque en español ambas adoptaron el género masculino —el género predeterminado para los sustantivos inanimados—, presentan también usos femeninos que se apartan de dicha tendencia. En concreto, el sustantivo *mar* muestra vacilación de género tanto en español como en otras lenguas peninsulares romances, como el gallego, el asturiano o el catalán. En cambio, en otras lenguas romances, *mar* es masculino en portugués e italiano, mientras que en francés y en rumano es femenino. Esta distribución sugiere que la alternancia de género constituye un fenómeno característico del español y de algunas lenguas romances de la Península Ibérica.

A partir de los datos obtenidos del CORDE, se observa que esta vacilación de género se documenta mayoritariamente en España, donde el 89 % de los casos corresponde a *la mar*. En los corpus CREA y CORPES, la alternancia aparece tanto en España como en América. En el CORPES, por ejemplo, los casos de *mar* con género femenino se registran en República Dominicana (7,75 %), Ecuador (7,72 %), Perú (6,69 %) y Uruguay (6,19 %), entre otros países. En el caso de España, la frecuencia normalizada asciende a 5,73 casos por millón para el sustantivo en femenino. Dado que este estudio se centra principalmente en el español de España, se ha analizado la distribución geográfica del fenómeno con el propósito de determinar si existen factores dialectales que puedan influir en la asignación de género de *mar*. Para ello, se recurrió al COSER, cuyos resultados apuntan al uso de *la mar* en las áreas meridional (especialmente occidental) y septentrional-central. En contraste, los casos de *el mar* se distribuyen de manera más dispersa, salvo en el cuadrante sureste peninsular.

Según Morera (1985), el empleo de *mar* con género femenino parece vincularse a zonas costeras, donde marineros, pescadores y personas que viven en contacto directo con el mar tienden a utilizar el femenino con un valor afectivo. Para estos hablantes, *la mar* expresa una relación de intimidad o cercanía emocional, reforzada por el hecho de que el mar constituye su entorno vital. La literatura también ha contribuido a reforzar el uso femenino de *mar*. Autores como Gertrudis Gómez de Avellaneda, Marià Manent, Gabriela Mistral, Gil Vicente o Rafael Alberti emplean *la mar* en numerosos textos poéticos. La procedencia de estos escritores resulta especialmente significativa: Gómez de Avellaneda era cubana, Manent catalán, Mistral chilena,

Gil Vicente portugués y Alberti gaditano. Todos ellos representan variedades orientales o meridionales que coinciden con la distribución geográfica observada en la Figura 1. En el caso de Alberti, la alternancia de género aparece incluso reflejada dentro de su obra poética:

El mar. La mar.
El mar. ¡Sólo la mar!

Sin embargo, la documentación de *la mar* en Badajoz y Córdoba —pero no en Sevilla—, así como la de *el mar* en Málaga y Granada —pero no en Almería—, permite descartar el factor diatópico como causa exclusiva de la alternancia.

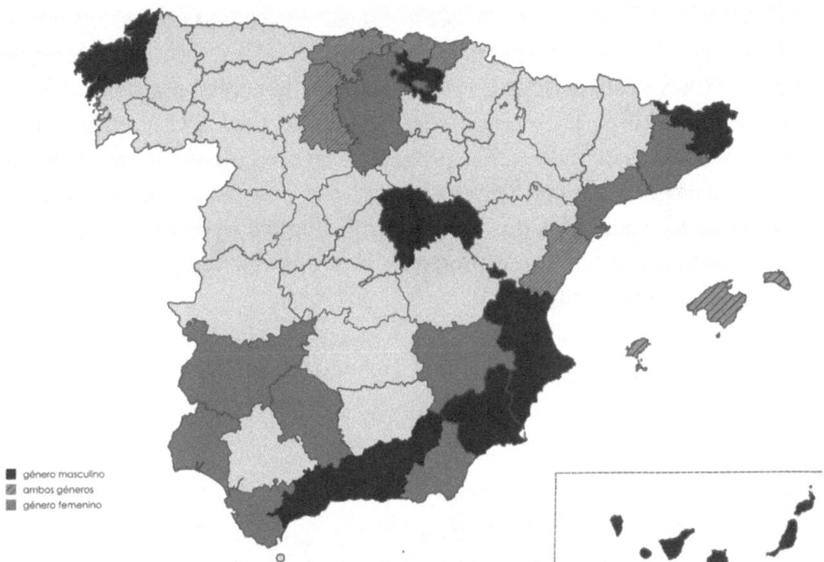

Figura 1: Distribución geográfica del sustantivo *mar* en el COSER.

Desde una perspectiva cronológica, como se aprecia en la Tabla 2, el CORDE registra 25 155 casos de *la/esta mar* frente a 16 392 de *el/este mar*, lo que evidencia una preferencia histórica por la forma femenina, al menos hasta 1974. A partir de 1975, los datos del CREA muestran una inversión de la tendencia: se documentan 1245 casos de *mar* con género femenino frente a 14 005 con género masculino. Esta evolución se confirma en el CORPES, donde aparecen 1897 casos femeninos frente a 55 094 masculinos. Los datos de este último corpus permiten observar que el uso de *mar* con género masculino predomina de manera clara en la actualidad con un 96,7 %, mientras que el femenino ha quedado restringido a contextos literarios o dialectales específicos con un 3,3 % de casos.

Tabla 2: Distribución del sustantivo *mar* en los corpus académicos

	masculino	femenino
CORDE	16 392 casos	25 155 casos
CREA	14 005 casos	1245 casos
CORPES XXI	55 094 casos	1897 casos

Tras analizar la evolución cronológica del sustantivo *mar* con género femenino, se observa que su frecuencia de uso alcanza su punto máximo entre los años 1500 y 1700, periodo en el que la forma femenina registra su mayor vitalidad. A partir de ese momento, tanto los datos del CREA como los del CORPES evidencian un descenso progresivo en el empleo de *la mar*, paralelo al incremento del uso con género masculino. Esta tendencia se confirma también en los resultados de Google Books (Figura 2), donde la vacilación de género muestra una clara preferencia por *la mar* durante el intervalo comprendido entre 1500 y 1540.

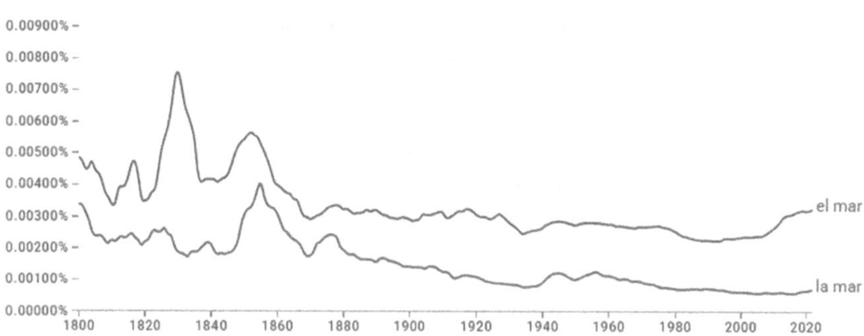

Figura 2: Distribución temporal del sustantivo *mar* en Google Books.

En síntesis, la diferencia entre *el mar* y *la mar* parece responder, fundamentalmente, a una motivación diacrónica antes que diatópica, aunque esta última también permite extraer algunas conclusiones relevantes. El análisis de la palabra *mar* revela que, en la actualidad, *la mar* constituye la variante menos frecuente, mientras que *el mar* representa la forma más extendida y moderna. El predominio del género masculino podría vincularse al lenguaje técnico y culto, especialmente al empleado en la cartografía y en las descripciones geográficas. Según Morera (1985), en determinados registros lingüísticos se establece una distinción semántica de tipo privativo entre *el mar* ('entidad física') y *la mar*, o *alta mar* ('entidad geográfica'). En términos de Haspelmath (2006), esta diferencia puede explicarse mediante el concepto de *marca semántica*, que designa la relación de hiperonimia entre un término genérico y otro específico. Aunque este planteamiento se aplica originalmente a sustantivos animados con raíces léxicas distintas (como *toro/vaca*), resulta útil para comprender la ampliación semántica que se da entre *el mar* y *la mar*. En esta misma línea, Alfonso Vega y Melis (2010) proponen una correlación entre la marcación semántica y la frecuencia de uso: el miembro no marcado tiende a ser el más frecuente. Así, *el mar*, como forma no marcada, impone su uso sobre *la mar*. Los datos disponibles sugieren, por tanto, que el cambio de género en *mar* comporta una diferenciación de significado. Esta hipótesis contribuye a explicar por qué ciertos compuestos, como *bajamar*, *pleamar*, *plenamar* o *altamar*, adoptan el género femenino.

Del mismo modo, numerosos términos del ámbito marítimo muestran una marcada preferencia por el femenino: *mar ancha*, *mar arbolada*, *mar bonanza*, *mar cerrada*, *mar gruesa*, *mar larga*, *mar rizada*, *mar sorda* o *mar tendida*. En cambio, las denominaciones geográficas como *mar Negro*, *mar Mediterráneo*, *mar Rojo* o *mar Muerto* presentan sistemáticamente el género masculino. Se observa, por tanto, una oposición entre *el mar* —de carácter general y geográfico— y *la mar* —de carácter particular y marítimo—. Esta interpretación se ve reforzada por el comportamiento del plural, ya que la forma *mares* no muestra la alternancia de género propia del singular. El uso del plural neutraliza los rasgos de especificidad, lo que explica que, como se indica en la Tabla 3, el género masculino predomine en un 99 % de los casos.

Tabla 3: Distribución del sustantivo *mares* en los corpus académicos

	masculino	**femenino**
CORDE	29 064 casos	338 casos
CREA	639 casos	7 casos
CORPES XXI	3654 casos	4 casos

Tras el análisis de la documentación, se comprueba que, a lo largo de la historia del español, el género femenino de *mar* predominó entre los siglos XVI y XVII.[12] Posteriormente, la forma masculina comenzó a consolidarse en los ámbitos administrativo y científico, mientras que el femenino experimentó un proceso de dialectalización y quedó restringido al lenguaje literario. Como se ha señalado, la elección entre ambos géneros dependía, en parte, del prestigio del hablante, pero también de otros factores socioculturales relacionados con su entorno y modo de vida (García Gallarín, 2020, p. 149). En este sentido, conviene recordar la diferenciación semántica mencionada en el apartado anterior: *mar* adopta el género masculino en el ámbito geográfico —de carácter general— y el femenino en el ámbito marítimo —de carácter específico—.

Otro sustantivo perteneciente a la tercera declinación latina es *par*. Como se ha apuntado, esta palabra posee género masculino en español, heredado de su etimología latina (*pār, parĭs*). Sin embargo, cuando *par* aparece en plural con el significado de 'placenta del útero', adquiere género femenino. Con este sentido, se relaciona estrechamente con la forma *parias* (del latín *paria*, 'pares'), término que alude a las dos masas —la placenta y las membranas— que se expulsan durante el parto. En español, se observa una tendencia general a que los sustantivos neutros plurales latinos terminados en *-a* evolucionen hacia formas femeninas. Por tanto, *parias* (neutro plural latino *parĭă*) se reinterpreta en español como femenino, conservando la morfología plural propia de las lenguas romances. Bajo la influencia de *parias*, la voz *pares* adopta el género femenino en plural. No obstante, se documentan muy pocos casos de *par* con género femenino en su forma singular y con este significado:

> Si la placenta (*par*, dice el pueblo) no se expulsa inmediatamente se dan a la enferma orines del marido y aceite de oliva [...]. Expulsada la par, le dan aguardiente, manteca de ganado y miel de abeja por espacio de tres días (*Memoria* [Esp.] 1991).

El análisis en distintos corpus confirma esta escasez: ni el CREA ni el CORPES registran ejemplos con dicho valor. En cambio, el CORDE sí recoge

[12] El uso de *mar* con género femenino se documenta ya en la Edad Media. No obstante, el predominio de este género se consolida de manera clara en siglos posteriores.

testimonios de *las pares*, cuya primera aparición se remonta a la *Biblia Escorial E4* (h. 1400):

> Et dixo el rrey de Egipto alas parteras ebreas, que el nonbre dela vna era Sifra e el nonbre dela otra Pua; [16] e dixo: quando parieren con vos las ebreas, veredes sobre las pares; si fijo fuere, mataldo; e sy fija fuere, biua.

Este uso se mantiene con relativa frecuencia entre los siglos XV y XIX, especialmente en textos científicos vinculados a la medicina, como *Libro intitulado del parto humano*, *Tratado de patología*, *Materia médica misionera* o *Diez privilegios para mujeres preñadas*. Sin embargo, en los siglos XX y XXI, este significado entra en desuso hasta desaparecer completamente en el español actual. Cabe considerar, además, una posible motivación semántica en la asignación del género femenino a *pares*, derivada de la asociación entre el sustantivo —referido a la placenta— y su conexión con el sexo femenino. De este modo, el vínculo conceptual entre el órgano y la mujer podría haber favorecido la feminización del término. En suma, *par* es un sustantivo inanimado masculino que sigue el patrón general de asignación de género en este tipo de nombres. No obstante, la acepción femenina corresponde, en realidad, a su forma plural *pares*, cuya evolución se explica por la reinterpretación de los neutros plurales latinos en *-a* (*pares/parias*) como femeninos en español. Por último, la coexistencia de *el par* y *la par* pone de manifiesto una diferenciación semántica interna en el sustantivo, que contribuyó a consolidar el cambio de significado y la distribución funcional de ambas formas.

En lo que respecta a la terminación *-er*, a partir de los datos obtenidos del diccionario académico, se deduce que esta es característica de los verbos en infinitivo. Si se consulta el *Diccionario avanzado*, se observa que, de los 5917 lemas recogidos en el *DLE*, 2274 corresponden a verbos y 2841 a locuciones; en cambio, únicamente 528 son sustantivos. De estos, 441 presentan género masculino frente a tan solo 87 con género femenino. Para analizar el comportamiento del género en sustantivos inanimados, es necesario filtrar los datos y atender exclusivamente a aquellos que presentan género femenino o vacilación de género. El resultado arroja las siguientes formas: *blazer*, *scooter* (o *escúter*), *súper*, *duramáter* y *piamáter*. Se trata, por tanto, de dos préstamos (*blazer* y *scooter*) y una adaptación (*escúter*), que muestran ambos géneros, así como dos voces compuestas (*duramáter* y *piamáter*) y un adjetivo que, según el *DLE*, funciona como sustantivo (*la gasolina súper*) con género femenino.

En este estudio se descartan los adjetivos sustantivados y las voces compuestas, dado que heredan el género de su núcleo y no resultan relevantes para el análisis de la asignación gramatical. En cuanto al comportamiento del género en préstamos de otras lenguas, este aspecto se abordará en un apartado específico. De este modo, se constata que los sustantivos simples de origen latino terminados en *-er* no reciben género femenino en ningún caso.

En relación con la terminación *-ir*, destaca igualmente su uso en formas verbales. La consulta del *DLE* revela que, de un total de 3002 voces con esta terminación, 2121 son verbos, 760 locuciones y 70 sustantivos: 60 masculinos y diez femeninos. Dentro del grupo de sustantivos inanimados, no se documentan ejemplos con género femenino; únicamente se registran formas masculinas. En consecuencia, esta terminación en sustantivos inanimados resulta completamente regular. Todos los sustantivos simples de origen latino terminados en *-ir* son masculinos y, además, la mayoría corresponde a préstamos léxicos: *anejir*, *atacir*, *cachemir*, *elixir*, *kéfir*, *menhir*, *zafir*, entre otros.

Por su parte, la terminación *-or* presenta en español una mayor diversidad formal y funcional. En algunos casos, corresponde a un sufijo deadjetival de cualidad (*blancor*, *frescor*) o deverbal de agente (*defensor*, *conductor*), mientras que, en otros, forma parte de palabras simples (*amor*, *calor*, *flor*, *labor*). Históricamente, un número considerable de femeninos medievales terminados en *-or* coincide con voces similares del francés, lengua en la que este género ha perdurado hasta la actualidad, a diferencia del español, que desde finales de la Edad Media mostró preferencia por el masculino. El análisis de las tradiciones textuales sugiere que, hacia finales del siglo XV y comienzos del XVI, se produjo una progresiva dialectalización y literaturización de los casos femeninos (García Gallarín, 2020, pp. 138, 149).

El sufijo *-or*, procedente del latín (*-or*, *-ōris*), genera sustantivos masculinos de cualidad a partir de adjetivos (*dulzor*) o verbos (*temblor*); pero también existe un alomorfo, *-dor*, que crea nombres de agente: *pintor* ('persona que pinta'), *editor* ('persona que edita') (Pharies, 2002). En el español actual, este sufijo no produce derivados adjetivales, salvo contadas excepciones como *agrior* (derivado de *agrio*), usado en Argentina y en algunas zonas de España, en contraste con el escasamente documentado *agror*. Asimismo, en la lengua antigua se encuentran notablemente menos derivados en *-or* que en *-ura*. La mayoría de los sustantivos formados con **-or** poseen equivalentes en *-ura*, aunque muchos de estos ya han desaparecido: *espesor/espesura*, *grandor/grandura*, *tristor/tristura*, *grosor/grosura*; sin embargo, no todos los derivados en *-ura* presentan una correspondencia en *-or* (*locura*). El latín contaba con un número mayor de pares de este tipo (*fervor/fervūra*), lo que explica la presencia de estas alternancias en etapas tempranas del español. Con el paso del tiempo, muchos de los derivados en *-or* desaparecieron, y los que permanecen en uso tienden a conservar su sentido físico, más que el figurado: *dulzor*, *espesor*, *grandor*, *largor*, entre otros.

Como se ha señalado, en español las palabras terminadas en *-or* tienen asignado de forma regular el género masculino: *el sabor*, *el negror*, *el valor*, *el hervor*, *el agror*. Una búsqueda en el CORPES confirma que la terminación *-or* es predominantemente masculina. La frecuencia normalizada del género masculino alcanza los 6461, 46 casos por millón, frente a 776, 26 casos por millón con género femenino, lo que supone un 89 % de sustantivos masculinos frente a un 11 % femeninos. En total, el CORPES registra 342 712 documentos con sustantivos terminados en *-or* de género masculino, frente a 107 112 con género femenino. Por su parte, el *DLE* recoge 4183 sustantivos con esta terminación: 2994 masculinos y 1189 femeninos. Si se seleccionan solo los sustantivos inanimados, los datos arrojan 819 masculinos y apenas diez femeninos: *ceriflor*, *mayor*, *calor*, *grasor*, *menor*, *color*, *sobreflor*, *flor*, *honor* y *labor*. Excluyendo las voces adjetivas nominalizadas, que heredan el género de su núcleo elidido (*mayor/menor* [*premisa*]), y las formaciones compuestas o derivadas, permanecen con género femenino: *flor*, *labor*, *calor*, *color* y *honor*. Todos ellos son sustantivos latinos de la tercera declinación cuyo género etimológico es masculino. Para su análisis, se dividen en dos grupos principales: aquellos que presentan género femenino en español (*flor*, *labor*) y aquellos que, pese a su tendencia masculina, muestran vacilación (*calor*, *color*, *honor*). En los dos primeros casos, *flor* (*flos, floris*) y *labor* (*labor, -ōris*), la asignación de género en español actúa de manera similar: ambas voces son femeninas en la lengua actual, aunque etimológicamente masculinas.

Tabla 4: Género gramatical de las palabras *flor* y *labor* en distintas lenguas romances

	lat.	esp.	gall.	ast.	cat.	port.	franc.	ital.
flor	M	F	F	F	F	F	F	M
labor	M	F	M/F	M/F	F	F	-	M

La única lengua que ha conservado el género masculino en ambas palabras es el italiano: *il fiore* e *il lavoro*.[13] Según los datos recogidos en la Tabla 4, en el resto de las lenguas analizadas ambos sustantivos presentan género femenino, salvo *labor* en gallego y asturiano, donde se documenta alternancia de género. A partir de este hecho, cabe plantear dos hipótesis principales. En primer lugar, la selección del género femenino en *flor* podría explicarse por un criterio formal, derivado de su carácter monosilábico. Como se ha señalado anteriormente (véase *mar*, *par*), los sustantivos inanimados monosílabos de origen latino tienden a ser femeninos. En segundo lugar, *labor* designa una acción no delimitada, lo que permite incluirla dentro del grupo de los sustantivos discontinuos, tradicionalmente asociados al género femenino.

Conviene destacar, asimismo, la alternancia de género que presenta *labor* en gallego y asturiano. El gallego es la única lengua, de las consideradas en este estudio, que asigna de forma predominante el género masculino a este sustantivo. De hecho, la variante masculina se documenta en fuentes históricas del norte de la Península Ibérica. Detrás de esta elección parece subyacer el género etimológicamente masculino del término latino, que pudo haber influido en la selección del género en gallego. Aunque existen ejemplos de *labor* con género femenino, su frecuencia no resulta significativa. La presencia ocasional de *a labor* en gallego podría vincularse con la proximidad y el contacto lingüístico con el español y el portugués, lenguas en las que el sustantivo adopta sistemáticamente el género femenino. No obstante, resulta pertinente señalar ciertos ejemplos localizados en fuentes digitales, como los recogidos en Google, que registran expresiones tales como *mucho labor*, indicativas de una naturaleza no delimitada, en consonancia con la primera acepción del *DLE* ('acción y efecto de trabajar'):

Día de mucho labor en Musicar (*Musicar Servicio Integral* [Uruguay], 2016).

La mayoría de los ejemplos documentados en Google, incluido el citado, procede del área rioplatense, donde es posible que el uso de *labor* se vea influido por el término coloquial *laburo*. Asimismo, *labor* puede funcionar

---

13 En español tenemos *laburo* y *laburar*, tomadas del italiano dialectal *lavuro* (o *lavuru*) y *lavurare*. Ambas formas se emplean en Río de la Plata, especialmente en Argentina y Uruguay, donde, a finales del siglo XIX, se produce un gran movimiento migratorio de italianos y españoles.

como sustantivo discontinuo con el significado de 'objeto tejido o bordado', tal como reflejan las acepciones 2 ('adorno tejido o hecho a mano, en la tela, o ejecutado de otro modo en otras cosas') y 9 ('escuela de niñas donde aprendían a hacer labor') del *DLE*. Esta versatilidad léxica y semántica invita a profundizar en la comprensión del sustantivo, especialmente al compararlo con *flor*. La posibilidad de que *labor* funcione como sustantivo continuo o discontinuo, en función del contexto, explica la alternancia de género que se observa en determinadas variedades. En plural, la forma *labores* presenta una frecuencia significativamente mayor con género femenino que con masculino, lo que sugiere que *labores* se interpreta como sustantivo discontinuo cuando adquiere el sentido de 'tarea' u 'obra textil' (véase Tabla 5).

Tabla 5: Distribución del sustantivo *labores* en los corpus académicos

	masculino	**femenino**
CORDE	874 casos	5 casos
CREA	876 casos	2 casos
CORPES XXI	10 117 casos	9 casos

En relación con la alternancia de género en la voz *labor*, la lengua gallega ha desempeñado un papel especialmente relevante. Como se ha señalado, el gallego asigna de forma general el género masculino a este sustantivo. En el *Diccionario General de la Lengua Asturiana* (García Arias, 2004) se indica que *llabor* se emplea como sustantivo masculino tanto en las zonas occidental como oriental. Este hecho permite suponer que el contacto lingüístico y la proximidad geográfica entre ambas regiones podrían haber favorecido la extensión del uso masculino desde el occidente hacia el oriente asturiano.

En cuanto a la documentación de los dos sustantivos analizados, *flor* y *labor*, los resultados son igualmente reveladores. El primero, *flor*, se registra en el CORDE con género masculino en seis casos, mientras que el CREA no contiene ningún ejemplo con esta asignación. Con género femenino, en cambio, el CORDE recoge 3192 casos y el CREA 8654. En el CORPES, *flor* aparece con género femenino en 32 512 casos y con género masculino únicamente en 15. Esto equivale a un 99,9 % de ocurrencias femeninas frente a un 0,1 % masculinas. De los 15 casos masculinos documentados, 11 corresponden a nombres propios (*El Flor*), dos forman parte de compuestos en los que el primer elemento determina el género gramatical del conjunto (*del Díaz-Flor* y *el poema-flor*), uno aparece en la estructura *ron flor de caña*, donde *ron* funciona como núcleo y, por tanto, impone el género masculino, y un último ejemplo refleja un uso no normativo del español por parte de una hablante nativa de una lengua indígena. Este último caso se recoge en *El caimán y el verdugo* (Honduras, 2006), donde, pese a la aparición de *el flor*, la misma obra contiene ejemplos de *flor* con género femenino:

> —Enferma yo con esto, Patrón, ¡el flor del Vietnam!, compañeras decir que se llama —de sus ojos brotan lágrimas—. Dos días que tener flor (*El caimán y el verdugo* [Honduras], 2006).

En consecuencia, los casos masculinos de *flor* no pueden considerarse relevantes, pues todos ellos se explican por su naturaleza de nombre propio, por razones formales o por razones sociolingüísticas. La voz *flor*, por tanto, ha mantenido de manera constante el género femenino en castellano.

El segundo sustantivo, *labor*, se documenta en el CORPES con género femenino en 7598 casos y con género masculino únicamente en nueve. Esto supone un 99,9 % de usos femeninos frente a un 0,1 % masculinos. Entre estos últimos, tres corresponden a la expresión *Labor Day* ('día del trabajo'), en la que es probable que *labor* haya adoptado el género masculino del sustantivo *día* durante la traducción. No obstante, también cabe la posibilidad de que, como ocurre con numerosos anglicismos, el género masculino se haya asignado por defecto.

Asimismo, se registran ejemplos de *labor* como sinónimo de *trabajo*, lo que explicaría la atracción del género masculino por analogía semántica, fenómeno ya observado en el ejemplo rioplatense *mucho labor*, influido por el término *laburo*. Por último, se documenta un caso de *labor* como acortamiento de *laboratorio*:

> yo, ¿sabe qué pasa? Que yo cuando acabé la carrera estuve haciendo laboratorio, y estaba haciendo laboratorio, teníamos un íntimo amigo que estaba en el labor, no en el laboratorio general de la facultad (*Corpus de habla culta de Salamanca* [Esp.], 2003).

En lo que respecta a la distribución cronológica, *flor* no presenta vacilación de género en ningún periodo. Lo mismo ocurre con los compuestos en los que actúa como núcleo —*coliflor*, *sobreflor* o *ceriflor*—, todos ellos endocéntricos y, por tanto, regidos por el género femenino de *flor*. No existen registros de estas formas con género masculino, por lo que los ejemplos aparentemente masculinos deben considerarse excepciones o interferencias de otras lenguas. Los corpus académicos (CORDE, CREA, CORPES) y las búsquedas en Google Books confirman la ausencia de uso real de *flor* con género masculino.

En cuanto a *labor*, tanto los corpus académicos como Google Books muestran una frecuencia extremadamente baja de su uso con género masculino, tal como se observa en la Tabla 6. El CREA, de hecho, no recoge ningún caso. En cambio, la forma femenina de *labor* se mantiene estable desde los orígenes de la lengua hasta la actualidad.

Tabla 6: Distribución del sustantivo *labor* en los corpus académicos

	masculino	**femenino**
CORDE	2801 casos	19 casos
CREA	4805 casos	0 casos
CORPES XXI	10 839 casos	9 casos

Todo parece indicar que el grupo de sustantivos terminados en *-or* asigna de manera regular el género masculino, con la excepción de *flor* y *labor*, los únicos sustantivos que presentan género femenino. Esta irregularidad podría estar relacionada con factores semánticos y sociolingüísticos vinculados al significado y al contexto de uso de ambos términos. Por un lado, el hecho de que los nombres de flores tiendan a ser femeninos. También el género femenino podría estar motivado, en parte, por la oposición conceptual entre los pares léxicos *árbol/flor* o *planta/flor*, donde el primer elemento suele asociarse al género masculino y el segundo al femenino. Esta relación semántica contribuye, por tanto, a reforzar la asignación del género femenino al sustantivo *flor*. Por otro lado, puede suponerse que la estrecha asociación del término *labor* con la esfera femenina —especialmente durante los siglos en que comenzó a emplearse de forma estable— favoreció su asignación al género femenino. En esta misma línea, Covarrubias describe *labor* como la 'ocupación de las mujeres en telas, bordados, encajes, etc., labores que hacen estas con la aguja'. Desde esta perspectiva, la asignación de género femenino podría haber estado motivada por una asociación semántica.

Por otro lado, conviene recordar que *flor* procede de una raíz diferente (*flos, floris*) a la de otros sustantivos inanimados terminados en *-or* derivados de la tercera declinación latina (*-or, -ōris*), como *labor*, *calor* o *color*. Un caso particular lo constituye el sustantivo *honor*, que deriva tanto del latín *honos, -ōris* como de *honor, -ōris*, ambos masculinos. En la historia del español, este sustantivo ha mostrado cierta oscilación de género, influida, en parte, por factores dialectales: las zonas orientales tendieron al uso femenino, probablemente por influencia del catalán antiguo —donde *honor* era femenino—, mientras que las occidentales mantuvieron la forma masculina, acorde con el gallego, lengua en la que *honor* conservó su género etimológico. La primera documentación de *honor* en los corpus académicos corresponde a las *Glosas Emilianenses* (ca. 950):

> dueno Christo, dueno Salbatore, qual dueno get ena honore, equal duenno tienet ela mandatjone cono Patre, cono Spiritu Sancto, enos sieculos delosieculos.

Si consultamos el CORDE, observamos que, aunque el género masculino es el más extendido en la actualidad, no se documenta hasta 1293. Históricamente, el sustantivo *honor* experimentó una notable oscilación de género: hasta 1500, la forma femenina alcanza periodos de frecuencia alta, especialmente en los siglos XIV, XV y XVI. A partir de entonces, su uso desciende de manera progresiva —con apenas tres documentos en el siglo XIX y uno en el XX— hasta desaparecer por completo entre 1947 y 2008, según los datos del CREA y del CORPES. Es probable que, por factores formales relacionados con la terminación en *-or* —como ocurre también históricamente con *amor*, que en la Edad Media podía aparecer con género masculino o femenino—, este sustantivo haya adquirido el femenino. No obstante, debe recordarse que, hacia finales del siglo XV y comienzos del XVI, se produce una dialectalización de los usos femeninos, en paralelo a la confusión semántica entre *honor* y *honra*. Con el *Código de las Siete Partidas* de Alfonso X el Sabio, concretamente en el Título 21 de la Partida Segunda, *De los caballeros y de las cosas que les conviene hacer*, el monarca consagra la *honra* como atributo propio de los caballeros defensores. A partir de entonces, ambos conceptos se emplearon indistintamente en los textos literarios y jurídicos, lo que probablemente influyó en la aparición de *honor* con género femenino por analogía con *honra*. En efecto, Covarrubias (1611) y otros diccionarios de la época definen *honor* como sinónimo de *honra*. No obstante, esta equivalencia se elimina de las obras lexicográficas a partir de 1817, momento en que ambos términos adquieren significados diferenciados: según Menéndez Pidal (1940), *honor* alude a la estima o consideración que una persona obtiene por sus virtudes o acciones, mientras que *honra* se refiere al reconocimiento social o reputacional otorgado por los demás.

En el CORPES, *honor* se documenta con género masculino en 4338 casos pertenecientes a 3489 documentos, frente a solo 16 casos con género femenino (0,1 %). En la mayoría de ellos, el uso femenino se debe a la omisión del sustantivo *computadora*, como en el siguiente ejemplo:

> Su nuevo lanzamiento es la HONOR MagicBook 14, una ultrabook poderosamente compacta con un procesador de última generación, Intel® Core i5™ de 11ª generación (*El Universal* [México], 2021).

Ambos ejemplos proceden de textos mexicanos, donde el término *computadora* (de género femenino) tiene una frecuencia de uso mucho mayor (50,36 casos por millón) que en España (5,24 por millón).

Otros sustantivos que presentan oscilación de género son *calor* (*calor, -ōris*) y *color* (*color, -ōris*), ambos de la tercera declinación latina con género etimológico masculino. En italiano, dicho género se conserva; sin embargo, como se observa en la Tabla 7, en español y en asturiano se documenta alternancia de género para *calor* y *color*, mientras que en catalán solo se da en *color*. Otras lenguas romances muestran soluciones distintas: el gallego y el francés asignan género femenino a ambas voces, mientras que el portugués conserva el masculino para *calor* y emplea el femenino para *color*.

Tabla 7: Género gramatical de las palabras *calor* y *color* en distintas lenguas romances

	lat.	esp.	gall.	ast.	cat.	port.	franc.	ital.
calor	M	M/F	F	M/F	F	M	F	M
color	M	M/F	F	M/F	M/F	F	F	M

En francés, la terminación *-eur*, equivalente en español a *-or*, parece asociarse de manera regular al género femenino: *couleur* ('color'), *erreur* ('error'), *douleur* ('dolor'), *chaleur* ('calor'), *odeur* ('olor'), *humeur* ('humor'), *faveur* ('favor'). Es probable, por tanto, que la asignación de género femenino a *color* (*couleur*) y *calor* (*chaleur*) en esta lengua responda a criterios formales, relacionados con la morfología y la productividad de dicha terminación. En cuanto al español, la consulta del CORPES para la voz *calor* arroja 54 casos con género femenino frente a 11 234 con género masculino. Es decir, *calor* presenta género femenino en un 0,5 % de los casos y masculino en un 99,5 %. De esos 54 casos femeninos, la mayoría proceden de España, seguidos de México y Argentina, entre otros países hispanoamericanos. Por su parte, *color* se documenta con 14 156 casos masculinos y 30 femeninos, lo que representa un 99,8 % de usos masculinos frente a un 0,2 % de femeninos. Los registros de *color* con género femenino aparecen con mayor frecuencia normalizada en Honduras, Chile y República Dominicana. En la documentación de estos casos, el uso femenino parece vincularse mayoritariamente al sentido de 'tez' o 'pigmentación de la piel', como muestran los siguientes ejemplos extraídos del CORPES:

> [...] pasaba tanto tiempo colgada en el cabrestante juntando óleos y embarrando tinturas y pez griega que le mudó la color, por exceso de sol (*El génesis en Santa Cariba* [Hond.] 2007).
>
> El pobre hombre perdió la color cuando se enteró. Y no lo decimos nosotros, lo declaró él mismo: "Me he quedado sorprendido ... y blanco" (*La justicia y sus puñetas* [Esp.] 2015).

Asimismo, el género femenino de *color* se conserva en algunos países latinoamericanos cuando designa un colorante alimenticio, especialmente en Chile y Ecuador:

> Mientras se corta la cebolla en juliana fina ("a la pluma") se derrite la color chilena en una sartén y en ella se fríe la cebolla. ([Chile] 2001).
>
> Preparar el refrito: calentar la mantequilla con la color, añadir las cebollas y freír a fuego lento hasta que las cebollas estén transparentes. ([Ecu.] 2003).

A priori, podría pensarse que esta vacilación de género responde a factores dialectales, como ocurre con *honor*. En este sentido, la consulta del COSER permite identificar las áreas geográficas donde predomina uno u otro género dentro del territorio peninsular. Los datos revelan un uso histórico de *la calor* en la zona meridional-oriental y en Asturias, frente a un predominio de *el calor* en la mayor parte del país. En algunas regiones ambas formas conviven —*el calor* y *la calor*—, como sucede en Albacete, Toledo, Zamora, Huesca, La Rioja y Tarragona (véase Figura 3). De igual modo, los datos del Proyecto para el Estudio Sociolingüístico del Español de España y de América (PRESEEA, 2014–) confirman la presencia de *la calor* en el habla andaluza, especialmente en Granada y Sevilla.[14] Conviene recordar, sin embargo, que el uso femenino era normal en el español medieval y clásico, y que su conservación actual en determinadas zonas puede explicarse tanto por la inercia histórica como por el contacto lingüístico con otras lenguas romances. Así ocurre, por ejemplo, en áreas como Tarragona o Huesca, donde el contacto con el catalán —lengua en la que *calor* tiene género femenino— ha favorecido el mantenimiento de dicha forma por proximidad estructural y continuidad dialectal.

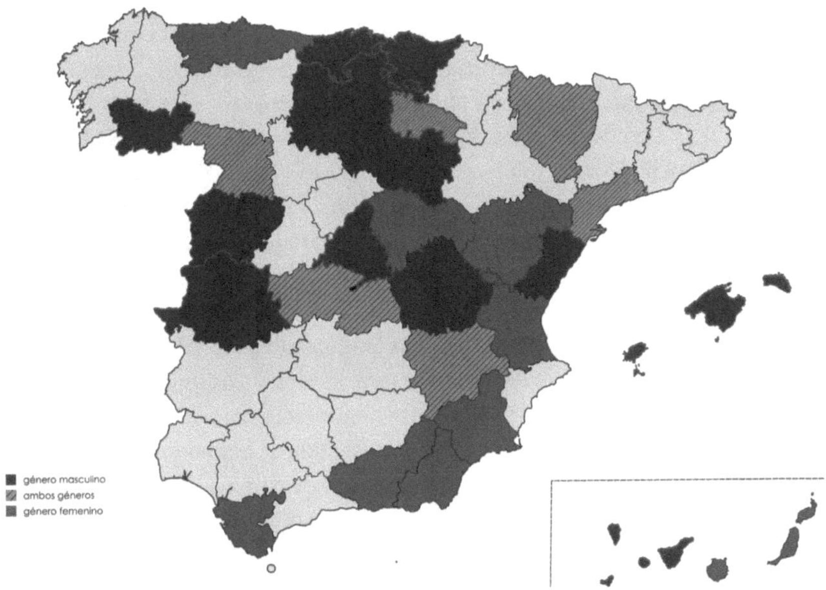

Figura 3: Distribución geográfica del sustantivo *calor* en el COSER.

En la consulta de *color*, el COSER proporciona escasa información: únicamente un caso de *la color*, registrado en Almería. Sin embargo, a este respecto, el CORDE aporta datos más significativos. En este corpus, *color* como sustantivo femenino aparece con mayor frecuencia en autores como Gonzalo Fernández

14 PRESEEA constituye un proyecto destinado a construir un corpus que refleje la lengua española hablada de manera representativa en el ámbito geográfico y social del mundo hispanohablante. Estos materiales se recopilan considerando la diversidad sociolingüística de las comunidades de hablantes de español.

de Oviedo, quien vivió en América durante veintidós años y fue nombrado cronista de Indias en 1532; Alfonso X, nacido y fallecido en Sevilla; Antonio García de Villalpando, de ascendencia zamorana; Fray Bartolomé de las Casas, también sevillano; Jerónimo Fernández, autor de *Belianís de Grecia* (Sevilla, 1545), así como Alonso de Fuentes y Francisco de Osuna, ambos escritores de origen sevillano. Con base en esta información, puede inferirse que *la color* se consolidó principalmente en la zona meridional-occidental. El femenino de *color* se ha mantenido, pues, como un rasgo dialectal o préstamo gramatical procedente de otras lenguas iberorrománicas. En el caso de *calor*, se considera que su género femenino en catalán constituye una continuación geográfica del femenino del francés (*chaleur*), que comparte esta misma característica. Gracias a los datos del CORDE, sabemos que el período comprendido entre 1494 y 1553 fue el de mayor frecuencia de la forma femenina: un 19,25 % en 1494 y un 13,85 % en 1553; aunque se documenta ya en la Edad Media. Por otro lado, tanto el CREA como el CORPES muestran una disminución progresiva del uso femenino y un aumento del masculino en *calor*. De ello se desprende que la forma *la calor* es característica de los siglos XV y XVI, sin continuidad en los siglos posteriores.

La separación entre la lengua culta y la lengua hablada a partir del siglo XV, que condujo a una situación de diglosia estable en los siglos siguientes, también influyó en la elección del género gramatical. En este contexto histórico, caracterizado por la diversidad dialectal y la coexistencia de hablas locales, el género femenino de palabras como *calor* o *color* se asoció con un uso popular, mientras que el masculino se vinculó con el registro culto o normativo, propio del castellano de prestigio. En otras palabras, el género funcionó como un marcador sociolingüístico, diferenciando el habla culta de la popular. Esta percepción se mantiene en la actualidad, pues las formas *la calor* o *la color* suelen considerarse arcaísmos o ruralismos. Así lo refleja el *Diccionario del español actual* (Seco, Andrés y Ramos, 1999), que señala su uso popular y regional tanto en España como en América. Por su parte, el *Diccionario de americanismos* (RAE y ASALE, 2010) no registra el uso femenino de *calor*, mientras que el Diccionario de uso del español (Moliner, 2007) lo califica como rústico o arcaico.

Los datos analizados respaldan la hipótesis central de este estudio: en español, el género masculino se asigna por defecto a los sustantivos inanimados. Solo dos voces —*flor* y *labor*— se apartan de esta regla, y su comportamiento está históricamente justificado. Desde finales del siglo XV, el español ha mostrado una preferencia por el masculino en los sustantivos terminados en *-or*, de modo que únicamente perviven dos ejemplos femeninos. Esta tendencia está relacionada con la oposición morfológica entre los sufijos *-or* y *-ura*. En general, los sustantivos deadjetivales de cualidad en español son femeninos (*-idad*, *-ura*, *-eza*, *-ez*). No obstante, los sustantivos abstractos en *-or*, derivados de adjetivos, adoptan el género masculino, heredado del sufijo latino: *amargor* (< *amargo*), *blancor* (< *blanco*), *dulzor* (< *dulce*), *frescor* (< *fresco*), entre otros.[15] La mayoría de ellos cuentan con un correlato en *-ura* (*amargura*, *blancura*, *dulzura*, *frescura*), siempre de género femenino. Los sustantivos construidos sobre una misma base adjetival suelen diferenciarse semánticamente. En algunos casos, se originan a partir de acepciones distintas del adjetivo (*amargor/amargura*, *dulzor/dulzura*); en otros, la forma en *-ura* es más productiva, como muestran, en la Tabla 8, los datos del CORPES para los pares *blancor/blancura* y *frescor/frescura*.

Tabla 8: Frecuencia normalizada de algunos sustantivos terminados *-or* y *-ura* en el CORPES

	FN		FN
blancor	0,14	**blancura**	2,27
frescor	1,61	**frescura**	5,67

Dentro del grupo de sustantivos de cualidad con género masculino se documenta, según el *DLE*, un caso excepcional: *grasor*, cuyo correlato es *grasura*. Podría suponerse que *grasor* hereda su género del sustantivo *grasa*; sin embargo, los corpus solo registran un ejemplo femenino, lo que impide considerarlo un uso regular:

> [...] ca ella se restriñe por la grasor de su sustancia & se laxa por su calor (*Traducción de El Libro de Propietatibus Rerum* de Bartolomé Anglicus [Esp.] 1494).

También se encuentran ejemplos de *la blancor* y *la frescor* en el CORDE:

> Blanco en oro; visión definitiva; sobre la arena áurea, la blancor de seda de la esbelta figura. (*Azorín, Félix Vargas. Etopeya* [Esp.] 1928).

> [...] fallaron á la Duquesa que ya buelta en si, por la frescor del agua que sus donzellas en la faz le lançaron. (*Primera parte del libro del invencible caballero don Clarisel de las Flores* [Esp.] 1574).

15 Pares de sustantivos abstractos como *el/la olor*, *el/la color*, *el/la dolor* muestran la prevalencia del género masculino en lugar del antiguo femenino, predominio de la forma masculina que se evidencia a partir del siglo XV.

En estos casos, el uso femenino puede explicarse por el origen dialectal oriental de varios autores (Azorín, Ferrer Sayol, Jerónimo de Urrea, entre otros). En todos ellos podría haberse empleado *blancura* o *frescura* sin alterar el sentido. De particular interés resulta la traducción castellana de *El Libro de Propietatibus Rerum*, de Fray Vicente de Burgos, realizada probablemente a partir de la versión francesa de Jean Corbechon. Es lógico, por tanto, que en ella aparezcan formas femeninas como *la amargor* y *la blancor*, puesto que en francés *amertume* y *blancheur* son femeninos. Como apunta Sánchez González de Herrero (2011), se trata de un texto claramente orientalizante.

El último punto de este epígrafe aborda la terminación *-ur*. En español existen pocos ejemplos con este final; sin embargo, de los 64 sustantivos registrados en el *DLE*, 58 son masculinos y 6 femeninos. Al aislar los sustantivos inanimados, se identifican 20 masculinos y un único femenino, *segur*. Dado que este estudio se centra en los sustantivos femeninos, resulta relevante observar que *segur* procede del latín *secūris*, femenino de la tercera declinación, y designa un hacha grande para cortar, conservando el género femenino de su étimo. Los corpus académicos muestran una escasa documentación de *segur* con género masculino: el CORDE registra solo ocho casos (años 1400, 1589, 1594, 1599, 1615 y 1693), frente a 170 casos femeninos. Ni el CREA ni el CORPES documentan ejemplos masculinos. Por consiguiente, en un 95,5 % de los casos, la asignación de género femenino en *segur* obedece a un factor etimológico, mientras que el 4,5 % restante responde probablemente a una regularización analógica, influida por el patrón mayoritario de los sustantivos en *-r*, que adoptan el masculino por defecto.

En conjunto, tras el análisis de las terminaciones en V + *r*, puede concluirse que el género masculino funciona como valor no marcado en los sustantivos inanimados del español. Esta preferencia se observa también en las voces con vacilación de género (*mar, calor, color, honor*), en las que el masculino sigue siendo predominante.[16] Los casos de uso femenino se restringen, históricamente, a los siglos XV y XVI. Por otra parte, existen algunos sustantivos femeninos cuya presencia resulta significativa para la descripción del sistema: *cuchar, labor, flor* y *segur*. En todos ellos, la elección del género se explica por

16 Creemos, además, que esta tendencia influirá también a la hora de otorgar el género gramatical a aquellas voces de otra lengua, sobre todo si, como ocurre con el inglés, esta carece de rasgos de género en la palabra.

distintos factores. En *labor* y *flor*, por la distinción entre nombres continuos y discontinuos y por la posible interferencia interlingüística. En *segur*, por la herencia etimológica latina. En *cuchar*, por la especialización semántica asociada al tamaño. Y, finalmente, en *par*, por su restricción morfológica al plural (*pares*), donde la terminación deja de ser *-r* y se convierte en *-es*.

4.1.2. Terminación V + *d*

Con el propósito de determinar el comportamiento de la terminación V + *d*, se procede al análisis individual de las distintas posibilidades según la vocal que intervenga: *-ad*, *-ed*, *-id*, *-od* y *-ud*. El objetivo es identificar los sustantivos femeninos o aquellos con vacilación de género que no sigan el patrón general de asignación propio del grupo V + *d*, con el fin de explicar los factores que motivan su elección de género.

Desde el punto de vista estadístico, el grupo de palabras terminadas en *-ad* está constituido mayoritariamente por sustantivos. De acuerdo con los datos del *DLE*, se registran 2419 lemas femeninos frente a 68 masculinos. Si se restringe la búsqueda a sustantivos inanimados, la proporción es de 1344 femeninos frente a solo cinco masculinos. Conforme a la metodología adoptada en este estudio, el análisis se centra en los sustantivos inanimados femeninos, siguiendo la hipótesis de partida según la cual, en español, los sustantivos simples inanimados tienden a recibir el género masculino por defecto, mientras que el femenino constituye el género marcado. Dentro del conjunto de sustantivos inanimados femeninos en *-ad* se incluyen todos los terminados en *-dad*, uno de los sufijos más productivos del español para la formación de sustantivos de cualidad a partir de adjetivos, como *malo* > *maldad*. Su productividad —heredada del sufijo latino *-tas*, *-tātis*— se explica por su gran versatilidad combinatoria, tanto con bases adjetivas simples (*brevedad*, *complicidad*, *gravedad*) como con adjetivos derivados (*nubosidad*, *deportividad*). Un número considerable de los sustantivos terminados en *-dad* son, por tanto, derivados morfológicos en español (RAE y ASALE, 2025, § 6.1a).

Desde una perspectiva sincrónica, el sufijo *-dad* presenta cuatro variantes: *-edad* (por ejemplo, *sequedad*), *-idad* (*amenidad*), *-tad* (*lealtad*) y la forma simple *-dad* (*maldad*). En la actualidad, la variante *-edad* ha dejado de generar nuevos derivados, a diferencia de *-idad*, que mantiene una elevada productividad. Los adjetivos bisílabos —especialmente los terminados en *-e*— recurren con frecuencia a *-edad* (*breve* > *brevedad*), como en *febledad*, *gravedad*, *levedad* o *torpedad* (RAE y ASALE, 2025, § 6.1b). Asimismo, cuando el sufijo *-dad* se añade a adjetivos deverbales terminados en *-ble*, se obtienen derivados con *-bilidad*: *accidentabilidad, amigabilidad, biocompatibilidad, flotabilidad*, entre otros.

Excluyendo del conjunto los casos con sufijo *-dad*, las palabras compuestas y aquellas en las que dicho elemento resulta reconocible en sincronía, el inventario final de sustantivos inanimados femeninos en *-ad* asciende a 15 ejemplos: *dificultad, egestad, honestad, libertad, majestad, meitad, potestad, pubertad, voluntad, amistad, enemistad, meatad, metad, mitad* y *yihad* —este último con doble género—. De estos, doce proceden del latín (*dificultad, egestad, honestad, libertad, majestad, meitad, potestad, pubertad, voluntad, amistad, enemistad*), mientras que *yihad* es un arabismo y *meatad, metad* y *mitad* son variantes de una misma voz. Este capítulo se centra exclusivamente en los sustantivos inanimados de origen latino, reservando el análisis de los préstamos lingüísticos para capítulos posteriores. De los 12 ejemplos citados, nueve conservan el género latino heredado de la tercera declinación: *dificultad, egestad, honestad, libertad, majestad, meitad, potestad, pubertad* y *voluntad*. Solo dos se apartan de esta tendencia: *amistad* (del latín vulgar **amicĭtas, -ātis*, derivado a su vez del latín *amīcus* 'amigo') y *enemistad* (del latín vulgar **inimicĭtas, -ātis*, por el latín *inimicitia*, derivado de *inimīcus* 'enemigo personal'). Las características morfológicas de estas formas latinas parecen haber favorecido la permanencia del género femenino en español. Por el contrario, los restantes sustantivos inanimados femeninos (*difficultas, -ātis; egestas, -ātis; honestas, -ātis, libertas, -ātis; maiestas, -ātis; mediĕtas, -ātis; potestas, -ātis; pubertas, -ātis o voluntas, -ātis.*) mantienen su género etimológico sin alteraciones.

Queremos destacar que, aunque no se documentan casos de sustantivos femeninos de la tercera declinación usados como masculinos, los corpus sí registran numerosos ejemplos de *amistad* precedido por el artículo *el*, así como algunos casos aislados de *enemistad* con el mismo uso. Esta información procede exclusivamente del CORDE, ya que ni el CREA ni el CORPES ofrecen ejemplos semejantes. El sustantivo *amistad* es el más representativo, con 358 ocurrencias documentadas, concentradas principalmente en los siglos XV y XVI. Como señala Álvarez de Miranda (1993), la selección del artículo *el* ante sustantivos femeninos iniciados por vocal —tónica o átona— era una convención común en el español medieval, fenómeno que coincide con el período de los testimonios registrados en el CORDE. En estos casos, *amistad* concuerda con el adjetivo en género femenino, a pesar del artículo masculino:

Es, pues, el amistad perfeta la que con el tiempo y con las demás cosas se confirma, y en la cual concurren todas estas cosas, y en donde a cada uno le procede lo mismo de parte del amigo, que al otro de parte dél (*Traducción de La ética de Aristóteles* [Esp.] 1577).

[...] si el pecador no quiere salir de todos, lo cual puede ser sin quebrantar el amistad divina, porque no contraría el venial a la caridad, sino a su fervor (*Diálogos familiares de la agricultura cristiana* [Esp.] 1589).

[...] llevando en sus corazones el amistad muy fija y sellada (*Guerras civiles de Granada. 1ª parte* [Esp.] 1595).

En el caso de *enemistad*, los ejemplos son mucho menos frecuentes —apenas cuatro— y tres de ellos proceden de textos donde también aparece *el amistad* (*Istoria de las bienandanzas e fortunas*, 1471–1476; *Crónica de Enrique IV de Castilla*, c. 1481–1482; *Coloquios matrimoniales*, 1550). Es probable que el uso masculino de *amistad* haya ejercido influencia analógica sobre *enemistad*. Solo un caso se aparta de esta tendencia:

se expreso consentimiento de Nos et de cada uno de Nos; ántes por la presente escriptura juramos et prometemos que Nos et cada vno de Nos tomará et terná et proseguirá el enemistad contra él (*Compromiso [Documentos relativos al desafío de D. Alonso de Aguilar y D. Diego Fernández de Córdoba]* [Esp.] 1473).

En cualquier caso, la frecuencia reducida de este fenómeno impide considerarlo significativo.

Entre las voces terminadas en *-ed*, el grupo más numeroso lo constituyen también los sustantivos, aunque se registran además adverbios (ocho), expresiones (18), interjecciones (uno), locuciones (16) y pronombres (dos). Según el *DLE*, los sustantivos terminados en *-ed* con género femenino son 55, frente a 24 masculinos. Si se aíslan los inanimados femeninos, encontramos los siguientes casos: *sed*, *merced*, *pared* y *red*. De acuerdo con la hipótesis de este trabajo, los sustantivos simples inanimados tienden a adoptar el género masculino, por lo que se analizan únicamente los casos femeninos no compuestos, excluyendo *cortacésped*. Teniendo esto en cuenta, nos quedarían cuatro sustantivos inanimados con género femenino: *sed*, *merced*, *pared*, *red*. Las voces *sed* y *merced* proceden de la tercera declinación latina y conservan el género femenino etimológico. La documentación histórica no muestra vacilación de género, lo que indica que el femenino ha permanecido firmemente establecido. Los corpus confirman esta estabilidad: no se registran ejemplos masculinos de *sed* y solo ocho casos de *merced* masculina, todos ellos en el CORDE. A continuación, se presentan ejemplos representativos de este uso arcaico de *merced* como sustantivo masculino:

> P. Qué otros requisitos se exigen en el merced? R. Que sea verdadera, porque de lo contrario degeneraria en donacion; justa, pues de lo contrario hay accion para rescindir el contrato; cierta, ó de suyo ó con relacion á otra cosa (*Manual de legislación romana o resumen histórico* [Ven.] 1869).

> [...] y yo, por ser hijo de mis obras y de padres hidalgos, merezco el merced de cualquier señoría, y quien otra cosa dijere (y esto echando mano a mi espada) está muy lejos de ser bien criado" (*Los trabajos de Persiles y Segismunda* [Esp.] 1616).

Ninguno de los dos ejemplos parece mostrar un uso genuinamente masculino. En el primer caso, la aparente presencia de un artículo masculino podría atribuirse a un error de digitalización o a una inexactitud en el texto original, dado que la respuesta posterior emplea claramente el género femenino al expresar *que sea verdadera*. En cuanto al segundo ejemplo, se observa un uso metalingüístico: aquí, el sustantivo *trato* o *tratamiento* es el que determina el género empleado en la construcción.

A diferencia de lo que ocurre con *sed* y *merced*, los sustantivos inanimados femeninos *pared* y *red* no conservan su género etimológico masculino. La voz *pared*, del latín *paries, -ĕtis*, coincide formalmente con sustantivos de la quinta declinación latina, como *dies* ('día'), *facies* ('forma') o *species* ('aspecto'), lo que pudo propiciar su asimilación temprana a este grupo, mayoritariamente femenino.[17] Así fue tratada, además, en la mayoría de los romances, con excepción del rumano y algunos dialectos italianos que modificaron su género (Corominas y Pascual, 1980–1991, s.v.). Los datos procedentes de los corpus académicos confirman esta tendencia: se registran 29 167 casos de *pared* con género femenino frente a tan solo siete con género masculino. De este modo, la asignación del femenino parece deberse a las características formales compartidas con los sustantivos de la quinta declinación.

En lo relativo a *red* (*rete*), cabe señalar que su forma plural latina (*retia*) corresponde semánticamente a su uso singular en español. Esto puede observarse

---

[17] Cabe mencionar que el sustantivo latino plural *dies*, y sus formas compuestas (*meridies*), tienen género masculino; sin embargo, este nombre presenta en su forma singular ambos géneros: masculino y femenino.

en expresiones como *echar/tender la red* y *echar/tender las redes*, donde ambas designan la misma entidad cuando se emplean en sentido concreto. Este paralelismo podría haber contribuido, por analogía morfológica, a la asignación del género femenino, en tanto el plural haya influido sobre el singular.[18] En latín, *rete* era neutro; sin embargo, ya en los siglos XV y XVI se documentan usos tanto femeninos como masculinos, especialmente en Aragón y otros territorios románicos (Corominas y Pascual, 1980–1991). Los corpus actuales muestran una clara predominancia del femenino, con 4956 casos frente a un único ejemplo masculino, el cual, además, corresponde a un error de escaneo en el CORDE. En consecuencia, puede afirmarse que *red* ha sido siempre femenino en español.

En cuanto a las palabras terminadas en *-id*, su número es relativamente reducido (tres adjetivos, un adverbio, cinco expresiones y 31 sustantivos). De estos, interesan los sustantivos inanimados: masculinos (*acid*, *ardid*, *apartheid*, *áspid*, *quid*, *raid*) y femeninos (*COVID* —con vacilación de género—, *lid* y *vid*). Los sustantivos inanimados procedentes del latín con esta terminación son notablemente regulares en la asignación de género, pues casi todos adoptan el masculino. Según los datos del *DLE*, el 70 % de los sustantivos inanimados terminados en *-id* presentan género masculino. Solo dos casos se apartan de esta regularidad: *lid* y *vid*, ambos de origen latino y conservadores del femenino etimológico. Los corpus académicos confirman esta estabilidad: *lid* registra 1471 casos y *vid*, 2166, todos con género femenino. Por tanto, puede hablarse de una plena regularidad en la asignación de género dentro de este grupo. El caso de *COVID* se abordará en el capítulo dedicado a los préstamos lingüísticos y a la asignación de género en sustantivos inanimados de origen no latino.

Respecto a la terminación *-od*, son escasos los ejemplos documentados: *yod*, *mod* y *efod*. De ellos, *yod* y *efod* son sustantivos inanimados de origen latino que, a su vez, proceden del hebreo; *mod* funciona principalmente como adjetivo o como sustantivo animado, por lo que se excluye del presente análisis. Dado su origen semítico, *yod* y *efod* serán examinados en el capítulo dedicado a los préstamos.

---

18 Lo vemos con *hoja* (cuyo plural es *folia*), con *fruta* (cuyo plural es *fructa*) o con *leña* (cuyo plural es *ligna*). Todos son sustantivos neutros de la segunda declinación cuyo plural es en *-a*. Como ya se ha comentado en el § 4.1.1, encontramos una evidente disposición a que los sustantivos neutros plurales latinos en *-a* lleguen al español como femeninos.

En lo que concierne a las palabras terminadas en *-ud*, se registran tres adverbios, una expresión, una interjección, ocho locuciones, una preposición y 166 sustantivos. De estos últimos, 63 son femeninos y 11 masculinos. Siguiendo el enfoque metodológico de este estudio, se analizan los sustantivos inanimados de género femenino. La mayoría incorpora el sufijo *-itud*, que forma nombres deadjetivales de cualidad (*acritud, aptitud, altitud, certitud, completitud*). Las variantes *-tud* y *-ud* son equivalentes sincrónicamente al sufijo *-itud*. Este aparece con adjetivos terminados en *-to* (*finito* > *finitud*, *decrépito* > *decrepitud*), pero no con otros como *exacto* > *exactitud* o *lento* > *lentitud* (RAE y ASALE, 2025, § 6.5c). Desde el punto de vista de la asignación de género, todos los sustantivos inanimados con los sufijos *-itud* o *-tud* heredan el género femenino etimológico del latín (*acritudo, completitudo, gratitudo, latitudo, longitudo, senectudo, viritutdo*). Al eliminar de la lista las formas derivadas o compuestas, permanecen seis casos relevantes: *consuetud, mansuetud, virtud* y *salud* (de origen latino), además de *azud* (préstamo árabe) y *calicud* (derivado de nombre propio). Dado que los dos últimos se tratarán en el capítulo dedicado a los préstamos y sustantivos cuyo origen no es el latín, aquí se analizan únicamente los cuatro de procedencia latina. Todos provienen de la tercera declinación (*consuetūdo -ūtis, mansuetūdo -ūtis, virtus -ūtis, salus -ūtis*), lo que explica su género femenino. Así, el factor determinante en la asignación de género es el etimológico. Los corpus consultados corroboran la estabilidad de este género: *consuetud* y *mansuetud* no registran usos masculinos, mientras que *virtud* presenta solo dos y *salud*, catorce. Los ejemplos masculinos de *virtud* se encuentran en el CORDE y el CORPES, respectivamente:

> [...] e de non dexar indefenso al dicho conçejo commo dicho es so la dicha pena e al dicho Ferrand Peres por la dicha crehençia e por el virtud de ella (*Compromiso [Documentación del Archivo municipal de Salvatierra]* [Esp.] 1437).

> A mí me pasa algo malo y a los diez minutos lo borro. Es un virtud, quizá, que tenga y eso me ha permitido ver las cosas que alegran la vida (*¡Ahora!* [Cuba] 2019).

En estos casos, *virtud* parece emplearse como sinónimo de *poder*, lo que explicaría la aparición del género masculino. En cuanto a *salud*, los tres ejemplos masculinos del CORDE y 14 del CORPES muestran contextos específicos: o bien se trata de la nominalización de la interjección *¡salud!* —empleada para brindar o saludar—, o bien el género está condicionado por la omisión de un sustantivo masculino precedente, como *ministerio*:

Seguro que sí, príncipe, te lo prometo, repetí aguardentosa, reiterando el salud con el vaso a punto de entrar en esa negrura alcohólica de la tele apagada (*Adiós mariquita linda* [Chile] 2004).

Bueno, entonces vamos a hacer un salud por el viejo. Y por la vieja también (*La zona azul* [Perú] 2005).

Las Fuentes de Verificación se centran sobre todo en la información recogida por el Ministerio el Salud y Deportes como el Análisis de Información Anual del SNIS-VE (*Acta de la X Reunión de la Comisión Mixta Hispano-Boliviana 2011–2015* [Bol.] 2011).

A partir del conjunto de datos analizados para las terminaciones que conforman el grupo V + *d*, se constata que los sustantivos femeninos con esta terminación son escasos y que su asignación de género se basa, principalmente, en la etimología (por ejemplo, *sed, merced, lid, vid, virtud, salud, dificultad, majestad, honestad*). En otros casos, intervienen factores semánticos (*red*) o formales (*amistad, enemistad, pared*). Con todo, como se ha puesto de relieve a lo largo del capítulo, el factor etimológico constituye el elemento decisivo en la determinación del género femenino.

4.1.3. Terminación V + *z*

De acuerdo con la hipótesis planteada a lo largo de este trabajo, a continuación analizaremos los sustantivos inanimados terminados en V + *z* que presentan variación de género o que, de manera excepcional, han sido asignados con género femenino, contraviniendo la tendencia general hacia el masculino. Para ello, en primer lugar, se identifican las categorías gramaticales que el diccionario académico recoge con esta terminación; posteriormente, se seleccionan los sustantivos inanimados con género femenino y aquellos que presentan vacilación en su asignación.

La terminación *-az* es poco frecuente en español. De hecho, una búsqueda de sustantivos con dicha terminación en el *Diccionario avanzado* arroja un total de 108 ejemplos, de los cuales 34 corresponden a sustantivos inanimados: 25 de género masculino y solo nueve de género femenino (*albarraz, contrahaz, faz, haz, interfaz, paz, portapaz, sobrefaz* y *sobrehaz*). Para este análisis se excluyen los compuestos o derivados (*contrahaz, portapaz, sobrefaz, sobrehaz*), cuyo género depende de la palabra que actúa como núcleo, así como los préstamos de otras lenguas (*interfaz, albarraz*), que se abordarán en el capítulo centrado en este tipo de palabras. En consecuencia, quedan como sustantivos inanimados femeninos los siguientes: *paz*, *faz* y *haz*. Las tres voces proceden del latín, lengua de la que conservan su género femenino: *paz* (*pax, pacis*), *faz* (*facies*) y *haz* (*facies*). Aunque la etimología justifica plenamente la asignación del género femenino en español, resulta relevante examinar la documentación proporcionada por los corpus empleados en esta investigación (CORDE, CREA y CORPES), donde se registran algunos casos de uso aparente en masculino.

En el caso de *paz*, los corpus confirman mayoritariamente su uso con género femenino, si bien aparecen ejemplos aislados de empleo masculino. Este fenómeno se produce, fundamentalmente, cuando el sustantivo forma parte de la locución *paz y salvo*, que designa un certificado oficial acreditativo de que una persona no mantiene deudas con el Estado. En tales casos, el género masculino no corresponde al sustantivo *paz* propiamente dicho, sino al documento administrativo al que alude la expresión:

> En efecto, con las nuevas normas se elimina totalmente el paz y salvo, se simplifican drásticamente los formularios para la declaración de los impuestos (*El Tiempo* [Col.] 1988).

Asimismo, en el CORPES se documentan usos masculinos de *paz* vinculados a su función como apellido, como en el siguiente ejemplo:

> Durante el año de la deportación en Alma Atá, los Paz habían sido sus representantes en París y habían viajado a Prínkipo para poner al día cuentas y deberes (*El hombre que amaba a los perros* [Cuba] 2009).

Tal como señala la *NGLE* (RAE y ASALE, 2025, § 3.6a), el uso del artículo antepuesto al nombre propio es obligatorio cuando este aparece en plural con valor genérico (*los Curros, los Antonios, los Álvarez, los Sánchez*). En estos casos, el género empleado es el masculino, por ser el no marcado, excepto cuando se designa un grupo formado exclusivamente por mujeres (*las Azúcar Moreno, las Spice Girls*). En definitiva, la palabra *paz* ha conservado el género etimológico heredado del latín, como corroboran, en la Tabla 9, los testimonios documentales de los distintos corpus académicos.

Tabla 9: Distribución del sustantivo *paz* en los corpus académicos

	masculino	**femenino**
CORDE	18 casos	14 856 casos
CREA	4 casos	9013 casos
CORPES XXI	22 casos	28 141 casos

La siguiente palabra es *faz*, de género femenino. En la consulta de los distintos corpus se observa que, en realidad, su aparición con género masculino no suele aludir al significado habitual de la voz. En el CREA no se documentan casos, y en el CORPES todos los ejemplos remiten al *Frankfurter Allgemeine Zeitung*, el *FAZ*, diario alemán cuyo acrónimo se emplea en español tanto con género femenino —por concordancia con *Zeitung*, sustantivo femenino en alemán— como con género masculino, por influencia de su hiperónimo 'periódico'. En el CORDE, el uso de *faz* con género masculino encubre en realidad el significado de *haz* (*fascis*), como se aprecia en el siguiente ejemplo, donde el término designa un conjunto de objetos y no una superficie:

> los de la isla començaron los palos del faz & provaron dellos en el fuego & fallaron que era lignaloe & conpraronle el dicho faz por grand quatia de oro (*Libro de astrología* [Esp.] ca. 1500).

Cuando *haz* significa 'atado de mieses, hierba o cosas semejantes', posee género masculino, heredado del latín *fascis*, masculino de la tercera declinación. En cambio, si su significado remite a 'cara' o 'rostro', adopta el género femenino, procedente de *facies*, sustantivo femenino de la quinta declinación. Este doble comportamiento responde a un fenómeno de convergencia fónica, por el cual dos formas etimológicamente distintas coinciden en su evolución fonética. La lengua tiende a evitar esta coincidencia mediante sustitución o eliminación de uno de los competidores, como sucedió con *oculu* > *ojo* y *oleu*, que en castellano medieval fue reemplazado por *aceite*. Por tanto, la coexistencia de *haz* con ambos géneros no constituye una vacilación, sino un caso de homonimia diferenciada por el género. Existe, además, un tercer *haz*, documentado en el *DLE* con género femenino y etimología *acies*. Hasta 1925, los diccionarios académicos registraban este *haz* como masculino, siguiendo la etimología *fascis*. A partir de ese año, la tradición lexicográfica introduce un cambio: la voz se asocia con *acies*, de género femenino, y, en consecuencia, pasa a registrarse como tal. No obstante, algunos repertorios intermedios, aun señalando *acies* como étimo, mantienen el género masculino, hasta que la vigesimotercera edición del *DLE* consolida la forma femenina. Esta oscilación se explica por la confusión entre *haz* (*fascis*), del que se toma la *h*, y *haz* (*acies*). En definitiva, *haz* presenta dos géneros en función de su significado y origen etimológico: *haz* como sustantivo masculino procedente de *fascis*, con el valor de 'atado de mieses, lino, hierba, leña o cosas semejantes'; y *haz* como sustantivo femenino procedente de *facies*, con el sentido de 'cara o rostro', o de *acies*, 'tropa ordenada o formada en unidades'.

Naturalmente, los compuestos derivados de *faz* y *haz* conservan, de manera regular, el género del elemento que actúa como núcleo. Así, *contrahaz* y *sobrehaz* mantienen el género femenino de *haz*, al igual que *sobrefaz*, *interfaz* y *faz*. Sin embargo, se detecta cierta vacilación en *portapaz* e *interfaz*.[19] La voz *portapaz* está formada por *porta(r)* + *paz*. Este tipo de estructuras compositivas (V + N) es muy productivo en español y da lugar de forma mayoritaria a compuestos sustantivos masculinos, como se observa en todas las palabras formadas por el elemento inicial *porta-*, que se refieren a instrumentos, aparatos, dispositivos: *portaaviones*, *portaequipajes*, *portabebés*, *portacartas*, *portacomidas* o *portacontenedor*. Este patrón probablemente se extiende a *portapaz*, pese a que su segundo constituyente (*paz*) es femenino, del mismo modo que sucede en *portaherramientas* o *portacaja*. El análisis de los corpus (CORDE, CREA y CORPES) confirma una mayor frecuencia de uso masculino para *portapaz*. Los resultados de Google Books coinciden con esta tendencia. En consecuencia, puede afirmarse que, al tratarse de un compuesto verbonominal, la asignación de género en *portapaz* se determina formalmente por la estructura del compuesto y no por el género del núcleo semántico.

Por otro lado, *haz (facies)* presenta la acepción de 'cara superior de la hoja, normalmente más brillante y lisa, y con nervadura menos patente que en la inferior o envés', muy próxima al sentido de *faz* como 'superficie, vista o lado de una cosa'. En esta acepción, *haz* conserva el género femenino etimológico, si bien se documentan ejemplos modernos de uso masculino, posiblemente por reinterpretación etimológica desde *fascis*, con el significado de 'conjunto', por lo que es lógico que sea masculino.

> Este nuevo sistema utiliza un diodo láser dirigido a través de un depósito traslúcido que contiene el líquido a medir; del otro lado, se halla un fotosensor que calcula la facilidad con que el haz luminoso atraviesa la muestra, indicando el contenido de sales (*Monitor de agua de alta precisión* [Méx.] 2002).

---

[19] Aunque inicialmente se han excluido los sustantivos compuestos o derivados para nuestro análisis, cabe mencionar la asignación de género en portapaz puesto que tiene género masculino, como todos los compuestos de este tipo, cuyo primer constituyente es el núcleo de la formación.

En cuanto a la terminación *-ez*, se presenta en español de diversas formas. En ocasiones, actúa como sufijo derivativo añadido a la raíz (*adultez*, *redondez*, *avidez*), y en otras constituye parte de la raíz léxica (*diez*, *pez*). Este sufijo es altamente productivo en la formación de sustantivos femeninos que designan cualidades o propiedades: *estupidez* (*estúpido*), *estrechez* (*estrecho*), *flacidez* (*flácido*), *fluidez* (*fluido*), *palidez* (*pálido*). En morfología léxica se ha debatido si *-ez* y *-eza* son sufijos distintos pero relacionados (Pharies, 2002; Raab, 2015; García Gallarín, 2018) o si constituyen un único sufijo con dos alomorfos (Lang, 1992; Bonet, 2016). Según la *NGLE* (RAE y ASALE, 2025), *-ez* proviene del sufijo latino *-itĭes* (como en *planus* > *planitĭes* 'planicie'), mientras que *-eza* deriva de *-itĭa* (*stultus* > *stultitĭa* 'estulticia'). En latín coexistían dobletes como *avārus* > *avaritĭa* / *avaritĭes* ('avaricia') o *durus* > *duritĭa* / *duritĭes* ('dureza'), muchos de los cuales se mantuvieron en la lengua antigua. Como señala la *NGLE* (§ 6.2a), casi la mitad de los derivados en *-ez* del español medieval tenían variantes en *-eza* (*anchez/ancheza*, *bravez/braveza*, *grandez/grandeza*). En el español actual, *-ez* sigue siendo productivo, mientras que *-eza* ha perdido vitalidad, salvo contadas excepciones. Ambos crean sustantivos de cualidad (RAE y ASALE, 2025). García Gallarín (2020) observa, no obstante, que la productividad del par *-ez* / *-eza* ha disminuido respecto al español antiguo, cuando *-ez* era más vital (*vejez*, *niñez*, *dejadez*). La coincidencia de ambos sufijos en género femenino contribuyó a la supervivencia de una sola forma en los pares sinonímicos, como *delgadez* / *delgadeza* o *delicadez* / *delicadeza*.

La consulta del *DLE* muestra que los sustantivos inanimados terminados en *-ez* son mayoritariamente femeninos (216 casos frente a 26 masculinos). Según nuestra hipótesis, basada en la tendencia del español a asignar género masculino por defecto a los inanimados, interesa examinar por qué algunos de estos sustantivos adoptan el femenino. Más del 80 % de los sustantivos femeninos terminados en *-ez* incorporan este sufijo en su estructura (*estupidez*, *solidez*, *ridiculez*, *dejadez*, *niñez*, *estrechez*, etc.). Si se excluyen los derivados, compuestos, adjetivos y préstamos, permanecen ocho sustantivos patrimoniales de origen latino: *diez*, *hez*, *nuez*, *pez*, *pollez*, *prez*, *tez* y *vez*. Algunos, como *nuez* (*nux*, *nucis*), *vez* (*vix*, *vicis*) o *hez* (*fex*, *fecis*), de la tercera declinación, y *pollez* (*pullities*), de la quinta, conservan el femenino etimológico. Otros, como *prez* y *tez*, llegan al español a través de lenguas intermedias. *Prez* procede del occitano *pretz*, del latín *pretium* ('recompensa'), de género neutro. Este término ilustra la dualidad de género: su terminación pudo asimilarse a la de sustantivos abstractos en *-ez* (*delgadez*), favoreciendo su reinterpretación como femenino. En la documentación medieval predomina el masculino, pero durante el periodo clásico se observa una tendencia hacia la ambigüedad y posterior feminización (García Gallarín, 2020: 153).

Por su parte, *tez* —según Corominas y Pascual (1980–1991)— procede del latín *aptus* 'sano, robusto', pasando por *aptez* y *atez*. *Autoridades* (1739) recoge, siguiendo a Covarrubias, una etimología alternativa: el verbo latino *tegere*. El género femenino de *tez* puede explicarse de dos modos: (a) si deriva de *aptez*, es un nombre de cualidad y, como tal, femenino; o (b) si su origen es formal, se ajusta a la tendencia de los monosílabos inanimados latinos a ser femeninos (*flor*, *red*, *sed*, *lid*, *vid*).

En cuanto a *diez*, esta voz puede presentar ambos géneros según el hiperónimo que la rija. Lo habitual es el masculino, cuando designa el número; sin embargo, en los corpus se documentan ejemplos femeninos asociados al valor temporal (*la diez*, *las diez*), como en:

> Se despertó cerca de la diez de la mañana (*El amor cambia* [Arg.] 2001).

El *DPD* (RAE y ASALE, 2025) recuerda que, al expresar la hora, lo adecuado es emplear el plural por concordancia con el sustantivo elidido *horas*: *las diez (horas)*. Otros casos de *diez* femenino derivan de la concordancia con sustantivos elípticos femeninos: *la (camiseta) diez*, *la (celda) diez*, *la diez y siete (donación)*, *la (pregunta) diez*.

En cuanto a *pez*, no se registran casos femeninos cuando el sustantivo proviene del latín *piscis*. Los ejemplos femeninos corresponden a significados distintos: la sustancia resinosa usada en embarcaciones o la deposición de los recién nacidos. Este *pez* procede del latín *pix*, *picis*, femenino de la tercera declinación. Así pues, su género femenino responde también a su etimología.

Las palabras terminadas en *-iz* son, por lo general, sustantivos. Según los datos del *DLE*, se registran 183 nombres y 33 adjetivos con esta terminación. En español, conviene distinguir entre el sufijo nominal *-triz* y la simple terminación *-iz*. En el primer caso, algunos sustantivos llegaron al castellano con el sufijo *-triz*, que forma nombres de agente: *actriz*, *institutriz*. Muchos de estos femeninos han sido sustituidos por formaciones en *-dor*, como *formatriz/formadora*, *fregatriz/fregadora* o *dominatriz/dominadora*. De hecho, la terminación *-triz* no llegó a consolidarse en español como marcador habitual de femenino, salvo en unas pocas voces, entre ellas *emperatriz*, aunque también se documenta *emperadora*. En los ámbitos especializados de la física y la geometría, se mantiene en sustantivos y adjetivos como *mediatriz* o *bisectriz*. En textos de los dos últimos siglos se registran adjetivos en *-triz* alternando con formas en *-dor*, con valores de acción (*aceleratriz/aceleradora*), fuerza (*motriz/motora*) o facultad (*generatriz/generadora*). En el segundo caso, la terminación *-iz* procede de la evolución fonética de las palabras latinas, sin valor morfológico ni semántico. Con esta terminación aparecen sustantivos femeninos animados (*perdiz, lombriz*) e inanimados (*cicatriz, matriz*).

En cuanto al género, los sustantivos inanimados procedentes del latín con terminación *-ix, -īcis* (tercera declinación) pasaron al español como femeninos (*cerviz, madriz*), mientras que aquellos terminados en *-ix, -ĭcis* adoptaron el género masculino (*barniz*). Una consulta al *DLE* muestra 17 sustantivos femeninos frente a 36 masculinos terminados en *-iz*. Entre los femeninos se encuentran *bisectriz, cerviz, cicatriz, conmutatriz, directriz, friz, generatriz, madriz, matriz, mediatriz, nariz, osculatriz, raíz, sobrepelliz, tondiz* y *variz*. Siguiendo el criterio de análisis adoptado, se excluyen las voces compuestas o derivadas (*bisectriz, conmutatriz, sobrepelliz*), las de origen incierto (*friz*) y los adjetivos usados ocasionalmente como sustantivos (*directriz, generatriz, mediatriz, osculatriz*). Quedan así ocho sustantivos: *cerviz, cicatriz, madriz, matriz, nariz, raíz, tondiz* y *variz*. La mayoría proceden del latín, algunos con la terminación latina *-ix, -īcis*, de la tercera declinación (*cerviz, cicatriz, madriz, matriz, raíz* y *variz*), y otros, como *nariz* o *tondiz*, tienen un origen distinto.

El primer grupo (*cerviz, cicatriz, madriz, matriz, raíz, variz*) mantiene el género femenino heredado del latín sin vacilación. El segundo grupo lo forman *nariz* y *tondiz*.

El sustantivo *nariz* designaba originalmente cada una de las aberturas nasales. El *Tesoro de la lengua castellana o española* (1611) y el *Diccionario de la lengua castellana* (1780) proponen su origen en el masculino *nāsus, -i*. Sin embargo, el *Diccionario de la lengua castellana* (1899) señala como étimo *nāris, -is*, femenino, ('ventana de la nariz', 'olfato'), lo que explicaría que en español el sustantivo conserve el género femenino, a diferencia de otras lenguas romances (*le nez, il naso, el nas*). Este hecho refuerza la tendencia del español a asignar el género femenino a los sustantivos terminados en *-iz*. Por su parte, *tondiz*, del verbo *tondēre* ('esquilar'), ha sido femenino en toda su historia, según las fuentes lexicográficas. Su escasa documentación dificulta el estudio de su asignación de género, aunque parece derivar de una forma apocopada de *tondiza*, como ocurre en *gorbiz* (< *gorbiza*) o *friz* (< *friza*). Es posible también que proceda de *tondir*, del mismo modo que *friz* deriva de *frezar*. Así, más allá de la herencia etimológica, comienzan a establecerse paradigmas formales de género basados en la terminación.

En conjunto, los sustantivos inanimados terminados en *-iz* tienden al género femenino, tendencia favorecida por las formas derivadas del sufijo *-triz*. No obstante, según la hipótesis central de esta investigación, el género masculino funciona como valor por defecto en los sustantivos inanimados. De hecho, los préstamos —que no proceden del latín— suelen recibir género masculino por defecto. Según el *DLE*, entre las voces terminadas en *-iz* no latinas (*alcamiz*, *alefriz*, *tamiz*, *alfiz*, *maíz*, *cariz*, *habiz*, *tapiz*), predomina claramente el género masculino, como se muestra en la Tabla 10.

Tabla 10: Sustantivos inanimados recogidos por el *DLE* con terminación en *-iz*

origen	masculino	femenino
no latino	66 %	34 %
latín	31,2 %	68,8 %

Las palabras terminadas en *-oz* son escasas en español y aún menos los sustantivos inanimados con dicha terminación. El *DLE* solo recoge 20 ejemplos, de los cuales 15 son masculinos y cuatro femeninos (*choz*, *coz*, *hoz*, *voz*), además de un caso actualmente masculino (*alfoz*). Entre los femeninos, *choz* es de origen onomatopéyico, mientras que *coz*, *hoz* y *voz* proceden de la tercera declinación latina: *calx*, *calcis*; *falx*, *falcis* o *faux*, *faucis*; y *vox*, *vocis*. Las tres conservan el género femenino etimológico y no se documentan con género masculino en los corpus académicos (CREA, CORDE, CORPES). Es relevante mencionar que no existe una correspondencia para *coz* cuyo origen sea el latín ni en francés ni en italiano. En otras lenguas romances, sin embargo, *coz* adopta género masculino: *o coice* (port.), *o coice* (gall.) o *el coice* (ast.), probablemente por influencia del contacto lingüístico. Para el asturiano, el *Diccionario General de la Lengua Asturiana* (García Arias, 2004) señala también el uso de *la coz*, favorecido por el género del español, heredado del latín. En castellano, Francisco del Rosal, en su obra titulada *Origen y etymología de todos los vocablos originales de la Lengua Castellana* (1611), registra *coice* con el mismo significado de *coz*, y el diccionario académico (1780) documenta *coce* como masculino, aunque en la edición de 1817 pasa al femenino. Los corpus no ofrecen ejemplos de *coz* con género masculino.

En cuanto a las voces terminadas en *-uz*, la mayoría son sustantivos. Según el *Diccionario avanzado*, de 235 voces, 172 son nombres (74 masculinos y 98 femeninos), seguidos de locuciones (34), adverbios (14), adjetivos (11), expresiones (dos) e interjecciones (tres). Tras la selección de sustantivos inanimados, se obtienen 35 masculinos y siete femeninos: *cañaduz, contraluz, cruz, foluz, luz, testuz* y *uvaduz*. De estos, *cruz* y *luz* proceden del latín (*crux, crucis*; *lux, lucis*), *foluz* del árabe, y los restantes son compuestos o derivados (*cañaduz, contraluz, testuz, uvaduz*). Siguiendo el criterio de exclusión de voces derivadas o préstamos, el análisis se centra en *cruz* y *luz*, ambas de la tercera declinación latina y con género femenino heredado.

Las palabras latinas *cruz* (*crux, crucis*) y *luz* (*lux, lucis*) proceden de la tercera declinación y tienen en latín género femenino, que han conservado en español. El género femenino en ambas se explica, por tanto, por su origen etimológico. Los corpus académicos confirman la estabilidad del femenino en *luz*, sin documentación de usos masculinos. En *cruz*, los supuestos plurales masculinos corresponden en realidad al plural de *cruce*, y los casos de *el cruz* pertenecen a nombres propios de equipos de fútbol (*Cruz Azul-Tecos, Cruz Azul-Guadalajara, Cruz Azul-Santos* o *Cruz Azul-Toluca*) y plantas (*cruz caspi*) o voces compuestas (*árbol-cruz* o *disco-cruz*).

> En tal virtud, Gallego afrontará hoy en casa, y sin estos seis titulares, su primer encuentro de cuartos de final de la Copa Libertadores, contra el Cruz Azul (*El Universal* [Méx.] 2001).

> Cristo, encumbrado en el árbol-cruz, ha venido a "tierra ajena" para salvar a la humanidad (algunos concretan pastor-pastora: Cristo-Iglesia) (*JOSÉ MANUEL MARTÍN PORTALES* [Esp.] 2003).

Los sustantivos inanimados femeninos con terminaciones *-az, -ez, -iz, -oz* y *-uz* son escasos en español, pero su análisis resulta fundamental para comprender los mecanismos de asignación de género. Los datos confirman que, en los sustantivos de origen latino, la etimología ha sido el factor decisivo en la determinación del género, con la excepción de *tez, diez* y *prez*, cuyo género femenino se explica por razones semánticas o formales. En consecuencia, la influencia etimológica se revela nuevamente como un elemento esencial en la configuración del sistema de género del español.

4.1.4. Terminación V + *s*

A lo largo del presente trabajo hemos comprobado que, de manera general, en español los sustantivos inanimados simples tienden a asignar género masculino por defecto. En cada terminación analizada se observa que la elección del femenino responde, en muchos casos, al género heredado etimológica, semántica o formalmente. En esta sección profundizaremos en la terminación V + *s*, con el propósito de determinar qué sustantivos femeninos o con vacilación de género se documentan en este grupo y analizar los factores que determinan su asignación de género. Antes de adentrarnos en el análisis, conviene señalar que el grupo de sustantivos terminados en V + *s* es particularmente numeroso. En consecuencia, esta primera parte se centrará exclusivamente en los casos procedentes del latín, dejando los préstamos para el capítulo dedicado a ellos, donde se abordarán de forma detallada las voces de origen no latino.

En la mayoría de los casos, la secuencia *-as* corresponde al morfema flexivo de plural que se aplica a sustantivos y adjetivos. No obstante, existen diversos sustantivos terminados en *-as* que designan personas (*bocas, chapuzas, manazas, gilipollas, bocazas, boceras*), y que se emplean sin variación formal en singular y plural (*un completo gilipollas / una completa gilipollas*) (RAE y ASALE, 2025). Estas voces son más frecuentes en el español europeo que en el americano. En cuanto a sustantivos como *bocas, bocazas, boceras* o *chapuzas*, la presencia de la marca *-s* final puede deberse a una influencia analógica de términos como *manazas, manitas, patas, piernas, ojazos* y estructuras similares. También podría explicarse por la analogía con compuestos nominales del tipo *metepatas, cantamañanas, aguafiestas*, donde el plural es esperable al tratarse de construcciones de patrón V + N, en las que el segundo constituyente designa entidades discontinuas.

Según el *DLE*, los lemas con terminación en *-as* se distribuyen de la siguiente manera: 1453 sustantivos, 1143 locuciones, 475 adverbios, 187 adjetivos, 16 conjunciones, 163 expresiones, 31 interjecciones, siete onomatopeyas, dos preposiciones y 35 pronombres. Entre los sustantivos, el *DLE* recoge 718 femeninos (de los cuales 162 son inanimados) y 735 masculinos (de los cuales 190 son inanimados). De acuerdo con nuestra hipótesis central —que el género masculino es el asignado por defecto a los sustantivos inanimados—, se analizarán los casos femeninos con terminación *-as* y la motivación de su género. Muchos de estos sustantivos son plurales y derivan de procesos morfológicos de derivación o composición (*abogaderas, aguachas, antiparras, apegaderas, azotalenguas*, etc.), aunque también aparecen préstamos como *artolas* (del vasco). Siguiendo la metodología empleada en otras terminaciones, se excluyen los préstamos (*bermudas, banas, albricias, cartolas*, etc.), incluso aquellos de origen latino a través del griego (*catacumbas, termas, carisias, analectas*). Tras esta depuración, se obtienen los siguientes sustantivos inanimados femeninos, agrupados en tres conjuntos según su declinación latina y género etimológico:

Grupo I (neutros plurales reinterpretados como femeninos): *animalias, árganas, expensas, lemurias, ovas, parias.*
Grupo II (femeninos heredados del latín): *dimisorias, exequias, gemonías, nupcias, obsequias, secundinas, súmulas, vibrisas, veras, selectas.*
Grupo III (masculinos latinos convertidos en femeninos en español): *andas, fórfolas.*

Los sustantivos del primer grupo proceden mayoritariamente de la segunda declinación latina (salvo *animalias*, de la tercera) y eran neutros plurales. En español han sido reinterpretados como femeninos, siguiendo la tendencia señalada en el § 4.1.1 respecto a *parias*. Como apunta Lenz (citado por Velleman, 1979), los neutros plurales expresaban una noción de colectividad, rasgo que el español reinterpretó como propio del género femenino. Rodríguez (2005) identifica el mismo fenómeno en derivados de antiguos neutros plurales latinos como *asadura, basura, cernada, cosecha, fresneda, vajilla*, que mantienen en español el sentido colectivo del neutro original. El segundo grupo incluye sustantivos de la primera declinación latina, todos de género femenino, que han conservado su género etimológico en español: *dimisorias, exequias, gemonías, nupcias, obsequias, secundinas, vibrisas, veras, súmulas, selectas.* El tercer grupo lo forman *andas* y *fórfolas*, masculinos en latín pero femeninos en español.[20] Ambos son plurales inherentes, fenómeno frecuente en sustantivos inanimados femeninos que denotan colectividad.

---

[20] La existencia del término italiano *forfora* 'caspa' plantea la posible formación de un sustantivo temprano **furfura*, probablemente generado de manera analógica con otros sustantivos que denotan materia. Este sustantivo habría dado origen al plural en español debido a su connotación colectiva.

El español, por analogía morfológica, generalizó esta preferencia y asignó el género femenino a los sustantivos inanimados plurales en *-as*. El *DLE* solo registra un caso de plural inanimado masculino con terminación *-as* (*garbías*), de origen incierto. Por todo ello, concluimos que los sustantivos inanimados plurales son, salvo excepciones, femeninos, muchas veces por conservación del género etimológico. No obstante, dado que este estudio se centra en los sustantivos simples, por lo que si tenemos en cuenta el cómputo total de sustantivos inanimados simples de ambos géneros, es decir, que no tengan un morfema flexivo de número en su forma, comprobamos que los femeninos con terminación *-as* son casos excepcionales dentro del grupo.

La terminación *-es* aparece en distintas categorías: 1089 sustantivos, 537 adjetivos, 485 locuciones, 218 adverbios, 12 conjunciones, 24 interjecciones y dos preposiciones. En la mayoría de los sustantivos, *-es* funciona como marca de plural (*oportunidades, soles, lápices*). Según el *DLE*, hay 362 sustantivos femeninos frente a 725 masculinos con esta terminación. Tras excluir los referidos a seres animados, quedan 235 masculinos inanimados y 35 femeninos inanimados. De estos últimos, 15 proceden del latín: *caries, dragonites, fasces, fauces, facies, lúes, lupercales, mies, nares, preces, puches, sanies, tabes, torques* y *tres*. De las voces aquí señaladas, destacamos tres rasgos: la alternancia de género (*puches* y *torques*), los plurales inherentes (*fauces, lupercales, nares, preces, puches*) y los singulares con terminación *-es* (*caries, mies*). Teniendo en cuenta de forma particular la etimología de cada caso, estos sustantivos pueden clasificarse así:

a) Procedentes de la tercera declinación: los que conservan el género etimológico (*fauces, lúes, mies, preces, puches, tabes, nares*) y los que no (*fasces, torques, lupercales*).
b) Procedentes de la quinta declinación: *caries, facies, sanies.*

Del grupo a), *mies* y *puches* destacan por su valor colectivo. *Mies* es siempre femenino, mientras que *puches* presenta alternancia de género según el *DLE*, aunque la documentación muestra predominio absoluto del femenino (más de 100 casos frente a cuatro masculinos procedentes de Venezuela, España y Argentina). No parece, por tanto, que conste suficiente documentación que corrobore un uso extendido, o relevante, de su uso con ambos géneros, tal y como propone el diccionario académico. Asimismo, es importante señalar que tanto *mies* como *puches* hacen referencia a un conjunto de cosas y con ese sentido se usan en plural: en el caso de *mieses* para hablar del conjunto de sembrados y en el de *puches* para denominar el plato de gachas. Dentro de este mismo grupo encontramos los sustantivos *fasces*, *torques* y *lupercales* que no han conservado su género etimológico, ahora o en algún momento de su historia. Todos proceden de la tercera declinación: los dos primeros, *fasces* y *torques*, tienen género masculino y el tercero, *lupercales*, género neutro. *Fasces*, plural de *fascis* ('haz'), tiene género masculino, aunque en las ediciones anteriores del diccionario académico (1780, 1817, 1884, 1925, 1992, 2001) aparece con género femenino. Con la información presentada para la terminación *-az*, podría pensarse que este cambio de género se debe al acercamiento de *fasces* a la forma latina *facies*, de la quinta declinación, que tiene género femenino. Asimismo, la tendencia que existe en los sustantivos que designan un conjunto de cosas a asignar género femenino podría favorecer que *fasces* tenga género femenino en español. Hasta cierto punto, estos argumentos podrían resultar útiles como respuesta a la asignación de género femenino para este sustantivo, pero parece que, en español —tal y como ocurre en portugués, en francés o en italiano—, *fasces* está documentado también con género masculino, manteniendo así el masculino etimológico. En la documentación procedente de los corpus académicos, se recogen nueve casos femeninos y diez casos masculinos.

Torques, del latín *torques*, y este, a su vez, de *torquēre*, muestra también vacilación en el diccionario, aunque los corpus confirman uso exclusivamente masculino. Si nos fijamos en otras lenguas, en italiano se otorga género femenino a esta palabra, pero no en francés o en portugués, lenguas que asignan a *torques* género masculino, heredado del latín. Con la consulta en los distintos corpus académicos, en Google y en fuentes documentales, comprobamos que no hay ejemplos de uso para esta voz con género femenino. En el ámbito lexicográfico, desde que se incorporara en 1899 en el *Diccionario de la lengua castellana* (RAE), *torques* se ha recogido con el género femenino, que se ha mantenido junto con el masculino. La documentación, como apuntábamos, no muestra esta alternancia de género, ya que *torques* se utiliza en español de forma muy extendida con género masculino.

El último caso de este primer grupo es *lupercales* (del latín *lupercalia*), que era neutro plural y se reanalizó como femenino, como otros neutros latinos en *-a*, aunque también es probable que haya influido su hiperónimo 'fiestas' a la hora de otorgar el género femenino.

Del grupo b), *caries*, *facies* y *sanies* mantienen su género femenino latino, en consonancia con la regla general de la quinta declinación, salvo *dies* y *meridies*, que son masculinos. Finalmente, *dragonites* y *tres* no conservan su género etimológico. En ambos casos, el femenino se explica semánticamente por el género de su hiperónimo: 'piedra' para *dragonites* y 'hora' para *tres*. Así, cuando *tres* funciona como sustantivo femenino, lo hace por elipsis de *horas*, y por ello aparece con mayor frecuencia en plural:

> Son las tres menos cuarto (*Todas esas cosas que te diré mañana* [Esp.] 2022).

En lo que respecta a la terminación *-is*, el *DLE* recoge 855 sustantivos, además de 55 adjetivos, 35 adverbios, 22 locuciones, 12 expresiones, 12 interjecciones, cinco onomatopeyas, cuatro formantes y cuatro pronombres. De los 855 sustantivos, 443 son sustantivos inanimados femeninos y 105 masculinos. La abundancia de femeninos se explica por la fuerte presencia de terminaciones heredadas del griego y del latín que, en ambas lenguas, eran femeninas: *-sis* (del lat. *-sis*, y este del gr. *-σις*) e *-itis* (del lat. *-itis*, y este del gr. *-ῖτις*). Según la *NGLE* (RAE y ASALE, 2025, § 7.2h), en palabras como *crisis*, *éxtasis* o *tesis*, la terminación *-sis* no se considera actualmente un sufijo, aunque su recurrencia ha llevado a algunos gramáticos a identificar un sufijo en los sustantivos que se refieren a enfermedades, dolencias o anomalías, como *estenosis*, *pitiriasis* o *silicosis*. Por su parte, Pharies (2002) divide la terminación *-sis* en diferentes desinencias cuasimorfémicas, como *-stasis* (*perístasis*, *metástasis*), *-génesis* (*fotogénesis*, *ciclogénesis*), *-tesis* (*metátesis*, *hipótesis*), *-osis* (*amitosis*, *cetosis*) o *-iasis* (*candidiasis*, *amebiasis*). Para comprender la extensión de estos segmentos, basta con observar el número de sustantivos inanimados femeninos de los 443 localizados con estas terminaciones: *-sis* (307), *-itis* (92). Otras terminaciones que encontramos son *-xis*, procedente de la terminación griega *-ξις*, con un total de 13 sustantivos inanimados femeninos y *-lis*, la mayoría de origen griego, con 13 sustantivos inanimados femeninos. Así, un 95,7 % de los sustantivos inanimados femeninos que tienen terminación *-is* proceden del griego, un 1,6 % del latín, un 0,2 % del francés y un 2,5 % derivan de otras lenguas o son de origen desconocido.

Descartando derivados, compuestos y préstamos, quedan seis sustantivos latinos: *bilis*, *macis*, *pelvis*, *equis*, *cutis* y *seis*. Excepto los tres últimos, todos provienen de la tercera declinación y eran femeninos en latín, por lo que conservan su género en español.

En *equis*, el femenino se explica por el hiperónimo. Como se ha explicado anteriormente, desde los inicios de la lengua, a los nombres de las letras se les ha asignado el género femenino, siguiendo el género de su hiperónimo 'letra'. Por su parte *seis*, aunque masculino como numeral, adopta el femenino cuando significa *hora* (*las seis*). El caso más relevante es *cutis*, de la tercera declinación latina, originalmente femenino, pero masculino y femenino en español. Es definido por el *DLE* como 'cuero o pellejo que cubre el cuerpo humano' y tiene, según la información de los diferentes diccionarios académicos, género femenino desde 1729 hasta 1803, cuando pasó a ser masculino, probablemente por influencia de *dermis*. En la edición del *DRAE* de 1884 se fijaron las definiciones:

cutis. (Del latín *cŭtis.*) m. 'Cuero ó pellejo que cubre exteriormente el cuerpo humano. Ú.t.c.f.'
dermis. (Del gr. *δερμα*, piel.) f. 'Capa inferior de la piel, que inmediatamente cubre los músculos y la carne'

En el caso de *dermis*, se apunta al griego como lengua de origen y, en consecuencia, también a la regularización de su género; pues, como hemos señalado antes, la mayoría de las voces procedentes del griego y del latín con esta terminación conservaban el género femenino en español. El hecho de que *dermis* pasara a ser femenino en el *DRAE* es la razón por la que el propio *DRAE* (1956) la eligió para el significado de 'piel'. De cualquier modo, sí podemos establecer una relación directa entre el género de *cutis* y su definición: 'piel' o 'tejido'. Esta misma asociación se hace para *dermis*, que, como vemos en la documentación de los corpus, se utiliza en algunas ocasiones con ambos géneros, como ocurre también con *cutis*, según muestran los datos del CORDE: *dermis* fem. (13 casos) / *dermis* masc. (32 casos), *cutis* fem. (21 casos) / *cutis* masc. (182 casos). Conviene señalar que el uso de *dermis* con género masculino y *cutis* con género femenino es característico de textos científicos. Así se observa en la documentación recogida en el CORDE, referida al ámbito de la medicina, la farmacología o la zoología, como muestran expresiones latinas como *cutis laxa* o *cutis hyperelastica*. En cualquier caso, esta alternancia desaparece ya en el CREA y en el CORPES, donde se muestra un uso total de *dermis* con género femenino y de *cutis* con género masculino (Figura 4 y Figura 5).

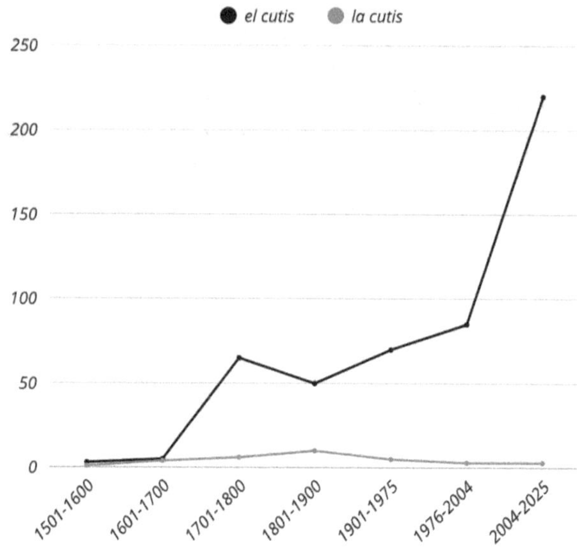

Figura 4: Distribución cronológica del género de *cutis*.

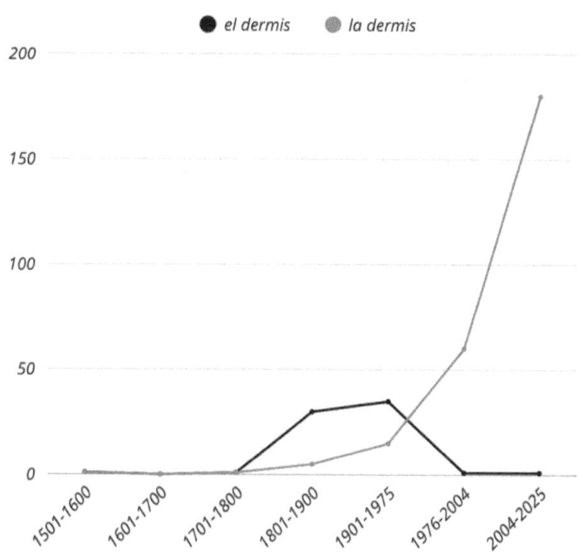

Figura 5: Distribución cronológica del género de *dermis*.

Probablemente, *dermis* se ha especializado con el sentido de 'piel del cuerpo', y *cutis*, con el de 'piel del rostro'; de este modo, *dermis* ha adoptado el género de *piel*, y *cutis*, por metonimia, el de *rostro*.

A partir de lo expuesto, observamos que, en este grupo de palabras, la oposición entre género etimológico y género modificado ha generado una variación que se ha mantenido a lo largo del tiempo. Estas oscilaciones reflejan una tensión entre la fidelidad al modelo clásico y la evolución natural del español. Tal fenómeno se hace visible, especialmente, entre los siglos XVII y XVIII, cuando el masculino compite de forma perceptible con el femenino etimológico.

En cuanto a la terminación *-os*, el español presenta palabras pertenecientes a diferentes categorías gramaticales: sustantivos (1093), locuciones (984), adverbios (298), adjetivos (127) e interjecciones (51). Dentro del conjunto de los sustantivos, se registran 287 casos femeninos y 806 masculinos. Si excluimos los sustantivos animados, permanecen 237 sustantivos masculinos, dos femeninos y cuatro con vacilación de género.[21] Estos datos evidencian una clara preferencia por el género masculino. De acuerdo con la hipótesis principal de esta investigación —según la cual el género masculino es el asignado por defecto a los sustantivos inanimados en español—, resulta pertinente analizar qué casos femeninos presentan la terminación *-os* y cuáles son las causas que justifican dicha asignación. En el *DLE* se documentan dos sustantivos inanimados femeninos con esta terminación: *ácigos* y *tos*. El primero procede del griego y adquiere su género por concordancia con el sustantivo elidido 'vena' (*la vena ácigos*). El segundo, *tos*, tiene origen latino (*tussis*), del cual conserva su género etimológico femenino. Por otro lado, algunos sustantivos presentan vacilación de género, como *dos*, *veintidós*, *lavaplatos* o *naos*. Siguiendo el criterio metodológico adoptado en este estudio, se excluyen las voces compuestas (*lavaplatos*) y, por el momento, el préstamo de origen

[21] En los sustantivos masculinos con terminación *-os*, cabe destacar la alta presencia de sustantivos compuestos con plural interno: *rascacielos*, *mataburros*, *guardasellos*, *espantapájaros*, *cumpleaños*, *cuentakilómetros*, *cortafuegos*, *pasaplatos*, *rompesacos*, *reposabrazos*, etc. Val (1999) señala que este tipo de compuesto, formado por V + N, exige que el segundo constituyente sea un sustantivo continuo, por lo que tenemos sustantivos continuos en singular (*cortacésped*, *calientaleche*) y sustantivos discontinuos en plural (*rascacielos*, *mataburros*, *cortafuegos*, *pasaplatos*). De esta forma, la marca de plural *-s* actúa exclusivamente sobre el constituyente nominal (*el/los rompesacos*, *el/los reposabrazos*).

griego *naos*. De este modo, los sustantivos inanimados con terminación *-os* y género femenino procedentes del latín se reducen a dos: *tos* y *dos*. El primero mantiene de forma estable el género femenino heredado del latín; el segundo, aunque se registra ocasionalmente como sustantivo, alterna su comportamiento con el de numeral. Así lo muestran las anotaciones morfosintácticas de los corpus académicos, donde *dos* aparece clasificado fundamentalmente como numeral en ejemplos como los siguientes:

> pero pueden cerrar la puerta cuando ellos creen que ya son las dos de la tarde (*Carne apaleada* [Esp.] 1975).
>
> Eran las dos de la tarde (*Días detenidos* [Bol.] 2022).

Como se aprecia en los ejemplos, *dos* adopta el género de la palabra elidida 'hora'. Lo mismo ocurre con el sustantivo compuesto *veintidós*, que, cuando presenta género femenino, lo hace por concordancia con 'horas'. En estos casos, la construcción funciona sintácticamente como un sintagma nominal en el que *dos* actúa como modificador cuantificador. Por lo tanto, en los contextos señalados, *dos* desempeña la función de cuantificador numeral cardinal. Cuando *dos* funciona propiamente como sustantivo, adopta el género masculino (*el dos*), comportamiento que comparte con otras lenguas romances como el francés (*deux*), el portugués (*dois*), el italiano (*due*), el catalán (*dos*) o el asturiano (*dos*). Los números cardinales son invariables en cuanto al género, salvo *uno*, los números que contienen el elemento final *-uno* (*veintiuno, treinta y uno*, etc.) y aquellos con terminación *-iento(s)/a(s)* (*quinientos, seiscientos*).

En cuanto a los sustantivos terminados en *-us*, estos presentan de forma regular el género masculino en español. Según los datos del *DLE*, se documentan 147 sustantivos con esta terminación, de los cuales 69 son inanimados: 68 de género masculino frente a un único caso de sustantivo femenino (*venus*) y otro caso de sustantivo masculino con alternancia de género (*pus*). El primer caso, *venus*, procede del nombre propio de la diosa romana del amor y del planeta del sistema solar *Venus*. Esta voz deriva del latín *vĕnus, -ĕris*. La relación entre el sustantivo y la animacidad de su referente parece influir en la asignación de género de *venus* cuando se emplea como nombre común. Si atendemos a las distintas acepciones registradas por el *DLE*, observamos que tres de las cinco se refieren directamente a la mujer o a la diosa, mientras que las otras dos —'deleite sexual o acto carnal' y 'cobre' (elemento químico)— se alejan de ese carácter animado. En sus primeras documentaciones lexicográficas, *venus* incluía además el significado de 'planeta'; sin embargo, este desaparece de la nomenclatura académica a partir de la edición de 2001. En latín, *venus* era un sustantivo neutro de la tercera declinación, que modificó su género original al personificarse en la figura de la diosa Venus. Por otra parte, *venus*, como elemento químico, también adopta el género femenino. Tal y como hemos señalado en apartados anteriores, la mayoría de los nombres de elementos químicos en español se consolidaron con género masculino —con la única excepción de *plata*—, de modo que la feminización de *venus* en este ámbito parece obedecer a la fuerte influencia del género femenino en sus otras acepciones. En cuanto a su uso, los corpus académicos ofrecen escasa documentación de *Venus* con género masculino. Los casos registrados se asocian principalmente con nombres comunes que actúan como núcleo en construcciones apositivas, tales como *cine Venus*, *hotel Venus* o *planeta Venus*. En estas combinaciones, *Venus* adopta el género del sustantivo con el que se concatena (*cine*, *hotel*, *planeta*), aunque en realidad conserva su valor de nombre propio, como se aprecia en los ejemplos siguientes:

> Así las cosas, el negro se hospedaba un día en el hotel Plaza y otro en el Venus (*United Fruit Sugar Co.: el fin de su hegemonía* [Cuba] 2011).
>
> [...] los pecados públicos de la taquillera del Venus, la entrada y salida de los parroquianos del Cadí (*Suicidios ejemplares* [Esp.] 1995).

El segundo ejemplo, *pus*, procede del latín *pūs, pūris*, sustantivo de la tercera declinación con género neutro. En español, ha adoptado mayoritariamente el género masculino, aunque también se documentan casos de uso con género femenino en distintas zonas de México, Perú y España, donde alterna con el masculino. En cambio, en países como Paraguay, Honduras, Bolivia o Panamá, las fuentes registran exclusivamente *pus* con género femenino. Según Moreno de Alba (2001), la elección de *la pus* parece asociarse a hablantes con un nivel educativo bajo, de forma similar a lo que ocurre con *la calor* o *la color*. No obstante, cabe señalar que Nebrija (1492), Fernández de Santaella y Jiménez Arias (1499) ofrecen como equivalente de *pus, -ris* el sustantivo *podre* —de género femenino—, lo cual podría haber influido en la aparición y persistencia del uso popular de *la pus*, del mismo modo que ocurre con *la sangre*, empleada en contextos parcialmente afines (heridas, enfermedades, pestes, etc.). García Gallarín (2020) sostiene, por su parte, que en español la asignación del género femenino está vinculada semánticamente a fluidos corporales, fenómeno que explicaría la coexistencia de ambos géneros. En contraste, en lenguas como el portugués, el francés o el italiano, donde *sang(ue)* tiene género masculino, no se documenta *pus* como sustantivo femenino, lo que evidencia que cada lengua organiza el sistema de género de manera singular. Además del factor sociocultural, debe considerarse el factor dialectal, que, como se observó en otros casos (*la calor, la mar, la color*, entre otros), puede ser determinante en la alternancia de género. Los ejemplos de *pus* con género femenino se registran en áreas geográficas dispersas tanto de América —Paraguay, Honduras, Bolivia, Panamá, México y Perú (en estos dos últimos países también con género masculino)— como de España —Málaga, Sevilla, Cáceres y Guadalajara (según el CREA y el CORPES), y Santander, Alicante, Zaragoza, A Coruña y Canarias (según el CORDE)—. Esta distribución geográfica recuerda en parte la que presenta el sustantivo *mar* con género femenino: un uso más frecuente en las zonas meridionales y septentrionales, tanto orientales como occidentales.

Desde el punto de vista cuantitativo, la consulta de los corpus académicos ofrece resultados complementarios. En el CORDE y el CREA se documentan casos aislados de *pus* con género femenino, mientras que el CORPES revela un mayor equilibrio entre ambos géneros, con una frecuencia normalizada de 0,10 casos por millón para *la pus* y de 0,12 para *el pus*. Así, según los datos combinados de los tres corpus, el género masculino se emplea en un 58,3 % de los casos, frente a un 41,7 % del femenino, lo que indica una diferencia relativamente reducida. Por otro lado, la convivencia de ambos géneros se concentra en un periodo específico (2001-2010). A partir de 2011, el uso de *pus* con género femenino disminuye notablemente hasta prácticamente desaparecer en la actualidad. De forma paralela, como se muestra en la Figura 6, la evidencia de Google Books coincide en mostrar un predominio claro del uso masculino.

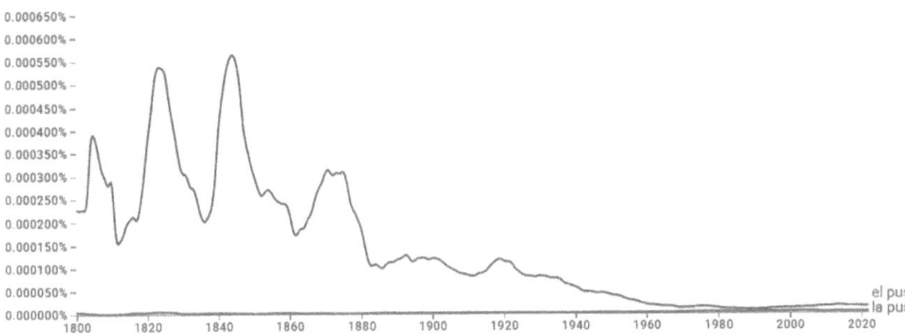

Figura 6: Distribución temporal del sustantivo *pus* en Google Books.

Los datos extraídos de los diferentes corpus académicos revelan que, antes de 2002, el uso de *la pus* era más extendido y geográficamente más disperso. En cambio, en la documentación más reciente del CREA y del CORPES, este uso parece haberse restringido a zonas orientales específicas. Por otra parte, el uso masculino —etimológico y estándar— se consolida a partir de 1800, mientras que el femenino, considerado subestándar, se documenta de forma escrita principalmente en el siglo XX, con presencia en Canarias y en algunos países americanos.Esta información aparece también reflejada en el *Diccionario panhispánico de dudas* (en adelante *DPD*) (RAE y ASALE, 2025), en el que se recoge esta vacilación, señalando el uso alternante de ambos géneros en México y algunos países centroamericanos, así como el uso exclusivo del femenino en Chile. Cabe subrayar que en lenguas como el francés, el portugués, el italiano o el catalán, *pus* ha mantenido el género masculino, lo cual resulta significativo, dado que este sustantivo era neutro en latín y fue incorporado a las lenguas romances sin un género etimológicamente determinado que condicionara su asignación actual. Todo ello confirma que la asignación de género masculino actúa como valor por defecto en los sustantivos inanimados del español, especialmente en aquellos que provienen del latín neutro y se integran en el sistema sin una marca de género previa.

En síntesis, los datos obtenidos del diccionario académico sobre las palabras terminadas en V + *s* muestran una clara predominancia del género masculino. Sin embargo, se observan algunos casos femeninos con esta terminación, lo que evidencia una desviación respecto de la tendencia general. En estos casos, la elección del género responde a distintos factores: etimológicos, como en *secundinas, vibrisas, veras, súmulas, selectas* o *fauces*; formales, ya sea por su condición de monosílabo o por la terminación, como en *andas, fasces, seis, dos* o *venus*; o semánticos, como en *ovas, parias* o *andas*. El caso de *pus* constituye un ejemplo especialmente significativo, en el que confluyen factores formales, semánticos y dialectales en la elección del género femenino.

4.1.5. Terminación V + *n*

Para determinar la distribución de la terminación V + *n* en español, se analizaron específicamente las secuencias *-an*, *-en*, *-in*, *-on* y *-un*. En la lengua española, los sustantivos terminados en *-n* son especialmente abundantes: el *DLE* recoge aproximadamente 12 000 voces con esta terminación, la cifra más elevada de todo el estudio.

La terminación *-an* no se encuentra entre las más frecuentes. Una búsqueda en el *DLE* arroja los siguientes resultados: 807 sustantivos, 89 adjetivos, 59 locuciones y 24 adverbios. De los sustantivos, 690 presentan género masculino y 117, género femenino. Si se consideran exclusivamente los nombres inanimados, el número se reduce a 227 masculinos y tan solo dos femeninos, lo que evidencia la escasa presencia de este último género. Los únicos ejemplos femeninos son *man* y *sobreplán*.

El primer caso, *man*, constituye una forma apocopada de *mano*, de la cual hereda el género femenino. El segundo, *sobreplán*, no presenta información etimológica en el *DLE* actual, aunque en ediciones anteriores (1936) se sugiere como posible origen la composición *sobre-* + *plan*. Si aceptamos esta etimología, cabría esperar que *sobreplán* compartiera el género de *plan*, tal como ocurre con otras formaciones prefijadas: *sobreabundancia* (femenino) < *sobre-* + *abundancia* (femenino), *sobreactuación* (femenino) < *sobre-* + *actuación* (femenino), *sobrealiento* (masculino) < *sobre-* + *aliento* (masculino), *sobreático* (masculino) < *sobre-* + *ático* (masculino). Sin embargo, *sobreplán* no sigue este patrón, pues se trata de una formación exocéntrica, que experimenta un cambio tanto de significado como de género. El *DLE* (versión 23.6, en línea) define *sobreplán* como 'cada una de las ligazones que, de trecho en trecho, se colocan sobre el forro interior del buque y que, empernadas a la sobrequilla y a las cuadernas, sirven para refuerzo de estas'. Dado que su significado no guarda relación con *plan*, no puede tratarse como una formación derivada en sentido estricto. La primera documentación lexicográfica de este sustantivo aparece en el *Diccionario de la lengua castellana* (RAE, 1803), donde figura con género masculino. A partir de la edición de 1843, el diccionario académico modifica su género a femenino, y así se mantiene hasta la actualidad. No obstante, los corpus académicos (CORDE, CREA y CORPES) no registran ejemplos de uso, y tampoco se encuentran ocurrencias en Google, por lo que resulta imposible establecer su comportamiento real en el sistema lingüístico. Es probable que este cambio de género esté influido por la equivalencia semántica entre *sobreplán* y sus sinónimos *varenga* y *ligazón*, ambos femeninos, fenómeno que ya se ha observado en otros casos de correspondencia léxica, como *labor* (masc.) = *trabajo* (masc.).

En cuanto a la terminación *-en*, el *DLE* incluye un conjunto considerable de voces distribuidas en distintas categorías gramaticales: 769 adverbios, 620 sustantivos (485 masculinos y 135 femeninos), 222 adjetivos, 58 locuciones, 11 expresiones, seis conjunciones, cuatro interjecciones, cuatro pronombres, tres preposiciones y un formante. Si se restringe el análisis al grupo de sustantivos inanimados, se contabilizan 145 masculinos frente a 14 femeninos. De estos últimos, y tras excluir derivados, compuestos y sustantivos con comportamiento adjetival, permanecen los siguientes ejemplos: *fetén*, *chipén*, *delicatessen* y *sien* (todos ellos préstamos), junto con *herrén*, *imagen*, *sartén*, *margen*, *orden* y *marcen*, que proceden del latín. En esta sección nos centraremos en este último conjunto, de origen patrimonial. Los sustantivos *herrén* (< *ferrāgo, -ĭnis*), *imagen* (< *imāgo, -ĭnis*) y *sartén* (< *sartāgo, -ĭnis*) derivan de formas latinas femeninas de la tercera declinación, rasgo que conservan en español. La consulta de los corpus académicos (CORDE, CREA y CORPES) respalda esta continuidad, ya que los usos con género masculino son escasos y marginales. Pese a ello, el caso de *sartén* merece atención particular. Tal como señala el *DPD* (RAE y ASALE, 2025), esta palabra presenta variación de género en América, donde el masculino es el más extendido. Para analizar su distribución cronológica y geográfica, recurrimos a los datos ofrecidos por los corpus académicos, presentes en la Tabla 11, de los cuales se extraen los siguientes resultados:

Tabla 11: Distribución del sustantivo *sartén* en los corpus académicos

	masculino	**femenino**
CORDE	9 casos	930 casos
CREA	58 casos	816 casos
CORPES XXI	222 casos	2676 casos

Afín a la información que proporciona el *DPD*, el uso masculino de *sartén* se documenta principalmente en América, sobre todo en Chile (frecuencia normalizada: 4,07 por millón), República Dominicana (2,80 por millón) y Nicaragua (1,20 por millón). Google, por su parte, ofrece numerosos ejemplos que confirman el uso actual de *el sartén*, con predominio en textos procedentes de América. En otras lenguas, como el italiano o el portugués, no existe una correspondencia directa para *sartén*, aunque en ambas se conservan derivados de la raíz latina *sartāgo, -ĭnis* con género femenino. Montero Curiel (2019) analiza el género del sustantivo *sartén* en español con el objetivo de comprender la alternancia que presenta. Según la autora, esta vacilación obedece a factores diatópicos motivados históricamente. No obstante, sostiene que el género masculino de *sartén* podría estar influido por su terminación, la cual habría facilitado la asignación de este género, siguiendo la pauta de otros sustantivos terminados en *-én*, que son mayoritariamente masculinos: *almacén, satén, badén, Belén, vaivén*.

A pesar del predominio del género femenino en la geografía peninsular, Corominas y Pascual (1980-1991) vinculan el género masculino documentado en países de América y en el asturiano con un proceso de falso análisis del artículo (*el asartén*). En el *Diccionario de americanismos* (RAE y ASALE, 2010) se reconoce el uso masculino de *sartén* en Honduras, El Salvador, Nicaragua, Costa Rica, Cuba, República Dominicana, Puerto Rico, Colombia, Venezuela, Ecuador, Bolivia, Chile, Paraguay y Uruguay. Prueba de ello son los datos del CORPES, donde se registran usos masculinos en los países citados, además de México, que, a pesar de aportar cuarenta casos, no figura en el *Diccionario de americanismos* (RAE y ASALE, 2010). Este mismo diccionario consigna el sustantivo femenino *sartena*, común en El Salvador, con el significado de 'cacerola de barro grande con asas para cocer alimentos'. Según Montero Curiel (2019), en El Salvador la alternancia *el sartén / la sartena* podría reflejar una distinción basada en el tamaño del objeto, semejante a la que se observa en pares como *bolso / bolsa* o *huerto / huerta*. Asimismo, estudios como el de Castillo, Bouzouita y Pato (2018) confirman que *la sartén* se registra no solo entre hablantes americanos, sino también entre los de Santa Cruz de Tenerife y del norte de África. En su investigación, los autores señalan que en Venezuela y Puerto Rico predomina la forma masculina.

En segundo lugar, se encuentran *margen* (*margo, -ĭnis*), *orden* (*ordo, -ĭnis*) y *marcen* (*margo, -ĭnis*). Los tres proceden de la tercera declinación latina y tenían género masculino. Inicialmente centraremos la atención en los dos primeros, que son los que presentan mayor variación en español. En la actualidad, *margen* es masculino cuando significa 'espacio en blanco alrededor de lo escrito' (*el margen de la página*), 'espacio u ocasión para algo' (*el margen de actuación*) o 'diferencia prevista' (*el margen de beneficio*). Cuando adopta el sentido de 'orilla', puede emplearse con ambos géneros, aunque el femenino es el más frecuente. Ocurre algo similar con *orden*, masculino cuando designa 'colocación o disposición apropiada' (*Es muy amante del orden*), 'serie o sucesión' (*el orden alfabético*), 'categoría o nivel' (*el orden senatorial*), 'estilo arquitectónico' (*el orden corintio*), 'grupo taxonómico' (*el orden Primates*) o 'sacramento del sacerdocio' (*el orden sacerdotal*). En cambio, su uso femenino es exclusivo de las acepciones 'mandato' (*Dio la orden de continuar*), 'instituto religioso, militar o civil' (*la Orden de la Merced, la Orden del Temple, la Orden de Isabel la Católica*) y 'cada uno de los grados del orden sacerdotal' (*las órdenes sagradas*). García Gallarín (2020) observa que en documentos históricos del español americano *orden* adopta el género masculino con el significado de 'mandato', aunque el femenino supera al masculino en este valor desde comienzos del siglo XVII. También se registran ejemplos femeninos en el español peninsular hasta el siglo XVIII, según el CORDE. En ambos casos, la distinción semántica y la evolución lexicográfica dificultan el análisis en corpus, dada la magnitud de los repertorios y la falta de anotación semántica.

En el plano lexicográfico, *margen* se incorpora al *Diccionario de la lengua castellana* (RAE, 1734) con género femenino, hasta que en la edición de 1837 pasa a considerarse ambiguo. Por su parte, *orden* aparece en la edición de 1737 como ambiguo y mantiene ambos géneros hasta la actualidad (*DLE* 23.6). No obstante, en la actualidad el *DLE* asigna género masculino en la mayoría de sus acepciones, salvo las referidas a 'mandato', 'instituto religioso, militar o civil' y 'grados del orden sacerdotal', que son estrictamente femeninas. A la luz de estos datos, puede afirmarse que la alternancia de género en *margen* y *orden* responde a una motivación semántica. En el primer caso, el femenino parece estar influido por la sinonimia con *ribera* y *orilla*, mientras que en el segundo el cambio de género permite establecer una oposición específica entre referencia concreta (fem.) y genérica (masc.). El sustantivo *orden*, incorporado al español en el siglo XV, convivió desde sus orígenes con ambos artículos (*el orden / la orden*), lo que explica su ambigüedad. Además, la dialectalización de los femeninos en los siglos XV y XVI contribuyó a consolidar esta alternancia. En otras lenguas romances, como el portugués, el asturiano o el gallego, tanto *margen* como *orden* mantienen la doble posibilidad de género según el significado.

El último sustantivo, *marcen*, presenta en español género femenino, pese a que en latín era masculino. Este cambio podría deberse a su proximidad formal y semántica con *margen*, con el que comparte raíz. Conviene recordar que *marcen* es de aparición tardía: se incorpora al *Diccionario de la lengua española* (RAE, 1992), mientras que *margen* ya se documentaba en Nebrija (1492) y Alcalá (1505). Dada la temprana consolidación de *margen* como femenino, cabe suponer que este sustantivo influyó en la asignación de género de *marcen*.

Como señalábamos al inicio del apartado, el número de palabras terminadas en *-n* en español es elevado. No obstante, al igual que ocurre con *-an*, la terminación *-in* es poco frecuente dentro del grupo formado por V + *n*. Según el *DLE*, existen 867 sustantivos, 143 adverbios, 121 adjetivos y algunas otras categorías gramaticales con ejemplos aislados. De los 867 sustantivos, 804 son masculinos y 63 femeninos; de estos, 354 son inanimados masculinos y solo cuatro femeninos: *crin* y su variante *clin*, *lechín* y *fin*.[22] Este último, aunque hoy es masculino, se documentó en el pasado con género femenino. Para este trabajo, y en concreto en este capítulo, se consideran únicamente las voces de origen latino, como *crin* y *fin*, y se descarta *lechín*, cuyo género depende de una elipsis del núcleo (*la [aceituna] lechín*). El sustantivo *crin*, procedente de *crinis* (tercera declinación, masc.), se emplea en español con género femenino y más habitualmente en plural: *crines*. Para explicar el cambio de género etimológico, resulta fundamental considerar la relación con el número, ya que el uso plural podría haber influido en la asignación de género al singular. Así se desprende de su documentación lexicográfica: la forma plural *crines* aparece ya en Nebrija (1492), Casas (1570) y Rosal (1611); mientras que el singular *crin* se registra por primera vez en Covarrubias (1611). En este sentido, *crines*, que significa 'cabellera', se comporta como un sustantivo continuo que denota colectividad, lo que explicaría la elección del género femenino. El mismo patrón se observa en otras lenguas romances: portugués (*a crina*), italiano (*la criniera*), francés (*la crinière*), gallego (*a crin*). En catalán, *crin* puede ser masculino o femenino, conservando así su doble

[22] Es probable que *clin* haya adoptado el género femenino de *crin*.

herencia. El género masculino etimológico se mantiene, además, en algunas variedades americanas: se documentan ejemplos de *los crines* en textos de Perú, México, Argentina, Chile o Colombia. De manera análoga se comporta el sustantivo *fin*, también de la tercera declinación y de género masculino en latín. En español, su uso femenino se atestigua entre los siglos XIII y XVI, aunque desaparece a partir del XVII, probablemente por el retorno a los valores etimológicos en la lengua culta de los siglos XVII y XVIII. Un fenómeno similar se observa en *origen*, que alternó entre los géneros femenino (más etimológico) y masculino (más innovador). En la actualidad, *fin* conserva exclusivamente el género masculino, pero hasta el siglo XVII se documenta abundantemente en femenino (véase Tabla 12).

Tabla 12: Distribución del sustantivo *fin* en los corpus académicos

	masculino	femenino
CORDE	15 507 casos	3147 casos
CREA	38 170 casos	0 casos
CORPES XXI	107 001 casos	6 casos

También presenta género femenino el sustantivo *fin* en otras lenguas romances, como el francés o el italiano. En esta última, además, se utilizan ambos géneros para diferenciar dos sentidos distintos: *fine* (fem.) se emplea con el significado de 'término', mientras que *fine* (masc.) designa el 'objetivo'. Ocurre de manera similar en asturiano y en gallego, donde se asigna un género distinto según el significado: *final* (femenino) y *objetivo* (masculino). En portugués, en cambio, el género extendido es el masculino, que agrupa ambos valores semánticos, como sucede en el español actual. Por otro lado, la condición de monosílabo de *fin* pudo influir en la selección del género femenino durante la etapa medieval.

Respecto a la terminación *-on*, destaca el alto número de formaciones con el sufijo *-ón*, muy productivo en español y con diferentes posibilidades distribucionales. Si consultamos el *DLE*, encontramos los siguientes datos para los lemas terminados en *-ón*: sustantivos (9506: 6131 femeninos y 3375 masculinos), adjetivos (789) y adverbios (229). En la búsqueda de sustantivos con terminación *-on* átona solo se ha hallado un ejemplo, *ilion*, de género masculino. Como señalábamos, *-ón* se utiliza para formar sustantivos, por lo que resulta lógico que el *DLE* registre un número tan elevado de ejemplos con esta categoría gramatical. Si nos centramos en los sustantivos inanimados, se documentan 1288 masculinos frente a 5956 femeninos. Cabe señalar que la mayoría de las voces con el sufijo aumentativo *-ón* no están recogidas en el diccionario académico; en consecuencia, los sustantivos terminados en *-ón* incluidos en esta obra son, en su mayoría, voces lexicalizadas (*almohadón, cinturón, colchón*). A partir de esta información, puede deducirse que el sufijo *-ción*, junto con su alomorfo *-ión*, asigna género femenino a las voces derivadas, lo que explica la gran cantidad de sustantivos abstractos femeninos en español (RAE y ASALE, 2025, § 5.2). Si se excluyen los sustantivos que contienen dichos sufijos, así como los que funcionan como adjetivos o los préstamos (*épsilon, ípsilon, ómicron, monzón, maratón*), no se registran ejemplos de sustantivos simples inanimados femeninos con esta terminación.

El sufijo *-ón*, del latín *-ĭo, -iōnis*, forma sustantivos derivados de verbos que designan acciones bruscas o repentinas (*abollón, bajón, reventón, tirón*). Se distingue del sufijo *-ón/-ona* (heredero del latín *-o, -ōnis*), que genera sustantivos a partir de nombres y verbos (*casa > casona; zambullir > zambullón*), adjetivos de posesión (*cabezón*) y adjetivos deverbales con connotaciones peyorativas (*chupón, criticón, fisgona, llorona, mirón*) (Pharies, 2002). Existen además sustantivos denominales que designan golpes dados o recibidos en una parte del cuerpo (*guantón, manotón*). El sufijo también se emplea para formar sustantivos y adjetivos basados en numerales, generalmente con matiz irónico o despectivo (*cuarentón, cincuentón, sesentón, setentón, noventón*), con sus correspondientes femeninos. Frecuentemente, *-ón* se combina con otros sufijos apreciativos como *-acho* (*bonachón*), *-ete* (*majetón*), *-ajo/-ejo*(*callejón*), *-astre/-astro* (*camastrón*), entre otros (Rainer, 1993, 1999; RAE y ASALE, 2025). También son numerosos los aumentativos lexicalizados con esta terminación (*chaquetón < chaqueta, velón < vela*). El sufijo *-ón* da lugar sistemáticamente a sustantivos masculinos, incluso cuando la base es femenina (*chaquetón < chaqueta, novelón < novela*). Existe, sin embargo, otro sufijo *-on*, del inglés *-on* (procedente de *electron*), empleado en terminología científica para denominar partículas elementales o gases nobles (*protón, neón*).

La terminación *-on* aparece asimismo en la secuencia *-ción*. Algunas voces simples terminan en *-ción* (*canción*), mientras que otras contienen el sufijo derivativo *-ción*, del latín *-tio, -ōnis*, que ya asignaba género femenino. En español, *-ción* es un sufijo de gran productividad en la formación de sustantivos de acción y resultado a partir de verbos (*decoración, profundización,* *abdicación*). De origen culto, *-ción* coexiste con *-zón*, de origen patrimonial, aunque los dobletes son escasos (*cremación / quemazón*), y alterna con la variante *-ión* (*confesión, inclusión*). La mayoría de los sustantivos derivados en *-ción* son de uso común en el español contemporáneo, aunque en ocasiones restringidos a registros cultos. Todos los sustantivos formados con *-ción* son de género femenino, con muy pocas excepciones. Según los datos del *DLE*, se registran 4882 sustantivos femeninos frente a solo siete masculinos con esta terminación: *arción, chalación, lución, notición, roción, sabelección, sentención*. Estos casos permiten establecer una distinción entre los antiguos neutros continuos, que han pasado a ser femeninos, y los neutros discontinuos, que han adoptado el masculino. Dentro de este último grupo se incluyen precisamente las voces mencionadas. El compuesto *sabelección* puede presentar ambos géneros; probablemente la elección del femenino se deba a la influencia del hiperónimo 'planta'.

En cuanto a la terminación *-un*, el español ofrece escasos ejemplos. Del examen del *DLE* se obtienen los siguientes datos: locuciones (495), sustantivos (95), adverbios (147), adjetivos (36), expresiones (27), interjecciones (9), pronombres (8) y una preposición. Entre los sustantivos, se registran 82 masculinos y 13 femeninos. De estos, 20 son inanimados masculinos y ninguno inanimado femenino. Por tanto, según la información del *DLE*, existe una regularidad absoluta en la asignación de género masculino a los sustantivos inanimados terminados en *-un*.

A partir de todos estos datos, se observa que, salvo las voces derivadas con el sufijo *-ción*, existen muy pocos sustantivos inanimados femeninos cuya terminación sea V + *n*. Este hecho refuerza la hipótesis planteada a lo largo del estudio: en español, el género masculino actúa como valor no marcado o de asignación por defecto. No obstante, se documentan algunas excepciones —aunque escasas— como *imagen, sartén, orden, crin*, entre otras. En todos estos casos, se ha comprobado que la etimología constituye el factor decisivo en la elección del género, mientras que la semántica y los rasgos formales desempeñan un papel secundario en la atribución del femenino.

4.1.6. Terminación V + *l*

Para establecer la configuración de la terminación V + *l* en español, se analizan los sustantivos con las terminaciones *-al, -el, -il, -ol* y *-ul*. De este conjunto se extraen las voces femeninas, o aquellas con vacilación de género, que se apartan de la tendencia general, con el objetivo de comprender los criterios de asignación de género dentro del grupo V + *l*.

En primer lugar, es necesario distinguir entre, por un lado, la terminación *-al* cuando forma parte de una palabra simple, como en *sal* o *gal*, y, por otro, las voces construidas con el sufijo *-al*. Tal como se mencionó en el § 4.1.1, conviene considerar conjuntamente los sufijos *-ar* y *-al*, puesto que comparten características alomórficas. El sufijo *-al* (del latín *-alis*, *-ale*) permite formar adjetivos a partir de sustantivos (*testimonial*, *personal*, *causal*) y, en menor medida, de otros adjetivos (*paternal*, *mundanal*). Cabe destacar que el número de adjetivos derivados en *-al* ha aumentado significativamente en las últimas décadas, en parte por la influencia del inglés y del francés. Este crecimiento responde también a la necesidad de expresar de manera concisa nociones vinculadas con la tecnología, la ciencia, la economía, la publicidad y otros ámbitos de la vida contemporánea. Muchos de estos nuevos adjetivos han adquirido relevancia y, en algunos casos, han desplazado a formas preexistentes en contextos técnicos o especializados, aunque no siempre de modo uniforme. En ocasiones, los adjetivos en *-al* no sustituyen a otros equivalentes, bien porque estos no existían (*accidental*, *fundacional*, *instrumental*), bien porque no comparten plenamente el mismo campo semántico: *comunicacional* ('relativo a las comunicaciones') y *comunicativo* ('relativo a la comunicación' o 'con aptitud para comunicar'); *emocional* ('relativo a las emociones') y *emotivo* ('que produce emoción') (RAE y ASALE, 2025, § 7.7o).

La consulta del *DLE* ofrece los siguientes datos para la terminación *-al*: sustantivos (3194), adjetivos (2066), locuciones (448) y adverbios (318). Entre los sustantivos, 906 son femeninos y 2288 masculinos. Si se consideran únicamente los nombres inanimados, el diccionario registra 884 masculinos frente a 73 femeninos. Este número elevado de inanimados evidencia la alta productividad del sufijo *-al* para formar sustantivos masculinos. Entre los casos femeninos, se documentan *jirasal* (de origen desconocido) y *textal* (procedente de otra lengua), junto con *cal*, *sal*, *canal*, *capital*, *coral*, *señal* y *terminal*.[23]

[23] Aunque la cifra total de sustantivos inanimados con género femenino es de 73, la mayoría de los ejemplos se excluyen de nuestro análisis, ya que se tratan de adjetivos que funcionan como sustantivos. Nos hemos centrado exclusivamente en el adjetivo relacional *terminal* debido a que el género varía según el significado y el área geográfica en la que se emplee el término.

Estas voces pueden clasificarse, según su origen latino, en dos grupos: tercera declinación (*canal, capital, terminal, cal, sal, señal*) y segunda declinación (*coral*).

Dentro de los sustantivos de la tercera declinación, no todos presentan un comportamiento uniforme. Tanto *capital* como *terminal* eran de género neutro en latín, pero en español han adquirido ambos géneros, en función del significado. Así, *capital* es masculino cuando designa 'valor', 'dinero' o 'patrimonio' (*Cuenta con un capital de muchos millones*), y femenino cuando significa 'ciudad principal' (*La capital de España*) o se emplea en terminología militar. El género masculino, por tanto, es esperable de acuerdo con el patrón de asignación de los sustantivos inanimados terminados en *-al*. No obstante, resulta pertinente indagar en el origen del femenino. En francés (*la capitale*), italiano (*la capitale*) y portugués (*a capital*), el sustantivo adopta género femenino con el mismo valor semántico. Es plausible, por tanto, que en español el género femenino se asigne por analogía con el referente *ciudad*, dado que la *capital* suele entenderse como la ciudad sede del gobierno. Esta distinción de género según significado está documentada históricamente y se mantiene a lo largo de la evolución del español. Algo similar sucede con *terminal*, cuyo género también varía en función del significado. Se trata de un adjetivo recategorizado como sustantivo, lo cual se refleja claramente en su definición en el *DLE*:

1. adj. 'Final, que pone término a algo'.
2. adj. 'Dicho de una enfermedad: Que es irreversible y conduce a la muerte'.
3. adj. 'Dicho de un enfermo: Que padece una enfermedad terminal'.
4. adj. Bot. 'Que está en el extremo de cualquier parte de la planta. *Hojuela terminal. Flores terminales*'.
5. m. o f. 'Lugar de salida o llegada de una línea de transporte público'.
6. m. o f. Inform. 'Máquina con teclado y pantalla mediante la cual se proporcionan datos a una computadora central o se obtiene información de ella'.
7. m. 'teléfono celular'.
8. m. Electr. 'Extremo de un conductor preparado para facilitar su conexión con un aparato'.

Este adjetivo relacional, originalmente con el sentido composicional de 'relativo al término', ha pasado a sustantivarse. El carácter relacional implica una correspondencia entre las propiedades del sustantivo base y las del adjetivo derivado. En cuanto al género, *terminal* es masculino en la acepción 8 (*DLE*, versión 23.6, en línea), pero presenta alternancia en las acepciones 5 y 6. Los corpus muestran que el uso del femenino es propio de España, mientras que en Chile, Perú, Colombia y Venezuela se prefiere el masculino. Este contraste sugiere la posible existencia de un criterio dialectal. Como señala Calero Fernández (2006), la feminización léxica es un rasgo general del español de América, pero *terminal* constituye una excepción: en el español peninsular es femenino, y en el americano, masculino. El criterio que parece motivar el femenino es de tipo semántico. En la acepción 5, el hablante asocia *terminal* con *estación* (*terminal de autobuses*, equivalente a *estación de autobuses*); en los países mencionados, en cambio, se interpreta como 'lugar' o 'recinto', lo que favorece el masculino. En la acepción 6, relacionada con la informática, la alternancia se explica por la asociación con los sinónimos *dispositivo* (masc.) y *máquina* (fem.), lo que justifica su condición de sustantivo ambiguo. Por otro lado, es posible que la variación de género, especialmente en el español de América, donde se documenta con frecuencia el uso masculino, se deba a la influencia del inglés, lengua en la que *terminal* no tiene género gramatical. De ahí que se haya extendido el uso del masculino por defecto.

Otro sustantivo de la tercera declinación con género fluctuante es *canal*. De sus 25 acepciones, el *DLE* asigna ambos géneros a 16. En los casos restantes, se opta por el masculino, heredado del étimo latino. En los documentos antiguos, el femenino era más frecuente, pero fue perdiendo terreno a lo largo del tiempo en favor del masculino. Este último se consolida especialmente a partir del siglo XV, etapa de marcada latinización del español. En textos de los siglos XVI y XVII aún se documentan usos femeninos, aunque minoritarios. Como se observa en la Tabla 13, los datos del CORDE muestran un predominio del femenino, mientras que el masculino se impone progresivamente hasta estabilizarse en el siglo XX.

Tabla 13: Distribución del sustantivo *canal* en los corpus académicos

	masculino	**femenino**
CORDE	1205 casos	1726 casos
CREA	6957 casos	95 casos
CORPES XXI	14 444 casos	103 casos

Es posible que la vacilación de género observada en *canal* responda a factores de tipo semántico. Aunque ambas variantes —masculina y femenina— se encuentran plenamente actualizadas, cada una tiende a especializarse en registros diferentes. En este sentido, García Gallarín (2020) señala que, en el discurso arquitectónico, el español mantiene el uso de ambos géneros. El autor indica además que el masculino es característico del latín clásico, mientras que el femenino aparece tanto en autores arcaicos como en los tardíos. De ello puede deducirse que la duplicidad de género en las lenguas romances podría tener su origen en la coexistencia de ambos valores en la lengua latina. En otras lenguas romances, como el catalán o el altoaragonés, *canal* presenta género femenino con el significado de 'llanura larga y estrecha entre dos montañas'.

Los siguientes sustantivos que se examinan son *cal* y *sal*, ambos procedentes de la tercera declinación del latín, aunque con distinto género etimológico: *calx, calcis* (fem.) y *sal, salis* (masc.). En *cal* se conserva el género femenino original, mientras que *sal* ha sufrido una reasignación de género. Pueden identificarse dos posibles factores en esta elección: uno formal y otro semántico. En cuanto al primero, el carácter monosilábico de *sal* podría haber favorecido su feminización, del mismo modo que ocurre con otros monosílabos inanimados de género femenino, como *flor*, *red*, *sed* o *lid*. No obstante, esta tendencia no se extiende a todos los monosílabos, pues *pie*, *pan* o *fin* —que antiguamente admitieron el femenino— se usan hoy exclusivamente en masculino, mientras que *mar* alterna entre ambos géneros. Respecto al segundo factor, es plausible que en español exista una inclinación a asignar género femenino a los nombres de materia que no terminan en *-o*. En el *CORDE* se documentan algunos casos de *el sal*, especialmente en el área noroccidental. En gallego, este sustantivo es masculino, al igual que otros nombres de materia que fueron neutros en latín, como *mel* ('miel') o *leite* ('leche'). Resulta, por tanto, coherente encontrar ejemplos de *el sal* en autores de origen gallego o leonés, como Benito Jerónimo Feijoo o José Francisco de Isla. García Gallarín (2020) apunta que *sal* se vuelve ambiguo hacia finales de la Edad Media, coincidiendo con la etapa de mayor latinización del español. Fernández-Ordóñez (2007) recuerda, además, que la mayoría de los nombres de materia en latín son masculinos o femeninos, y solo algunos neutros. En español, predominan los sustantivos heredados de nombres latinos masculinos (*pan, humo, sal, sangre, pelo, queso*) o femeninos (*tierra, hierba, carne, cera, lana, agua, piel,* *masa, nieve*), mientras que son menos frecuentes los procedentes de neutros (*hierro, vino, miel, leche, hielo, leña, hoja*).

El último sustantivo de la tercera declinación analizado es *señal*, cuyo étimo latino (*signale*) tenía género neutro. En español, sin embargo, ha adoptado el género femenino. Este cambio, que se aparta de la tendencia general de los sustantivos terminados en *-al* hacia el masculino, podría explicarse por analogía con *seña*, voz formalmente similar y etimológicamente vinculada, procedente del plural latino *signa*. En efecto, *seña* adquirió el género femenino en español y pudo influir en la feminización de *señal*. Los corpus académicos confirman, no obstante, la existencia de numerosos casos de *señal* con género masculino: 91 en el CORDE, 2 en el CREA y 1 en el CORPES. Como se observa en la Figura 7, los ejemplos masculinos son más abundantes entre los siglos XV y XVII. Dado su origen neutro, es posible que *señal* asumiera en un primer momento el género masculino por defecto, antes de consolidarse el femenino en etapas posteriores. No obstante, resulta más probable que, al documentarse *señal* con género masculino en el aragonés medieval, mantuviera esta asignación en siglos posteriores hasta fijarse definitivamente el femenino en el español actual.

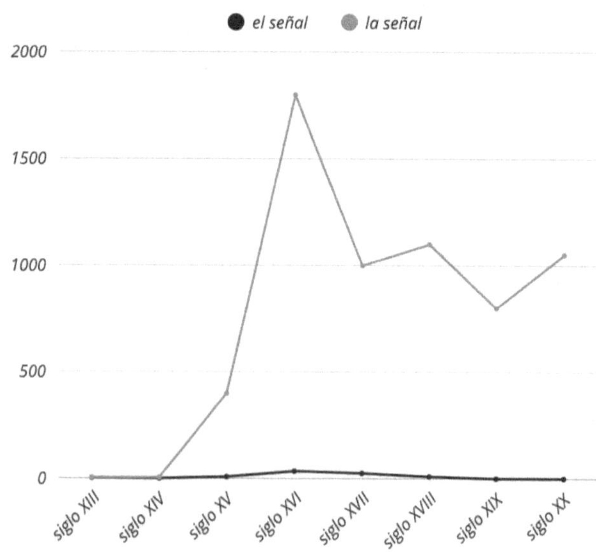

Figura 7: Distribución cronológica del sustantivo *señal* en los corpus académicos.

Entre los sustantivos de la segunda declinación encontramos *coral* (del latín medieval *choralis*, derivado de *chorus*), que presenta un comportamiento diferente al de los anteriores. Desde su primera documentación, *coral* ha funcionado como adjetivo, y así lo registra el *DLE*, que solo consigna un uso sustantivo ('agrupación musical que interpreta composiciones corales'). El examen de los corpus académicos revela, sin embargo, que *coral* se emplea con frecuencia como adjetivo relacional, especialmente en las acepciones 1 y 2 del *DLE*. En los ejemplos siguientes, el adjetivo *coral* concuerda en plural con el sustantivo que modifica:

> No puede abrigar el mal, porque el mal es fealdad. Será cuna de nuevas artes; masas corales y bailes (*Teatros y teatralidades en México: siglo XX* [Méx.] 2004).

> También ha sido el instrumento acompañante por excelencia de las agrupaciones corales del Santuario en las fiestas religiosas (*El Diario* [Col.] 2019).

Es posible, no obstante, que el sustantivo *la coral* haya surgido por sustantivación del adjetivo, asignándole género femenino por analogía con su significado ('agrupación').

En cuanto a la terminación *-el*, la consulta en el *DLE* ofrece los siguientes datos: locuciones (1477), sustantivos (1107), adverbios (161) y adjetivos (98). Entre los sustantivos, 835 son masculinos y 272 femeninos. Si se seleccionan únicamente los inanimados, se obtienen 192 masculinos y 13 femeninos. De estos trece, se excluyen los que funcionan originalmente como adjetivos, los préstamos (*bechamel*, *besamel*), los derivados de nombres propios (*Babel*), así como los compuestos o derivados (*cañamiel*, *monorriel*). En consecuencia, los sustantivos femeninos inanimados genuinos con terminación *-el* son *piel*, *hiel*, *miel* y *cárcel*.

El primero, *piel*, conserva el género femenino heredado del latín y mantiene esta característica en otras lenguas romances como el italiano, el francés o el portugués. En cuanto a *hiel* y *miel*, ambas proceden de neutros latinos, y su feminización en español podría explicarse por un factor formal, similar al observado en *cal* o *sal*. Rodríguez (2005) señala que, en la evolución del latín al español, el género neutro dejó de marcar la distinción entre lo animado y lo inanimado, para asociarse con valores de abstracción o continuidad. Basándonos en esta propuesta y en la de Fernández-Ordóñez (2007), es plausible que el género femenino de *hiel* y *miel* derive de su carácter continuo. En otras lenguas romances, este fenómeno presenta resultados divergentes:

en italiano y francés ambas son masculinas; en portugués, *mel* es masculino pero *fel* ('hiel') es femenino. En gallego y asturiano, *mel*, *sal* y *fel* tienden a ser masculinos, aunque con cierta vacilación, probablemente influida por el contacto con las demás lenguas peninsulares, que las tratan como femeninas. En español, tanto *miel* como *hiel* han mostrado alternancia de género a lo largo de su historia, si bien el uso predominante actual es el femenino. En los corpus académicos se registran ejemplos aislados de *miel* y *hiel* con género masculino, como se observa en los siguientes fragmentos extraídos del CORPES:

> El lanzador venezolano Carlos Zambrano se repuso a un fuerte castigo recibido en la primera entrada para terminar saboreando los mieles del triunfo, en encuentro que Cachorros [...] (*El Carabobeño* [Ven.] 2007).

> [...] luego sin darte cuenta has sido impregnado con el hiel de la punta de la espada del ángel de la muerte (*Tras la Máscara del Espíritu* [Méx.] 2014).

Como se aprecia en las Figuras 8 y 9, los datos obtenidos a partir de los distintos corpus académicos y de la herramienta Google Books Ngram Viewer muestran que la coexistencia de ambos géneros en *miel* y *hiel* se concentra principalmente entre los siglos XVI y XVII (véanse las Figuras 8 y 9, respectivamente). No obstante, el género femenino ha sido, en términos generales, el predominante en ambas voces. De ello se desprende que la asignación de género en los sustantivos latinos neutros *mel, mellis* y *fel, fellis* está condicionada por una combinación de factores formales y semánticos.

Figura 8: Distribución temporal del sustantivo *miel* en Google Books.

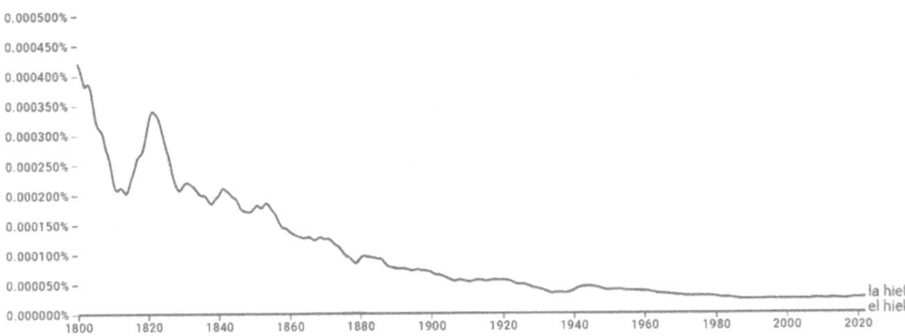

Figura 9: Distribución temporal del sustantivo *hiel* en Google Books.

En lo que respecta al sustantivo *cárcel*, conviene señalar que procede de la tercera declinación latina, en la que presentaba género masculino (*carcer, carceris*). En italiano y portugués este género se conserva, mientras que en español y en asturiano la palabra ha pasado a ser femenina. En catalán antiguo y en gallego, por el contrario, *cárcel* es de género ambiguo. El francés no conserva esta forma y emplea *prison* (fem.), proveniente del latín *prehensio*, también de la tercera declinación y de género femenino. La relación semántica entre *cárcel* y *prisión* es evidente si se comparan las definiciones actuales del *DLE*: *cárcel* se define como 'local destinado a reclusión de presos', mientras que *prisión* se describe como 'cárcel o sitio donde se encierra y asegura a los presos'. En las lenguas romances —italiano, francés, portugués y español— *prisión* ha mantenido su género etimológico femenino, lo que puede haber reforzado la feminización de *cárcel* en español. Los datos de los corpus académicos (CORDE, CREA, CORPES) y de Google Books confirman un uso mayoritario y estable de *cárcel* con género femenino. Solo se documentan dos ejemplos con género masculino, ambos de mediados del siglo XV. En uno de ellos (*Sermones*, 1455), el autor utiliza una sola vez *el cárcel* frente a más de quince ocurrencias de *la cárcel*. La escasísima presencia del masculino permite concluir que no existe vacilación de género y que el femenino está firmemente asentado. Desde el punto de vista semántico, la relación de *cárcel* con los sustantivos *casa* y *custodia* —ambos femeninos— pudo haber favorecido esta asignación. Los diccionarios académicos de los siglos XVIII y XIX definían *cárcel* como 'casa pública destinada para la custodia y seguridad de los reos', y ya Covarrubias (1611) y Henríquez (1679) la relacionaban explícitamente con *custodia*.

Es, por tanto, razonable suponer que el género de *cárcel* en español haya sido influido por estos hiperónimos femeninos.

Con respecto a la terminación en *-il*, en español existen dos sufijos *-il* de origen latino: el átono *-il* (< lat. *-ĭlis*), que forma adjetivos derivados de verbos (*portátil*); y el tónico *-il* (< lat. *-īlis*), que puede tener dos funciones: formar adjetivos a partir de sustantivos (*pastoril*, *estudiantil*) o crear sustantivos con valor diminutivo (*tambor → tamboril*). Según el *DLE*, se registran 311 adjetivos y 547 sustantivos con esta terminación. De estos últimos, 67 son femeninos y 480 masculinos. Entre los sustantivos inanimados, se contabilizan 206 masculinos y un único caso femenino: *locomóvil*. Esta voz, compuesta por *locus* 'lugar' y *móvil*, se emplea habitualmente como adjetivo para referirse a una máquina de vapor (*máquina locomóvil*). En determinados contextos puede funcionar como sustantivo femenino por elisión del núcleo (*la [máquina] locomóvil*):

> Una sola locomóvil da movimiento á las bombas de impulsión de aire y á las del vacío (*Tratado de maquinaria y de aparatos industriales* [Esp.] 1885).

Pero este uso no resulta pertinente para el análisis del género, ya que la concordancia está determinada por el sustantivo tácito. Por ello, *locomóvil* queda excluido de este estudio.

En español, la terminación *-ol* aparece frecuentemente en el léxico especializado de la química, donde se emplea para designar aceites (*cuminol*, *ictiol*) o compuestos con hidroxilo (*benzol*, *colesterol*). Predomina, por tanto, en la formación de sustantivos. La consulta en el *DLE* ofrece los siguientes resultados: 414 sustantivos (397 masculinos y 17 femeninos), 23 locuciones, 18 adjetivos y 7 adverbios. Al excluir préstamos, adjetivos, voces compuestas o derivadas y sustantivos con referente sexuado, se obtiene un inventario de 175 sustantivos inanimados masculinos y un solo femenino: *col*. El sustantivo *col* (del latín *caulis*, masc.) constituye una excepción dentro de la tendencia masculina. Todo indica que su feminización se debe a factores formales, en particular a su condición de monosílabo (§ 4.1.5). Los corpus académicos no registran ejemplos de *col* con género masculino, salvo un caso aislado en textos peruanos, lo que confirma el carácter marginal de dicha variación:

> Cocer las hojas del col y frotar las hojas cocidas en todo el cabello (*Correo* [Perú] 2018).

Las palabras terminadas en *-ul* son escasas en español. El *DLE* recoge 104 sustantivos, 19 adjetivos, un adverbio y una locución. La mayoría de las voces con esta terminación tienen origen árabe (*adul*, *algazul*, *azul*, *bulbul*, *gandul*). Entre los sustantivos, 89 son masculinos y 15 femeninos. Si se excluyen las construcciones compuestas del tipo *aguja azul*, *bandera azul*, *silla curul* o *zona azul* —formadas por el patrón productivo N + N—, el único sustantivo simple e inanimado de interés para este estudio es *curul*. El término *curul* procede del adjetivo latino *curūlis*. Según el *Diccionario de americanismos* (RAE y ASALE, 2010), presenta dos significados diferenciados por el género. En femenino, designa la 'silla que ocupa un parlamentario en la cámara legislativa' (usado principalmente en México, Guatemala, Honduras, Costa Rica, República Dominicana, Colombia, El Salvador, Ecuador y Perú); mientras que en masculino, alude al 'puesto de los parlamentarios en una cámara legislativa' (México, Guatemala, Honduras, Costa Rica, República Dominicana, Colombia, El Salvador, Nicaragua, Panamá y Bolivia). Históricamente, la voz *curul* se registró como adjetivo en el *Diccionario de la lengua castellana* (RAE, 1803) y conservó ese valor hasta 2001, cuando la Real Academia Española la incorporó como sustantivo femenino. Este cambio refleja un proceso de sustantivación semejante al observado en otros adjetivos analizados, en los cuales el género depende del sustantivo elidido: *edil curul* (masculino) frente a *silla curul* (femenino). Esta variabilidad está asimismo documentada en los corpus académicos:

> Los quiero aquí en esta sala. Que ellos mismos sean testigos de mi muerte", chirriaba encaramado en la curul de la Presidenta (*La Muerte Enlatada* [Nic.] 2001).

El examen de los sustantivos inanimados terminados en V + *l* (esto es, *-al*, *-el*, *-il*, *-ol* y *-ul*) permite identificar un patrón general de asignación del género masculino, con un conjunto reducido de excepciones femeninas. Los casos anómalos se explican principalmente por factores semánticos —*canal*, *señal*, *coral*, *miel*, *cárcel*, *curul*—, seguidos de factores formales —*col*, *sal*— y, en menor medida, etimológicos —*piel*, *cal*.

4.1.7. Terminación en otras consonantes

Hasta ahora hemos examinado las terminaciones con mayor número de ejemplos en español. Sin embargo, es necesario analizar otras terminaciones consonánticas que, aunque menos frecuentes, también requieren consideración. En este grupo incluimos los nombres inanimados con género femenino terminados en *-b*, *-c*, *-f*, *-g*, *-h*, *-j*, *-k*, *-m*, *-ñ*, *-p*, *-q*, *-t*, *-v*, *-w*, *-x* e *-y*. Cabe señalar que, salvo los nombres terminados en *-y* y algunos en *-x*, las demás terminaciones no son propias del español, sino que proceden de préstamos de otras lenguas o de siglas. Es indudable que el género de estas formas puede haberse visto influido por la tendencia a asignar el masculino en los préstamos procedentes de lenguas que no marcan el género. A pesar de ello, encontramos ejemplos que presentan género femenino o vacilación de género. Surge entonces la pregunta de si estos casos son significativos en relación con el total de sustantivos inanimados masculinos y qué representación tienen los sustantivos femeninos terminados en las consonantes o semiconsonantes mencionadas. Para responder a ello, procederemos a examinar con detalle los sustantivos inanimados femeninos en español que presentan estas terminaciones finales:

B: *b, web.*
C: *c, biopic, lilac, tac, zódiac.*
F: *f, álef.*
G: *g, ONG.*
H: *h, ch.*
J: *j, troj, contrarreloj.*
K: *k, realpolitik.*
M: *m, dum-dum* (o *dumdum*), *AM.*
Ñ: *ñ.*
P: *p, crep, chip, picop, sex shop (o sex-shop).*
Q: *q.*
T: *t, internet, intranet, jet, jet set, almicantarat, calicut, PET, vermut.*
V: *v.*
W: *w.*
X: *x, ónix, réflex, saxafrax, trox, túrmix, cérvix.*
Y: *y, ley, grey.*

Como en epígrafes anteriores, excluimos los préstamos u otras voces cuyo origen sea distinto del latín, que se analizarán en el § 5.1.7. A continuación, se presentan ejemplos de sustantivos inanimados femeninos con distintas terminaciones. Si extrapolamos los datos obtenidos, comprobamos que el porcentaje total de sustantivos inanimados femeninos en todos los casos ronda el 10 %. No obstante, como se aprecia en la Figura 10a, las consonantes finales como la uve o la uve doble muestran un porcentaje mayor debido a la escasa existencia de palabras con dichas terminaciones, lo que incrementa su valor estadístico de forma proporcional. Lo mismo ocurre con palabras terminadas en eñe y cu, ya que prácticamente no existen voces con estas consonantes finales, salvo los nombres de las propias letras. Debe tenerse en cuenta que todos los nombres de letras presentan género femenino, tomado de su hiperónimo 'letra'.

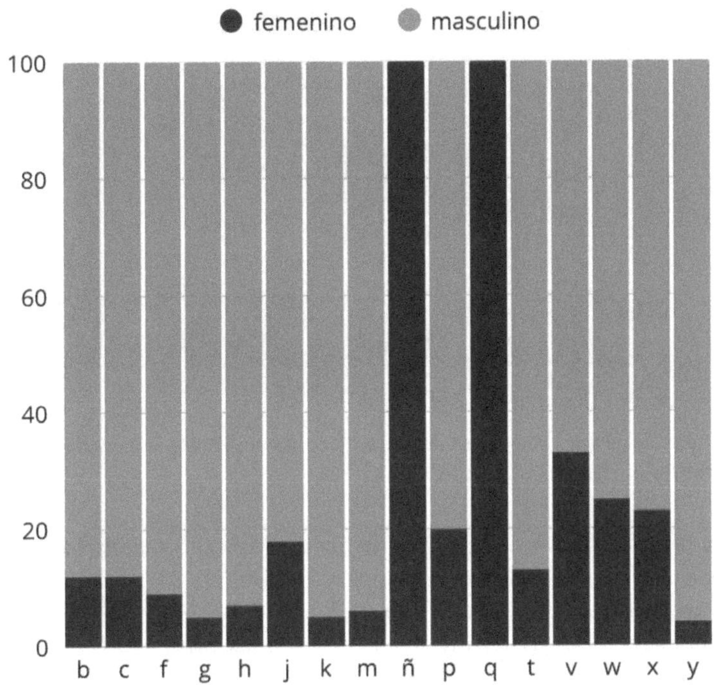

Figura 10a: Asignación de género en sustantivos inanimados terminados en consonantes.

Por este motivo, y con el fin de evidenciar de manera más clara el predominio general del género masculino en los sustantivos inanimados con estas terminaciones, hemos decidido prescindir de los nombres de letras en el siguiente gráfico. De este modo, en la Figura 10b, ya sin estas palabras, se aprecia con claridad el escaso número de sustantivos inanimados femeninos.

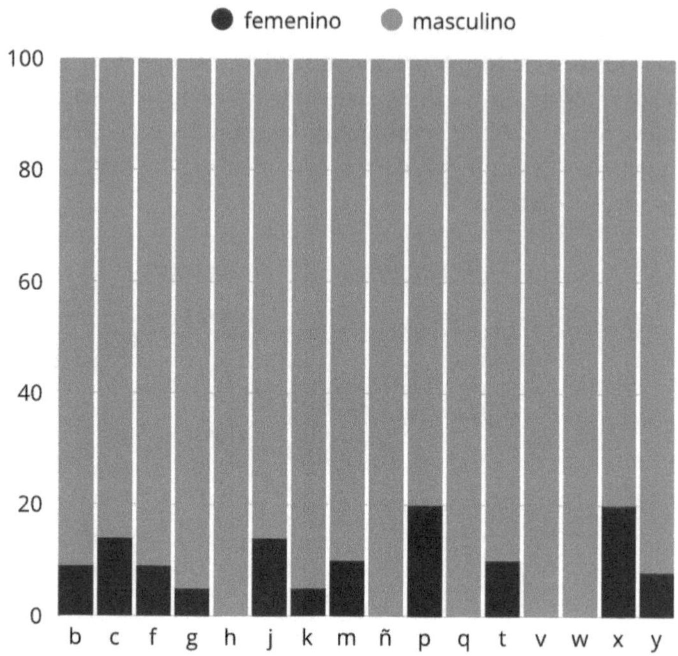

Figura 10b: Asignación de género en sustantivos inanimados terminados en consonantes (sin nombres de letras).

Tras la recopilación de datos, procedemos a clasificar los ejemplos según su procedencia, dado que este factor podría influir en la asignación de género. Así, distinguimos los sustantivos procedentes del latín de los préstamos de otras lenguas, como el inglés o el francés. Los préstamos, palabras compuestas o derivadas, acrónimos o siglas serán objeto de análisis en el § 5.1.7. Por ahora, nuestro objetivo es explicar los casos de sustantivos inanimados de origen latino que presentan género femenino o vacilación de género. En esta primera revisión encontramos ejemplos como *ley*, *grey*, *cérvix*, *saxafrax* y *ónix*.

La primera palabra, *ley*, procede de la tercera declinación latina (*lex, legis*) y conserva su género femenino etimológico. No existe vacilación de género que evidencie imprecisión en su asignación. La búsqueda en distintos corpus lingüísticos confirma esta estabilidad, pues la documentación de *ley* con género masculino es prácticamente inexistente. Tanto *ley* como *grey* (*grex, gregis* 'rebaño'), también de la tercera declinación, pero con género masculino en latín, son los únicos sustantivos inanimados patrimoniales con esta terminación en español. En consecuencia, podría pensarse que el género femenino etimológico de *ley* influyó en la asignación de género de *grey*. Otra posibilidad es que el género femenino de *grey* esté determinado por el de su hiperónimo ('gente', 'ovejas'). También su condición de monosílabo y su carácter colectivo podrían haber favorecido la asignación femenina. En cualquier caso, como se observa en la Tabla 14, la información recogida en los corpus muestra un uso casi exclusivo de *grey* con género femenino.

Tabla 14: Distribución del sustantivo *grey* en los corpus académicos

	masculino	**femenino**
CORDE	0 casos	353 casos
CREA	0 casos	78 casos
CORPES XXI	0 casos	81 casos

En síntesis, el género asignado a *grey* no obedece al etimológico, pero refleja una clara relación con su hiperónimo y con su binomio *ley*. Cabe señalar, además, que en portugués esta voz también tiene género femenino, aunque en francés, italiano, gallego o catalán no existe una forma equivalente, ya que en estas lenguas se emplea el término correspondiente a *rebaño*.

La siguiente voz, *cérvix*, procede de *cervix, -icis*. El *DLE* registra vacilación de género para esta palabra. Sin embargo, como se muestra en la Tabla 15, la documentación del CREA y del CORPES no respalda dicha vacilación, pues ambos corpus evidencian una clara preferencia por el masculino.

Tabla 15: Distribución del sustantivo *cérvix* en los corpus académicos

	masculino	**femenino**
CREA	27 casos	8 casos
CORPES XXI	38 casos	3 casos

En principio, podría pensarse que los casos femeninos se deben a la relación entre *cérvix* y *cerviz*, esta última con género femenino. Conviene, además, señalar el contraste entre esta observación y los datos de Google Books, especialmente entre 1974 y 1982, periodo en el que se registra cierta preferencia por el femenino. La revisión de esos documentos muestra que, en varios casos, *cérvix* se usa con el significado de *cerviz*. Fuera de esos ejemplos aislados, las ocurrencias de *la cérvix* son escasas —menos de 40 documentos (Figura 11)—, la mayoría de carácter científico.

Figura 11: Distribución temporal del sustantivo *cérvix* en Google Books.

El siguiente caso, *saxafrax*, proviene del sustantivo latino *saxifraga* (del adjetivo *saxifrăga*, y este de *saxum* 'piedra' y *frangere* 'romper'). Desde su primera aparición en el *Diccionario de la lengua castellana* (1803) hasta la actualidad, la palabra ha mantenido el género femenino etimológico. La documentación en corpus y bases de datos es escasa y de carácter metalingüístico, por lo que no ofrece información concluyente sobre su uso real.

El último caso de origen latino es *ónix* (u *ónice*, del latín *onyx*, y este del griego ὄνυξ *ónyx*), que muestra vacilación de género en español. En latín, *onyx* era masculino, y aunque históricamente la forma más frecuente en español ha sido *ónix*, los diccionarios académicos recogen ambas variantes. Según la documentación del CORDE, del CREA y de Google, *ónix* se emplea casi exclusivamente con género masculino, mientras que el CORPES incluye ejemplos con ambos géneros. Esta doble asignación parece depender del género del sustantivo núcleo: masculino (*el espejo ónix, el premio Onix, el Chevrolet Onix*) o femenino (*la piedra ónix, la orquesta Onix, la calle Ónix*). No obstante, en la mayoría de estos casos *ónix* funciona como nombre propio, por lo que no resultan válidos para el análisis del género gramatical. En consecuencia, no se documentan contraejemplos femeninos que cuestionen el uso masculino etimológico.

En suma, el análisis de los sustantivos inanimados de origen latino terminados en consonante muestra una clara tendencia al mantenimiento del género etimológico masculino, salvo en casos puntuales como *ley* y *grey*, cuyo comportamiento parece condicionado por factores semánticos y analogías léxicas.

En el capítulo dedicado a los préstamos se abordarán con mayor detalle los sustantivos provenientes de otras lenguas, o de otro origen distinto, que presentan estas mismas terminaciones.

4.2. Terminación en vocal

En el marco del presente estudio, se ha decidido focalizar el análisis exclusivamente en las terminaciones *-e*, *-i* y *-u*. Esta elección responde al hecho de que, en español, existe una correspondencia formal entre las terminaciones *-a* y *-o* y su respectivo género gramatical. Así, se tiende a asignar el género femenino a los sustantivos finalizados en *-a* y el género masculino a los terminados en *-o*. Por ello, con el objetivo de evitar posibles ambigüedades y simplificar el trabajo, centraremos nuestro análisis en las terminaciones *-e*, *-i* y *-u*, lo que permite abordar con mayor precisión los patrones morfológicos y semánticos presentes en el corpus seleccionado.

4.2.1. Terminación *-e*

Como se ha expuesto anteriormente, las formas terminadas en *-e* son las más difíciles de identificar en cuanto a la asignación de género, tanto en español como en el resto de lenguas romances consideradas en este trabajo. En el caso del español, esta dificultad encuentra su explicación en la época alfonsí y en el fenómeno de la apócope, característico de la evolución diacrónica del castellano. La apócope se manifiesta de dos maneras: una apócope usual, que consiste en la pérdida de la vocal final latina ante determinadas consonantes (*r*, *s*, *l*, *n*, *d*, *z*, *ç*, *x*), como en *mare* > *mar* o *pane* > *pan*; y una apócope extrema, que afectó a consonantes distintas de las anteriores y se documenta entre finales del siglo XII y las décadas centrales del XIII. Con el paso del tiempo, se produjo una recuperación de la vocal final, previamente perdida como consecuencia de este proceso fonético, fenómeno ya señalado por Lapesa (1981, 2000), con ejemplos como *monte* o *prise*.

Para un análisis más detallado de la terminación en *-e*, y dada la amplitud del conjunto de datos, se propone en los apartados siguientes una subdivisión de los sustantivos inanimados que presentan esta vocal final. Así, se estudiarán los grupos siguientes: terminación *-bre*, terminación *-nte*, terminación consonante líquida + *-e*, terminación consonante + *-re*, terminación consonante nasal + *-e*, terminación consonante oclusiva + *-e*, terminación consonante africada + *-e*, terminación consonante fricativa + *-e*, terminación vocal + *-e*. Este esquema permitirá detectar los casos de género femenino documentados en palabras terminadas en *-e* y examinar los factores —formales, etimológicos o semánticos— que intervienen en su asignación. Dado el elevado número de ejemplos, el estudio se centrará en las voces de origen latino, descartando los préstamos y aquellas formaciones no patrimoniales (como siglas, acrónimos o derivados no latinos), que serán objeto de análisis en próximos capítulos.

4.2.1.1. Terminación *-bre*

En español, la terminación *-bre* es característica de los sustantivos. La consulta al *DLE* devuelve 452 nombres (189 femeninos y 263 masculinos), 108 locuciones y 58 adjetivos. Si nos centramos en los sustantivos, dentro de esta terminación pueden distinguirse dos grupos principales. Por un lado, se encuentran los sustantivos en *-bre* que proceden de la terminación latina *-men*, *-inis*, propia de la tercera declinación, generalmente neutros en latín y masculinos en español. En este grupo se incluyen los terminados en *-mbre* (*alambre, arambre, enjambre, estambre, horambre*, etc.), con la excepción de *cumbre*, neutro en latín, pero femenino en español, y *hambre*, que conserva el género femenino latino. También pertenecen a este conjunto los sustantivos terminados en V + *-bre* (*cobre, pebre*), poco frecuentes en español, pero igualmente neutros en latín y masculinos en español. Como excepciones a este último patrón, se encuentran *ubre* y *fiebre*, que, a pesar de su terminación en V + *-bre*, poseen género femenino etimológico. Por otro lado, se halla la voz *costumbre*, que hereda el género femenino etimológico del latín, junto con un grupo de sustantivos que parecen haberse formado en castellano mediante el colectivo *-umbre* (*calumbre, fustumbre, herrumbre, legumbre, lumbre, quejumbre, relumbre, salumbre, techumbre*) o el sufijo de cualidad *-dumbre* (*certidumbre, dulcedumbre, gravedumbre, mansedumbre, muchedumbre, pesadumbre, podredumbre, reciedumbre, salsedumbre, servidumbre, soledumbre*). Ambos sufijos son femeninos en español, por lo que han seguido un criterio formal en la asignación de género. Además, en los sustantivos de materia, esta característica morfológica tiende a favorecer la asignación del género femenino.

A continuación, se presentan casos de sustantivos inanimados simples femeninos con terminación *-bre*, con el fin de analizar las motivaciones subyacentes en la asignación de género. Del latín proceden *ubre, fiebre,* *costumbre*, *cumbre* y *hambre*, todos ellos femeninos en español.[24] Como se ha señalado, *ubre* (*uber, -ĕris*), *fiebre* (*febris, -is*) y *costumbre* (*consuetūdo, -ĭnis*) poseen género femenino etimológico. También lo mantiene *hambre* (*famen, -ĭnis*), que, al comenzar con *á* tónica, adopta la forma masculina del artículo (*el hambre*). Este fenómeno explica que los adjetivos y cuantificadores puedan aparecer en masculino en los corpus académicos (CORDE, CREA y CORPES). El CORDE documenta ejemplos de *la hambre* con el alomorfo femenino del artículo desde los textos de Alfonso X (1259) hasta finales del siglo XIX, aunque este uso desaparece en el siglo XX:

> Et si este ayuntamento destas planetas sobre dichas fallares en la tercera casa. significa que la hambre & el espanto sera mayor que la caristia en la yente. & en el poblo (*Libro de las Cruces* [Esp.] 1259).
>
> No, tampoco tengo mucho hambre (*El beso de la mujer araña* [Esp.] 1976).
>
> Buenos Aires, abril del 2006, época kirchnerista, explotación total, hambre espantoso y los mismos problemas de hace seis años con el turco riojano (*El curandero del amor* [Arg.] 2006).

Dichas ocurrencias se deben a una analogía por ultracorrección, asociada al masculino del alomorfo *el*. No obstante, *hambre* se considera un caso regular, que conserva el género femenino latino, igual que en portugués, italiano, francés y catalán. El siguiente sustantivo, *lumbre*, es neutro en latín, pero en español adopta el género femenino. Su asignación responde principalmente a criterios formales, concretamente al sufijo *-umbre*, característico de los sustantivos femeninos en español. Además, en el caso de los sustantivos de materia, esta configuración morfológica tiende a favorecer la elección del género femenino. Respecto a su uso, no se documentan casos con género masculino en el CREA ni en el CORPES; sin embargo, el CORDE registra siete ejemplos con género masculino. Aparentemente, no existe ningún rasgo distintivo que justifique esta alternancia, salvo la posible interpretación semántica de *lumbre* como 'fuego', de la cual podría haberse derivado la atribución del género masculino en dichos casos.

---

24 Aunque partimos de la terminación V + *-bre* en español, debemos señalar que la terminación de *fiebre* en latín no es equiparable a la terminación en *-men*, que sí comparten otros sustantivos inanimados con terminación V + *-bre*.

En cuanto a *cumbre*, es posible que su género femenino se deba a la influencia de la terminación *-umbre*, propia de sustantivos colectivos como *quejumbre* o *relumbre*, mientras que el género masculino responde a la etimología de la palabra. En ninguno de los corpus académicos se registran numerosos ejemplos de *cumbre* con género masculino, lo que refuerza la hipótesis de la predominancia del femenino. Apenas se han encontrado tres casos en el CORPES XXI y, en la mayoría de ellos, el uso masculino se debe a la elisión del sustantivo núcleo *momento*, del cual toma el género: *el [momento] cumbre*.

> El calzado en color borgoña de alto brillo en piel de cocodrilo, representa el cumbre de la artesanía en piel (*El Universal.com.mx.* [Méx.] 2009).

Respecto a los sustantivos con vacilación de género, se observan tres casos destacados: *vislumbre*, *legumbre* y *mimbre*. El sustantivo *vislumbre* presenta alternancia de género, con mayor documentación femenina en el CORDE (67 casos frente a 34 masculinos). El género femenino podría estar motivado por una asociación semántica y formal con *lumbre*, principio que también se aplica a *relumbre*. Además, el uso colectivo del plural (*vislumbres* 'brillos, impresiones visuales vagas') pudo favorecer la preferencia por el género femenino.

> Mucho había que decir de la alegría que este santo viejo recibió hoy con la vista y presencia del deseado de las gentes, cuando le fue dado ver aquel rostro que con las vislumbres y resplandores de divinidad que en él como en una vidriera resplandecían, eclipsa todas las lumbreras del cielo (*Consideraciones sobre los Evangelios de los domingos después de la Epifanía* [Esp.] 1598).

Sin embargo, en corpus posteriores, el género masculino predomina: en el CREA (0,14 casos por millón frente a 0,03 femeninos) y en el CORPES (0,03 frente a 0,01). Este cambio parece consolidarse a partir del siglo XX, probablemente como resultado de una reinterpretación de la palabra como un deverbal (Figura 12). Desde el punto de vista lexicográfico, todos los diccionarios académicos entre 1780 y 1992 registran *vislumbre* como femenino, mientras que a partir de 2001 el *DLE* lo marca como ambiguo y, posteriormente, como de ambos géneros.

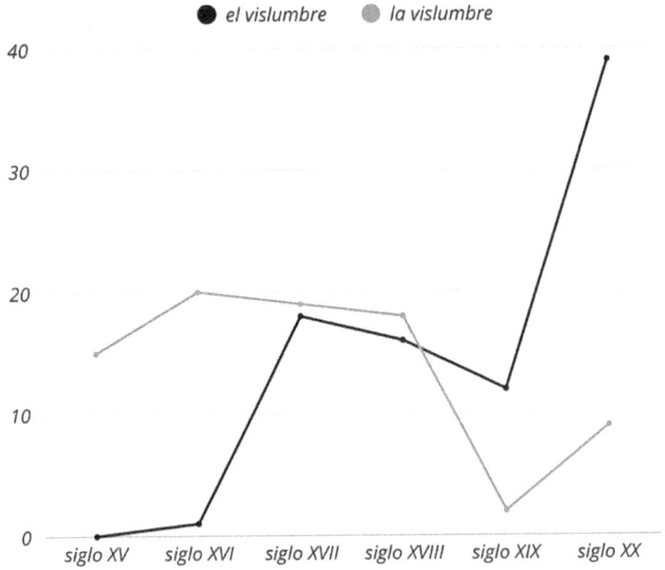

Figura 12: Distribución cronológica del sustantivo *vislumbre* en los corpus académicos.

El caso de *legumbre*, del latín *legūmen, -ĭnis*, muestra un comportamiento similar. Aunque etimológicamente era un nombre neutro, en español ha adoptado predominantemente el género femenino. No obstante, existen algunos ejemplos masculinos en aragonés medieval y en autores andaluces occidentales, lo que sugiere una posible influencia de lenguas vecinas (portugués *o legume*, catalán *el llegum*, francés *le légume*). En castellano antiguo, el uso plural era el más habitual, pero tanto en singular como en plural el sustantivo se comporta como continuo, rasgo que favorece su adscripción al género femenino, como sucede con otros nombres de materia (*sangre*, por ejemplo). En definitiva, el uso masculino de *legumbre* es marginal, aunque resulta útil para comprender la variación dialectal e histórica.

Por último, el sustantivo *mimbre*, del latín *vimen, -ĭnis*, presenta una historia lexicográfica más oscilante. En los diccionarios académicos se documenta como masculino (1734-1803 y 1832-1869), femenino (1817-1822), común (en el suplemento del diccionario académico de 1884), género ambiguo (1899-2001) y ambos géneros (2014-actualidad). Esta fluctuación refleja la falta de consenso en la asignación de su género. Los datos de los corpus, reflejados en la Tabla 16, muestran un predominio del uso masculino, asociado al significado 'cada una de las varitas correosas y flexibles que produce la mimbrera'. En cambio, el femenino designa 'mimbrera (arbusto salicáceo)', lo que sugiere una motivación semántica en la alternancia.

Tabla 16: Distribución del sustantivo *mimbre* en los corpus académicos

	masculino	**femenino**
CORDE	30 casos	21 casos
CREA	31 casos	1 caso
CORPES XXI	42 casos	1 caso

En el CREA y el CORPES, todos los ejemplos corresponden al valor masculino, mientras que los usos femeninos, más antiguos, parecen restringirse al ámbito colectivo o dialectal, sobre todo en regiones occidentales (Valladolid, Toledo occidental, Extremadura, León, Andalucía) y nororientales (Navarra, Huesca, La Rioja, Zaragoza). Así, este sustantivo neutro en latín, con género masculino en español, tiene también género femenino cuando funciona como continuo, con especialización de significado reforzado por la diferencia dialectal.

En suma, los sustantivos terminados en *-mbre*, mayoritariamente derivados de neutros latinos, han adoptado diferentes géneros en las lenguas romances, como muestra el caso de *legumbre*. La difusión de latinismos y helenismos favoreció la aparición de variantes cultas en *-men*, y la variación de género en palabras como *el/la vislumbre* o *el/la legumbre* refleja criterios contrapuestos entre la fidelidad etimológica y la autonomía evolutiva del español. Conviene recordar que estos casos se consideran femeninos de transmisión patrimonial, mientras que los cultismos tienden a asociarse al género masculino. Los usos masculinos de *legumbre* o *vislumbre*, documentados entre los siglos XVII y XIX, confirman esta tensión entre herencia latina y evolución formal del castellano.

4.2.1.2. Terminación *-nte*

Dentro de las voces terminadas en *-e*, encontramos en español un grupo numeroso de sustantivos acabados en *-nte*, que designan personas, productos, instrumentos y lugares. Atendiendo a su formación, es posible distinguir entre el sufijo derivativo *-nte*, que origina sustantivos (como *estudiante*) y adjetivos (como *agobiante*), y la terminación *-nte* que resulta de la evolución fonética del latín, como en *diente*, *trente* o *torrente*. La terminación *-nte*, heredada del latín *-ns*, *-ntis*, da lugar en español, por lo general, a sustantivos de género masculino (*diente*, *efluente*, *puente*, entre otros), salvo algunas excepciones como *frente* (*frons*, *-ntis*) o *fuente* (*fons*, *-ntis*). Mediante la forma sufijal se crean numerosos sustantivos a partir de bases verbales, que pueden referirse a personas (*cantante*), instrumentos (*tirante*), lugares (*restaurante*) o productos (*calmante*). En los casos con referente de persona, los sustantivos formados con este sufijo son de género común (*un/una cantante*). En cambio, la mayoría de los sustantivos de instrumento terminados en *-nte* son masculinos (*colgante*), al igual que aquellos que designan productos o sustancias (*estimulante*). Por su parte, los sustantivos que se refieren a letras o sonidos tienden a ser femeninos (*consonante*, *sonante*, *vibrante*).

Por otro lado, numerosos sustantivos terminados en *-nte* proceden de adjetivos que, a su vez, se formaron a partir de antiguos participios de presente. Estos sustantivos, como *expediente*, *ingrediente*, *excipiente*, *gradiente* o *consiguiente*, pueden funcionar tanto sustantivos como adjetivos. Dichos participios se formaban a partir del tema de presente con la adición de la vocal temática *a* (para la primera conjugación) o *e* (para las conjugaciones tercera, mixta y cuarta), más el sufijo *-nt-*. Estas formaciones pertenecían a la tercera declinación. El número de adjetivos derivados en *-nte* ha aumentado de manera notable en los lenguajes técnicos, especialmente en el ámbito jurídico y administrativo, y posteriormente en los campos económico y médico, lo que ha dado lugar a voces como *aceptante*, *interviniente*, *litigante* o *prevalente* (RAE y ASALE, 2025). Así, la terminación *-nte* aparece tanto en sustantivos de la tercera declinación latina como en formaciones derivadas del participio presente activo (tema en *-i*). En ambos casos, los sustantivos son mayoritariamente masculinos en español, salvo algunas excepciones en las que la terminación *-nte* no está vinculada al participio latino. En los apartados siguientes se analizan las causas que determinan el género femenino en determinados sustantivos inanimados terminados en *-nte*: *frente*, *fuente*, *lente*, *mente*, *simiente* y *puente*.

El sustantivo *frente* presenta doble género en español. Es femenino con el significado de 'parte superior de la cara' y masculino cuando se refiere a la 'primera fila de una tropa'. No obstante, etimológicamente hereda su género femenino del latín. Durante siglos, *la frente* aparece documentado con ambos significados. Por primera vez, el *Diccionario de Autoridades* (1732) recoge la voz en femenino, y no es hasta el *Diccionario de la lengua castellana* (1869) cuando se establece la distinción semántica y de género. En el siglo XIX, la especialización de los significados consolida el femenino para el sentido anatómico y el masculino para el militar. Como señalan Corominas y Pascual (1980–1991, s. v.), por influencia del francés *front* (masculino), *frente* adquirió también ese género en español, posiblemente para evitar la confusión entre los dos sustantivos homónimos. La evolución de *fuente* guarda una relación estrecha con *frente*. Es posible que *fuente* haya adquirido su género femenino por analogía con *frente*, dado que ambas comparten semejanzas formales en sus étimos latinos (*frons, -ntis* / *fons, -ntis*). En textos antiguos, ambas aparecen con género femenino, como muestran los siguientes ejemplos del CORDE tomados de *La fazienda de Ultramar* (ca. 1200):

> Quando estidieron sobre la fuente del agua, el espe[r]yto de Dios fue en el e dixol (*La fazienda de Ultramar* [Esp.] 1200).

> priso David .v. piedras de la torrient e metiolas en sue talega e puso la una en la fonda, e diol en la fruente e matol (*La fazienda de Ultramar* [Esp.] 1200).

En portugués, gallego y catalán, *font(e)* mantiene el género femenino; y en las lenguas donde no se conserva esta forma, se ha optado por derivados femeninos en *-ana*: *fontana* (italiano), *fontaine* (francés), *fântână* (rumano). Por tanto, consideramos que el género femenino de *fuente* puede explicarse tanto por analogía con *frente* como por una reasignación motivada por su asociación con el hiperónimo femenino 'agua'. En efecto, en francés se habla de *les eaux de Versailles* ('las fuentes de Versalles'), y en el español de los siglos pasados era común 'ir a tomar las aguas' en las fuentes termales de los balnearios.

Otras voces que se consideran excepciones son *lente*, *mente* o *simiente*. Todas ellas son sustantivos femeninos en español con género etimológico del latín, puesto que proceden de femeninos de la tercera declinación: *lente* (*lens, lentis*), *mente* (*mens, mentis*) y *simiente* (*sementis, -is*). La documentación de los corpus CORDE, CREA y CORPES XXI (véase Tabla 17) confirma la consolidación del género femenino en estas palabras. Sin embargo, *lente* presenta oscilaciones significativas:

Tabla 17: Distribución del sustantivo *lente* en los corpus académicos

	masculino	femenino
CORDE	82 casos	302 casos
CREA	103 casos	134 casos
CORPES XXI	502 casos	727 casos

El sustantivo *lente* se usa con ambos géneros según la variedad geográfica. En España predomina el femenino cuando designa el cristal de vidrio de los instrumentos ópticos, mientras que en América alternan ambos géneros con preferencia por el masculino. En el CORPES XXI, de los 502 casos masculinos, solo dos proceden de España. Lo mismo ocurre con el plural *lentes*: 1581 casos masculinos (mayoritariamente de México, el Caribe, el Río de la Plata, Chile y la zona andina) frente a 429 femeninos (el 70,11 % de España). El *Diccionario de americanismos* (RAE y ASALE, 2010) registra *lente* como femenino cuando se refiere a la cámara fotográfica. En el CORDE, desde el siglo XVIII se documenta *los lentes* con el significado de 'gafas', y a comienzos del XIX, *el lente* con los de 'monóculo' o 'catalejo'. Es posible que haya influido en este cambio el género masculino de *ant(e)ojos* en los siglos XVI y XVII, origen del uso americano *los lentes*, posteriormente reinterpretado como singular discontinuo (*el lente*), fenómeno paralelo al de *gafa/pantalón* en español moderno.

El caso de *puente* (del latín *pons, pontis*) resulta especialmente relevante. En casi todas las lenguas romances, *puente* es masculino, salvo en castellano, que históricamente presentó ambos géneros, y en portugués y gallego, donde también se conserva *fuente*. En latín, *pons* era masculino; sin embargo, en el español antiguo *puente* aparece con género femenino (*la puente*; Corominas y Pascual, 1980–1991). Esta variación puede explicarse por contacto dialectal: en zonas de confluencia entre el castellano, el gallego y el leonés —como Zamora—, *puente* se documenta como femenino, lo que influye en su extensión hacia áreas limítrofes.

> Pasaba, bien colocadas, pasaba el agua por arriba y no te la llevaba. ¿Y ahora qué? Un día estuve yo mirando, que anduvieron ahí junto a la puente [...] (COSER [Zamora] 2004).

La documentación del CORDE muestra el uso masculino en textos nororientales, coherente con la difusión de *el puente* desde el siglo XV. En los corpus académicos, los textos del siglo XVI y XVII registran *la puente* (2536 casos) con mucha mayor frecuencia que *el puente* (254 casos); en cambio, en el siglo XVIII la tendencia se invierte: *el puente* (87 casos) frente a *la puente* (39 casos). En la actualidad, *la puente* se conserva en distintas zonas de América (Argentina, Perú, Colombia, Guatemala, Bolivia y Venezuela) y en áreas rurales de España. En Chile, el femenino tiene un matiz de tamaño: *una puente* designa un puente pequeño (García Gallarín, 2020), fenómeno similar al de pares como *cesto/cesta*, *charco/charca* o *tino/tina*, donde el cambio de género delimita diferencias semánticas relacionadas con la dimensión del objeto.

4.2.1.3. Terminación consonante lateral o vibrante + *-e*

Nos centraremos ahora en el grupo formado por voces con terminación en consonante lateral o vibrante + *-e*. Para el español, el *DLE* recoge 1849 adjetivos, 169 adverbios, 36 interjecciones, 823 locuciones, 99 expresiones, seis pronombres, tres conjunciones, dos preposiciones, dos formantes y 1912 sustantivos. Dentro de esta última categoría, encontramos 1360 ejemplos con género masculino y 552 con género femenino.

Centramos nuestro análisis en este último grupo, dado que, como se ha planteado a lo largo de este estudio, en español el género masculino constituye la asignación no marcada para los sustantivos inanimados. Resulta, por tanto, pertinente examinar los casos que se apartan de esta tendencia. De acuerdo con ello, clasificamos los 24 nombres femeninos inanimados documentados por el diccionario, descartando los compuestos, los derivados y, por el momento, los préstamos de otras lenguas. Nos quedamos, así, únicamente con los sustantivos de origen latino: *calle*, *ele*, *elle*, *ere*, *erre*, *índole*, *mole*, *prole*, *torre* y *ye*. Respecto a los inanimados femeninos de origen latino, destacan dos aspectos: por un lado, varios de estos nombres corresponden a letras (*ele*, *elle*, *ere*, *erre*, *ye*), las cuales adoptan el género femenino de su hiperónimo 'letra'; por otro, las restantes voces proceden de la tercera declinación latina y conservan su género etimológico femenino heredado de esta lengua (*calle*, *índole*, *mole*, *prole*, *torre*).

El siguiente grupo está constituido por sustantivos cuya terminación es consonante + *-le*, con diversas combinaciones: *-ble*, *-cle*, *-gle* y *-ple*. La mayoría forma sustantivos masculinos, excepto las palabras terminadas en *-ble*, que son predominantemente adjetivos. En español, el sufijo *-ble* proviene del latín *-bĭlis*, utilizado principalmente para crear adjetivos a partir de verbos. Aunque presenta otros usos, en su interpretación más común denota pasividad o modalidad. Dada la productividad de esta terminación en la formación de adjetivos, resulta lógico que el *DLE* registre 1574 adjetivos frente a 182 sustantivos. Dentro de esta última categoría, 171 presentan género masculino y 11 femenino. Para nuestro estudio, seleccionamos exclusivamente los sustantivos femeninos inanimados siguientes: *loable* ('en algunas universidades, refresco que se daba con motivo de un grado o función literaria'), *perdurable* ('tela de lana basta y tupida que se usaba para vestidos, sempiterna'), *variable* ('factor, elemento o causa' o 'magnitud que puede tener un valor cualquiera de los comprendidos en un conjunto') y *mable* ('canica, bola'). Si bien el uso predominante de estas palabras es adjetival, encontramos ejemplos en los que funcionan como sustantivos con los significados mencionados. En cuanto a su origen, los tres primeros (*loable*, *perdurable* y *variable*) proceden del latín, donde ya funcionaban como adjetivos, mientras que la etimología de *mable* es desconocida. De esta última voz se tratará en el capítulo dedicado a los sustantivos inanimados de diverso origen. Tanto *loable*, *perdurable* como *variable* han experimentado un proceso de recategorización en español. Ninguno de los corpus académicos registra usos nominales con género femenino, salvo en el caso de *variable*, de la que sí se documentan ejemplos:

> El grosor de las flechas representa la cantidad de esa variable que se está movilizando (*Las ciencias sociales en los procesos educativos de sujetos democráticos* [R. Dom.] 2001).

Es posible que el género femenino de estos sustantivos se relacione con el género de su hiperónimo, como se observa en otros sustantivos del español donde la semántica desempeña un papel relevante en la asignación de género. Así, *loable* hereda el femenino de 'bebida', *perdurable* el de 'tela' y *variable* el de 'magnitud'.

El siguiente subgrupo lo constituyen los sustantivos terminados en *-gle*. El *DLE* recoge 13 sustantivos y un adjetivo con esta terminación. De los 13 sustantivos, 11 son inanimados masculinos y solo dos inanimados femeninos: *ingle* (del latín *inguĕn, -ĭnis*) y *tingle* (del francés antiguo *tingle*). El primero, *ingle*, procede de un sustantivo neutro latino de la tercera declinación. En general, los nombres latinos que designaban partes del cuerpo mantienen en español el género masculino o femenino original (*lat. oculus, -i > esp. ojo; lat. capillus, -i > esp. cabello; lat. facies, -ei > esp. faz*, entre otros). No obstante, algunos sustantivos de esta clase no siguen dicha pauta: las voces procedentes de declinaciones de género neutro han alternado en español entre el masculino y el femenino.

La elección del género puede estar condicionada por el hecho de que algunos de estos sustantivos designen partes del cuerpo formadas por dos miembros. Así, nombres neutros como *ingle* (*lat. inguen, -ĭnis*) han adoptado el femenino en español por referirse a órganos dobles, mientras que *corazón* (*lat. cor*) o *abdomen* (*lat. abdōmen*), también neutros en latín, presentan género masculino al aludir a un único órgano. Sin embargo, existen excepciones como *brazo* (*lat. brachĭum*), que designa dos miembros pero conserva el masculino. Es posible, por tanto, que la terminación desempeñe un papel determinante en la asignación de género: *-a* para el femenino (*rodilla, pierna*) y *-o* para el masculino (*cuello, cuerpo, brazo*). En italiano, por ejemplo, se utiliza *le braccia*, con artículo femenino, típico de los nombres colectivos de origen neutro como *le mura*. Se conserva así la terminación neutra plural en *-a*, que se recategoriza mediante la concordancia como femenina. En la documentación procedente de los corpus académicos y de Google Books no se registran casos de *ingle* con género masculino, lo que indica la estabilidad del femenino *la ingle* en español. Un sustantivo relacionado es *ingre*, forma desusada de *ingle*, cuyo género, naturalmente, depende del de la voz base.

Por último, la terminación *-ple* apenas aporta ejemplos de sustantivos inanimados en español. Solo se documenta uno: *diple*, que se analizará en el capítulo dedicado a los préstamos por tratarse de una voz de origen griego.

4.2.1.4. Terminación consonante + *-re*

Otra terminación frecuente en español es la que acaba en consonante + *-re* (*alegre, acre, nombre, siempre, sucre, encuadre, desmadre*, etc.). A continuación, analizamos los casos aislados de sustantivos inanimados femeninos terminados en consonante + *-re* cuyo origen es el latín: *podre, sangre, ingre, landre, mugre* y *hojaldre*, este último con alternancia de género. El primer sustantivo es *podre*, procedente originalmente del adjetivo *putris* 'podrido'. Dado que el adjetivo latino presentaba tres géneros, no es posible determinar si la asignación de género en español guarda relación directa con su etimología. La primera documentación de *podre* como sustantivo en español aparece con género femenino:

> e perderás el sentido, por que non podrás oler la mala olor del tu cuerpo, nin sentirás de cómo chupan lo gusanos <u>la podre</u> del tu cuerpo (*Bocados de oro* [Esp.] 1250).

En los corpus académicos (CORDE, CREA y CORPES), el género más frecuente para este sustantivo es el femenino. Solo el CORDE registra usos masculinos (12 casos en siete documentos), especialmente en obras científico-técnicas, concretamente en tratados de cirugía. En uno de estos textos, el término *podre* aparece predominantemente con género masculino, salvo en un único caso en femenino. Esta vacilación podría deberse a una distinción semántica: el femenino *la podre* designaría la 'putrefacción', mientras que el masculino *el podre* se emplearía como sinónimo de *pus*:

> Que quando la fistola viene enel neruio la podre yxe sotil & primo & de muncha fedor & es declinada a negro (*Traducción del Tratado de cirugía de Tedrico* [Esp.] 1509).

> E Segunda cosa qual fagas medizinas madurantes que fagan naser atratiuas que saquen el podre espeçial mente enlas plagas que el ayre aya demudadas (*Traducción del Tratado de cirugía de Tedrico* [Esp.] 1509).

En el CREA y en el CORPES no se documentan casos masculinos, lo que sugiere que los ejemplos del CORDE son usos excepcionales. El género femenino se mantiene de manera regular a lo largo del tiempo, probablemente debido al significado del sustantivo —'suciedad', 'putrefacción'— y a la influencia del género de numerosos nombres de materia en español, que suelen ser femeninos. El género femenino de *podre* se registra de forma estable en los diccionarios académicos desde 1737. Solo en la edición de 1884 aparece como de género ambiguo. A partir de esa fecha, la definición también se modifica: de 'La sangre, materia ó humor corrompido que tiene ó arroja de sí alguna llaga ó herida, ó el humor corrompido de cualquier cosa' pasa a 'materia, pus'. Dado que *pus* presenta alternancia de género en español, esta coincidencia puede haber favorecido cierta vacilación, aunque no puede considerarse su causa directa, ya que *pus* es posterior a *podre*. Es más probable que el femenino de *podredumbre* haya influido en la consolidación del femenino de *podre*. Hasta el siglo XVI se documentan más casos de *la podre*, aunque a partir del XVII *podredumbre* se vuelve más frecuente. En este contexto, se observa que, aunque existen algunos ejemplos de *la podre* en el siglo XIII, son aislados, ya que no es sino hasta el año 1493 cuando su uso comienza a expandirse, simultáneamente con el avance de *la podredumbre*. Con todo, la preferencia por el sustantivo *podredumbre*, que pertenece al grupo de sustantivos femeninos cuya terminación es *-umbre*, podría haber ocasionado la consolidación del género para *podre*. La coexistencia de ambas formas sugiere que *podredumbre* terminó asumiendo el significado de *podre*. En los corpus académicos, esta tendencia se refleja claramente: 21 casos de *podre* frente a 568 de *podredumbre*.

El siguiente sustantivo, *sangre*, procede del nombre masculino latino *sanguis, -ĭnis*, de la tercera declinación. En lenguas romances como el portugués, el francés o el italiano, ha conservado el género masculino, pero en español y catalán pasó a ser femenino. García Gallarín (2020) sugiere que este cambio se debe a la influencia de otros nombres de líquidos (*la orina, la saliva, la bilis, la lágrima, la esperma*), de los cuales la mayoría son femeninos.[25] La autora también apunta que la aparición del masculino *el sangre* es tardía y puede estar relacionada con la asociación semántica con *semen*. En francés (*urine, salive, bile, larme*), italiano y portugués ocurre un fenómeno similar: los nombres de líquidos suelen ser femeninos, aunque *sang(ue)* es masculino. En español, en cambio, el carácter de "nombre de materia" parece haber motivado la asignación del femenino. En el CORDE se documentan 50 casos de *sangre* con género masculino, distribuidos en 15 textos, principalmente de los siglos XV y XVI, y solo tres en épocas posteriores (dos en Perú y uno en Venezuela). Como se aprecia en la Tabla 18, en el CREA y en el CORPES, la presencia del masculino es mínima frente al uso abrumador del femenino.

Tabla 18: Distribución del sustantivo *sangre* en los corpus académicos

	masculino	**femenino**
CORDE	50 casos	20 225 casos
CREA	2 casos	7060 casos
CORPES XXI	5 casos	14 262 casos

El siguiente término, *landre*, procede según el *DLE* del latín vulgar *glans, glandis* ('bellota'), sustantivo femenino del que habría heredado su género. No obstante, el diccionario académico de 1734 indica que *landre* sería una forma corrompida de *glande* ('glándula'), derivada a su vez de una forma no estándar *glando, -inis*, posiblemente a través de *glandine* (it. *ghiandina*), con evolución *gland'ne* > *glandre* > *landre* por aféresis de /g/. El sustantivo aparece con frecuencia en textos de los siglos XVI y XVII, sobre todo en la locución *mala landre te coma* o *te mate*, expresión de desprecio o maldición. En los corpus académicos no se registran ejemplos masculinos, por lo que el femenino parece firmemente asentado.

[25] Como explica García Gallarín (2020), el sustantivo *sudor* muestra una mayor resistencia a cambiar de género en comparación con otras palabras. El femenino persiste en textos dialectales, pero es el masculino etimológico el que se mantiene en uso en la actualidad.

> Si oujere grant dolor enla cabeça non fuer enla garganta otras el oreja la landre deuen le poner enla fruente paños de ljno mojados en agua Rosada (*Menor daño de la medicina*. Escorial, b.IV.34 [Esp.] 1429).

También se ha propuesto que *landre* adquirió su género por motivación semántica, al designar materia continua. La noción de sustancia continua habría favorecido la asignación femenina. No obstante, en la Figura 13, se observan escasos casos masculinos en Google Books:

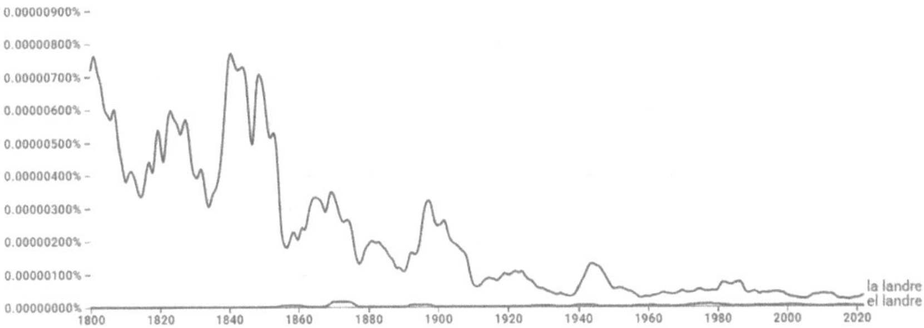

Figura 13: Distribución temporal del sustantivo *landre* en Google Books.

Especialmente en contextos médicos donde *landre* se entiende como 'tumor'. Algunos de los textos, incluso, muestran cierta vacilación. Estos casos son significativos, pues claramente *landre* tiene ese valor discontinuo vinculado a 'tumor pequeño', aunque no deja de ser interesante que, incluso en este caso, en plural se recupere el género femenino.

> Estenderáse de este ungüento [...] aplicaráse sobre el landre, [...] Este remedio penetrará y supurará el landre [...]. Luego que se descubran las landres, [...] cauterizarlas con un hierro candente [...] (*Obras médico-chirúrgicas de Madama Fouquet*, [Esp.] 1748).

El siguiente caso es *mugre*. Según Corominas (1961), esta voz resulta de una alteración dialectal de *mugor* ('suciedad', 'moho'), del latín *mūcor, -ōris* ('moho'), derivado de *mucēre* ('enmohecerse'). El cambio se debió a la influencia de *mugriento* (por síncopa regular de *mugoriento*). Corominas apunta, además, la posible influencia del modelo de *podre*. Aunque la terminación latina *-or, -ōris* suele formar sustantivos abstractos masculinos, *mugre* no conserva este género. En francés, italiano, portugués y catalán no existe un cognado directo.

Para representar este concepto, el francés tiene la voz *crasse*, el italiano *sporcizia*, el portugués *sujeira* y el catalán *brutícia*, todas ellas equivalentes de la palabra *suciedad* en español. Todas femeninas. La motivación semántica parece haber guiado también aquí el cambio: el sustantivo designa una sustancia viscosa o grasa, rasgo que favorece el femenino, del mismo modo que ocurre con *la pez* frente a *el pez*. Como se aprecia en la Tabla 19, la consulta en el CORDE, en el CREA y en el CORPES confirma que el género femenino para *mugre* está fuertemente establecido en el español.

Tabla 19: Distribución del sustantivo *mugre* en los corpus académicos

	masculino	femenino
CORDE	1 caso	94 casos
CREA	2 casos	135 casos
CORPES XXI	19 casos	587 casos

De los 13 casos masculinos registrados, 12 proceden de textos colombianos y solo uno, de Galdós, del ámbito canario. No hay ejemplos peninsulares de *mugre* masculina. Según el *Diccionario de americanismos* (RAE y ASALE, 2010), en Colombia *mugre* masculino significa 'suciedad acumulada', lo que contrasta con el uso femenino general en el español europeo.

El último caso de este grupo es *hojaldre*, único término con alternancia de género. Procede de *hojalde* (masculino en español), derivado del adjetivo latino *foliatĭlis*. García Gallarín (2020) señala que *la hojaldre* compitió con *el hojaldre* durante el periodo clásico, aunque a partir del siglo XVII el masculino se impone, como muestran los corpus (véase Tabla 20). Por otro lado, el uso del género femenino, aunque es escaso desde el principio, ha experimentado un declive notable y se ha vuelto cada vez menos común.

Tabla 20: Distribución del sustantivo *hojaldre* en los corpus académicos

	masculino	femenino
CORDE	31 casos	14 casos
CREA	48 casos	0 casos
CORPES XXI	130 casos	6 casos

Dado su origen adjetival (*foliatile* > *hojalde*), los usos tempranos de *la hojaldre* podrían referirse al tipo de masa, lo que explicaría la preferencia inicial por el femenino. García Gallarín (2020) indica que las palabras con inicio vocálico y con hiperónimos de género distinto son las que más favorecen la variación. En este caso, el masculino se emplea para la pieza de pan (*el hojaldre*), mientras que el femenino puede referirse al tipo de masa (*la hojaldre*). Por tanto, la elección de género parece depender de su referencia semántica y del hiperónimo asociado.[26]

4.2.1.5. Terminación consonante nasal + *-e*

En cuanto a la terminación formada por consonante nasal + *-e*, el *DLE* recoge 735 ejemplos, distribuidos en las siguientes categorías gramaticales: adjetivos (194), adverbios (41), interjecciones (7), locuciones (39), sustantivos (407), expresiones (64), pronombres (1), conjunciones (1) y preposiciones (1). Dentro de la categoría sustantivo, se distinguen 276 ejemplos masculinos y 131 femeninos, de los cuales solo 32 son inanimados femeninos. Estos se agrupan en voces compuestas o derivadas, préstamos de otras lenguas, otras formaciones y, finalmente, casos cuyo origen es el latín. Al centrarnos en este último grupo, dividimos los sustantivos inanimados procedentes del latín en dos subconjuntos: aquellos que han conservado su género etimológico (*calígine, carne, fame, libídine, vorágine*), todos ellos pertenecientes a la tercera declinación; y aquellos que no lo han conservado, entre los cuales se encuentran *eme, ene, rene* y *teame*. Analizaremos los sustantivos de este segundo grupo con el objetivo de identificar la motivación subyacente en la asignación de su género gramatical. Los dos primeros casos, *eme* y *ene*, presentan género femenino, como sucede con todas las letras en español. La asignación de género en este tipo de nombres se vincula directamente con el género de su hiperónimo *'letra'*, tal como se explicó en el § 4.1.7. En cuanto a *teame* y *rene*, el primero carece de información etimológica y el segundo, aunque masculino en latín (*ren, renis*), es femenino en español. La voz *teame* apenas se encuentra documentada: solo aparece un caso en el CORDE, que parece aislado:

> [...] contra el que nada pueden tus artes mágicas ni el misterioso poder de tu *teame* sea bastante a desviar de tu corazón el certero disparo (*La torre de los siete jorobados* [Esp.] 1923).

---

[26] Indudablemente, el término *hojaldre* no presentó un inicio vocálico sino hasta finales de la Edad Media. No obstante, los datos del CORDE registran ejemplos de *hojaldre* como sustantivo femenino a partir de finales del siglo XVI y sucesivos.

Tampoco existen equivalentes de *teame* en otras lenguas romances como el italiano, el francés, el portugués, el catalán o el gallego. El término se registra por primera vez en el *Diccionario de la lengua castellana* de 1780 con género femenino, que mantiene hasta la actualidad. La escasa documentación sugiere un uso extremadamente limitado, lo que impide determinar con certeza qué factor motivó su asignación de género. No obstante, podría suponerse que su hiperónimo 'piedra' influyera en el proceso, del mismo modo que ocurre en otros casos en los que el género del hiperónimo se transmite a sus hipónimos ('árbol', sustantivo masculino → *el pino, el ficus, el eucalipto, el nogal*).

Presenta una situación similar la forma *rene*, derivada del latín *ren, renis*. No se documenta en los corpus académicos y, según Covarrubias (1611), se empleaba más comúnmente en plural. Aunque su género etimológico es masculino, en español se documenta como femenino, usada como sinónimo de *riñón*. Este hecho puede ser significativo, pues, como se ha observado en otros casos —por ejemplo, *ingle*—, la referencia a realidades duales tiende a asociarse al género femenino. Existe, en efecto, una tendencia en español a asignar el femenino a los sustantivos que designan pares de partes del cuerpo (por ejemplo, *las ingles, las nalgas, las mejillas*), frente al masculino de aquellos que aluden a elementos únicos (*el corazón, el hígado, el estómago*). Cabe mencionar, no obstante, que en el diccionario académico *rene* aparece con género masculino desde la edición de 1884 hasta la de 1914; a partir de 1925 se consigna como femenino. Entre 1803 y 1992 se observa la coexistencia de *rene* y *ren*, ambos con idéntico significado, aunque el *NTLLE* muestra que *ren* (masculino) es anterior a *rene* (registrado ya en el *Diccionario de Autoridades*, 1737).

4.2.1.6. Terminación consonante oclusiva + *-e*

El grupo compuesto por palabras con terminación en consonante oclusiva + *-e* alberga un mayor número de ejemplos en el diccionario. Se recogen las siguientes categorías gramaticales: adjetivos (2965), adverbios (3417), interjecciones (108), locuciones (1768), sustantivos (11 027), expresiones (440), pronombres (47), onomatopeyas (una), formantes (10), contracciones (una), conjunciones (103) y preposiciones (236). En cuanto a los sustantivos, se registran 7690 masculinos y 3337 femeninos; de estos últimos, 139 son inanimados. La mayoría de ellos son préstamos, aunque también se incluyen voces compuestas o derivadas y nombres procedentes del latín. Estos últimos pueden clasificarse en varios grupos: nombres de letras (*be, de, pe, ge, uve, ve, te*), nombres de horas (*nueve, siete*), nombres que han heredado su género etimológico (*arte, clave, cohorte, corónide, corte, cúspide, dote, estirpe, glande, labe, lande, lite, llande, llave, muerte, nave, nieve, nube, palude, parte, peste, probóscide, quiete, sebe, sede, suerte, trabe, trébede, veste, yunque*) y otros que no lo han conservado (*laude, linde, hueste, rémige*).[27]

Dentro del grupo de sustantivos femeninos procedentes del latín que han conservado su género etimológico, destacan *glande*, *arte* y *yunque*, los cuales presentan también género masculino. El primero tiene género femenino cuando se refiere a 'lande', conservando así su género latino, mientras que se emplea el masculino para designar la 'cabeza del miembro viril'. Este último uso parece haber adoptado el género de su hiperónimo 'órgano', del mismo modo que ocurre con *clítoris*, femenino en griego pero masculino en español. En el caso de *arte*, el género femenino es heredado del latín, aunque se documentan usos con el artículo masculino *el*, resultado de la elección del artículo *el* ante sustantivos femeninos que comienzan por *á* tónica. Sin embargo, también existen casos en que arte aparece como sustantivo masculino con valor discontinuo:

> Ante todo es necesario que vuestro título les convenza de que vuestro arte sobrepasa a todos los artes (*Discurso del Excmo. Señor D. Carlos María Cortezo* [Esp.] 1918).
>
> Yo creo, en ese sentido, que el teatro es un arte privilegiado (*La Ratonera. Revista asturiana de Teatro* [Esp.] 2000).

A pesar de estos casos, la documentación muestra un predominio claro del uso femenino en los corpus académicos, lo que sugiere que, al igual que ocurre con *labores*, *arte* se percibe como sustantivo discontinuo cuando se refiere al conjunto de las disciplinas artísticas:

> los ridículos y subjetivos personajes del mundo de las artes [...] (*Viaje de retorno, hasta Sabina y otros relatos* [Hond.] 2001).

El sustantivo *yunque*, por su parte, presenta dos géneros: el femenino etimológico del latín y el masculino, que es el predominante en la actualidad. Este cambio podría explicarse por la adopción del masculino como género no marcado:

---

27 En el español contemporáneo, se da preferencia al uso del femenino etimológico, documentado desde el siglo XV. No obstante, en el pasado fue ampliamente utilizado el género masculino, siendo común su utilización en el español de América hasta los siglos XVII y XVIII (García Gallarín, 2020).

> Entiéndese esto fáçilmente sacando exemplo del herir de los herreros, que si la yunque es grande y pesada, suffre muy bien los golpes de los martillos, aunque grandes y pesados (*Los veintiún libros de los ingenios y máquinas de Juanelo Turriano* [Esp.] ca. 1605).

> Jamás se puso banda, tahalí o hizo bandera que no pusiese esta empresa en esta forma: tres memorias o anillos en una, y un yunque de herrero sobre un corazón con un martillo que las atormenta (*Comentarios del desengañado de sí mismo. Vida del mismo autor* [Esp.] 1607-1645).

Según los datos del CORDE, el femenino es predominante hasta el siglo XVI. A partir del XVII, ambos géneros coexisten, aunque el masculino comienza a imponerse, tendencia que comparten otros sustantivos como *red*, *mar*, *honor*, *calor*, *orden* o *puente*.

Dentro del grupo de sustantivos femeninos de origen latino que no conservan su género etimológico se encuentran *laude*, *linde* y *hueste*, procedentes de la tercera declinación. En el caso de *laude*, este término presenta dos posibles orígenes. Si se emplea con el sentido de 'alabanza', proviene del sustantivo femenino latino *laus*, *laudis*, manteniendo su género original. No obstante, si significa 'lápida o piedra colocada en una sepultura', su origen es el sustantivo masculino *lapis*, *-ĭdis*. En este último caso, el género femenino podría explicarse por analogía con su hiperónimo 'piedra' o 'lápida', como ocurre con *teame*:

> [...] en campo blanco con dos torres e una cadena alderredor, el cual tiene por sus armas y estan asentadas en una laude y lancha de su enterramiento en la iglesia de esta villa (*Relaciones histórico-geográficas-estadísticas de los pueblos de España. Reino de Toledo* [Esp.] 1575-1580).

El uso de *laude* es escaso: apenas siete casos femeninos y dos masculinos en el CORDE, y un solo caso masculino en el CORPES. Por tanto, aunque los datos son limitados, el femenino parece ser el uso predominante.

El sustantivo *linde* presenta vacilación de género, reconocida por la tradición lexicográfica académica al clasificarlo como ambiguo. Dado que su género etimológico es masculino y que termina en *-e* —terminación asociada con frecuencia a este género—, cabría esperar su conservación. Sin embargo, los corpus muestran una clara preferencia por el femenino, como se observa en la Tabla 21.

Tabla 21: Distribución del sustantivo *linde* en los corpus académicos

	masculino	femenino
CORDE	30 casos	281 casos
CREA	8 casos	61 casos
CORPES XXI	78 casos	130 casos

En la mayoría de los ejemplos femeninos, *linde* se emplea con el significado de 'línea', lo cual probablemente motivó la adopción del género femenino:

> El piloto de la Yamaha Téneré recorría, lentamente, la carretera paralela a la linde septentrional del Centhæure (*Centhæure* [Esp.] 2009).

> Cada día tengo más claro que la linde entre el amor y el odio puede depender de cualquier cosa [...] (*Los años de la ballena. El misterio del pozo masconato* [Esp.] 2014).

Asimismo, es frecuente su aparición en plural, como muestra la Tabla 22, posiblemente debido a su carácter discontinuo, que hace posible su cuantificación.

Tabla 22: Distribución del sustantivo *los/las lindes* en los corpus académicos

	masculino	femenino
CORDE	69 casos	102 casos
CREA	45 casos	67 casos
CORPES XXI	74 casos	124 casos

El sustantivo *hueste*, de género masculino en latín, designa un 'conjunto de los seguidores o partidarios de una persona o causa' o un 'ejército en campaña' (*DLE*, versión 23.6 en línea). Como se explicó en el § 4.1, los sustantivos colectivos suelen adoptar el género femenino, al estar asociados a nociones de conjunto o masa. En este sentido, el género femenino de *hueste* responde a su naturaleza semántica. En los corpus académicos apenas se registran tres casos de hueste con género masculino, lo que confirma la estabilidad del femenino.

Finalmente, el sustantivo *rémige*, procedente del latín *remex, -ĭgis*, designa la 'pluma remera de las alas de las aves' (*DLE*, versión 23.6 en línea). Su género femenino puede explicarse por analogía con su hiperónimo 'pluma'. No obstante, los corpus académicos no aportan documentación sobre su uso. En el *Diccionario de la lengua española* (RAE, 1956) y en ediciones posteriores (1970,

1984, 1989) se registra como adjetivo, y en algunos casos como sinónimo de *remera*. De ello se infiere que *rémige*, aunque actualmente se emplee como sustantivo, funcionó tradicionalmente como adjetivo referido a un tipo de pluma de ave.

4.2.1.7. Terminación consonante africada + -*e*

Otra posible terminación en español es la formada por consonante africada + -*e*. En español, la terminación -*che* es mayoritaria en sustantivos. La consulta en el *DLE* ofrece 496 nombres (90 femeninos y 406 masculinos), 88 adjetivos, 30 adverbios y 23 locuciones, entre otras categorías. Respecto a los sustantivos femeninos, solo encontramos catorce nombres simples que designan entidades inanimadas: *azache*, *brioche*, *burche*, *caché*, *che*, *chiche*, *chuche*, *coqueluche*, *hache*, *leche*, *malinche*, *noche* y *quiche*. De estos, cuatro proceden del latín: *hache*, *che*, *leche* (*lac*, *lactis*) y *noche* (*nox*, *nŏctis*). Los dos primeros toman el género femenino de su hiperónimo 'letra'. Los dos segundos pertenecen a la tercera declinación, *leche* con género neutro y *noche* con género femenino. El primero de ellos tiene asignado el género femenino en español con carácter excepcional, ya que otras lenguas romances como el catalán, el francés, el italiano, el gallego o el portugués han seleccionado género masculino y el rumano, el neutro. El sustantivo *noche*, por su parte, ha conservado su género etimológico en español y en otras lenguas romances como el francés, el portugués o el italiano. Como indica García Gallarín (2020), el género masculino se encuentra en textos con enfoques seudocientíficos o religiosos del siglo XV y XVI, por lo que podría pensarse que *el leche* es una variante culta. No obstante, como se aprecia en la Tabla 23, no se recogen gran número de casos de *leche* con género masculino.

Tabla 23: Distribución del sustantivo *leche* en los corpus académicos

	masculino	femenino
CORDE	8 casos	3680 casos
CREA	1 caso	3335 casos
CORPES XXI	2 casos	9953 casos

Por su parte, el uso femenino de *leche* quizás se atribuya a su naturaleza continua, como hemos visto que ocurre con otros sustantivos (*hiel*, *miel*) y como se evidencia también en la Tabla 24, donde encontramos escasa documentación de la combinación de *los/las* + *leche*.

Tabla 24: Distribución del sustantivo *los/las leches* en los corpus académicos

	masculino	**femenino**
CORDE	1 caso	32 casos
CREA	0 casos	54 casos
CORPES XXI	0 casos	169 casos

El segundo sustantivo, *noche*, conserva su género etimológico no solo en español, sino también en portugués (*a noite*), francés (*la nuit*), italiano (*la notte*) o catalán (*la nit*). Muestra estabilidad el género femenino en la documentación procedente de los distintos corpus académicos: CORDE (*el noche* [2 casos]/*la noche* [39 997 casos]), CREA (*el noche* [0 casos]/*la noche* [28 042]) y CORPES (*el noche* [0 casos]/*la noche* [67 090 casos]). Apenas son dos casos los que se documentan con género masculino: uno procedente de la documentación del siglo XV y otro del siglo XVI. Otras palabras que contienen en su forma la palabra *noche*, *trasnoche* y *medianoche*, heredan el género del núcleo de la formación.

4.2.1.8. Terminación consonante fricativa + *-e*

El siguiente grupo está formado por voces que terminan en consonante fricativa + *-e*. La consulta en el *DLE* devuelve los siguientes resultados: adjetivos (871), adverbios (46), interjecciones (145), locuciones (1249), sustantivos (1638), expresiones (116), pronombres (16), conjunciones (tres), preposiciones (dos), verbos (897), formantes (cuatro) y contracciones (una). Dentro de la categoría de sustantivos, se registran 1377 casos con género masculino y 261 con género femenino, de los cuales 63 corresponden a sustantivos femeninos inanimados. Este grupo incluye voces derivadas o compuestas, préstamos de otras lenguas, palabras de origen desconocido según el diccionario académico (como *hoce*, *tose* o *troje*), siglas o acrónimos y, finalmente, sustantivos procedentes del latín: *catorce*, *doce*, *once*, *quince*, *trece*, *ce*, *clase*, *efe*, *ese*, *falce*, *fe*, *pece*, *sílice* y *várice*.[28] Estos últimos pueden

[28] Aunque el diccionario académico clasifica el origen de estas voces como desconocido, parece que tanto *hoce* como *tose* comparten el mismo origen que *hoz* y *tos*, términos previamente mencionados y cuya etimología no representa un enigma, dado que *tussis* y *falx* eran sustantivos femeninos en latín.

clasificarse en tres subgrupos: sustantivos que designan letras (*ce, efe, ese*) u horas (*catorce, doce, once, quince, trece*), los cuales reciben el género de su hiperónimo; sustantivos que conservan su género etimológico (*clase, falce, fe, pece, várice*); sustantivos que no lo heredan (*sílice*). De acuerdo con esta clasificación, solo un caso presenta un comportamiento no esperado: *sílice*, sustantivo de la tercera declinación con género masculino en latín. Esta voz procede del latín *sĭlex, -ĭcis*, que significa 'mineral formado por silicio y oxígeno; si es anhidro, forma el cuarzo, y si está hidratado, el ópalo' (*DLE*, versión 23.6 en línea). A diferencia del portugués, que conserva el masculino etimológico, en el resto de las lenguas romances *sílice* se emplea con género femenino. La documentación procedente de los corpus académicos muestra una clara predominancia del uso femenino frente al masculino, aunque en los últimos años (2001–2015) se observa un incremento del empleo masculino, como se muestra en la Tabla 25.

Tabla 25: Distribución del sustantivo *sílice* en los corpus académicos

	masculino	**femenino**
CORDE	3 casos	114 casos
CREA	0 casos	30 casos
CORPES XXI	11 casos	22 casos

Según García Gallarín (2020), en español ha prevalecido el uso del género femenino, aunque el CORDE documenta algunos casos de masculino dialectal. Esta información, reflejada en la Figura 14, coincide con los datos de Google Books, donde también se observa una mayor representación del femenino. Por otro lado, conviene señalar que la raíz latina *sĭlex, -ĭcis* ha dado en español tanto sílice (femenino) como *silicio* (masculino), lo que sugiere una posible división del género en función de la especialización semántica del término.[29] Asimismo, podría plantearse que la asignación del femenino en *sílice* responda a un proceso de analogía con su hiperónimo 'piedra', como ocurre en otros casos estudiados (por ejemplo, *dragonites, saxafrax* y *etites*).

[29] El sustantivo *silicio* está tomado ya del latín con terminación en *-o*, lo que fija el género en español.

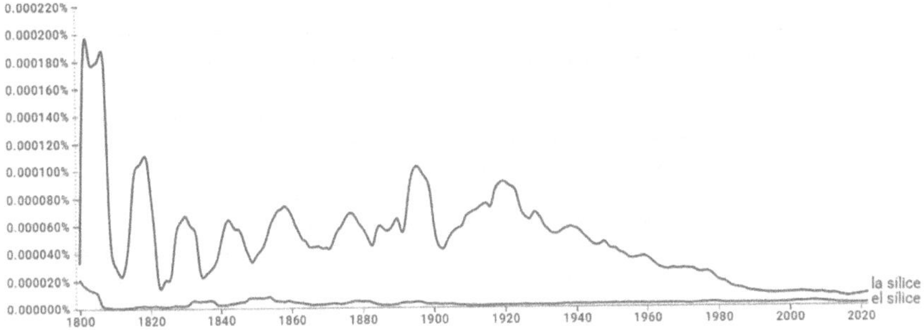

Figura 14: Distribución temporal del sustantivo *sílice* en Google Books.

4.2.1.9. Terminación vocal + *-e*

En cuanto a las palabras terminadas en vocal + *-e*, la mayoría corresponde a sustantivos cuya terminación se forma mediante el diptongo *-ie*, con la excepción de *lúe*. El *DLE* registra 1119 sustantivos (983 masculinos y 144 femeninos), 165 adjetivos, 143 adverbios, 45 interjecciones, 216 locuciones, 24 pronombres y 86 conjunciones. Si nos centramos en los sustantivos femeninos, observamos que, de los 144 ejemplos registrados, 27 designan entidades inanimadas. Entre ellos se incluyen voces derivadas o compuestas, préstamos de otras lenguas y sustantivos de origen latino (*barbarie, calvicie, canicie, coluvie, congerie, crasicie, efigie, especie, intemperie, molicie, pernicie, planicie, serie, superficie, temperie, progenie, lúe*). Dentro de este último grupo, los 17 sustantivos mencionados han conservado, en general, el género etimológico asignado en latín, con la excepción de *lúe*, que procede de la tercera declinación. El resto proviene de la quinta declinación latina, como ocurre con *barbarie, calvicie, canicie, coluvie, congerie, crasicie, efigie, especie, intemperie, molicie, pernicie, planicie, serie, superficie, temperie* y *progenie*.[30,31] En términos generales, los sustantivos terminados en vocal + *-e* suelen ser masculinos (*pie, áloe*). Sin embargo, los sustantivos inanimados de género femenino analizados presentan una

30 Comparte el étimo latino la voz *congeries*, que es un calco de una formación griega, y hereda su género etimológico femenino.

31 Como señala García Gallarín (2020), algunos nombres de la quinta declinación se incorporaron a la primera declinación, mientras que el resto se difuminó con los de la tercera. Ello favoreció la aparición de dobletes en *-ies* y en *-ie/-ia*, como en el caso de *efigies* y *efigie*. Este fenómeno se da en dobletes que han permanecido independientes en cuanto al significado, como se observa en *especie* y *especia*.

asignación de género heredada directamente de su etimología, lo que explica su comportamiento excepcional dentro del sistema del español.

A partir de los datos analizados en el conjunto de sustantivos terminados en *-e* (§ 4.2.1), puede concluirse que los sustantivos inanimados femeninos que no siguen la tendencia general hacia el género masculino adquieren el femenino por tres vías principales: por herencia etimológica, como en *corte*, *índole* o *vorágine*; por motivación semántica, especialmente en aquellos casos donde el sustantivo designa una materia o sustancia continua (*legumbre*, *sangre*, *nueve*); y por analogía formal, en función de su semejanza con otros sustantivos de terminación similar (*hojaldre*, *fuente*). En cuanto al significado, se observa una clara influencia del carácter continuo o discontinuo del referente: los nombres que designan sustancias o materias continuas tienden a recibir el género femenino (*mugre*), mientras que los discontinuos muestran una mayor tendencia hacia el masculino. Finalmente, cabe destacar que un número considerable de sustantivos ha mantenido el género latino, lo que confirma que la etimología constituye uno de los factores más determinantes en la asignación de género dentro del sistema nominal del español.

4.2.2. Terminación en *-i*

Según el *DLE*, la categoría gramatical con mayor número de voces terminadas en *-i* corresponde a los sustantivos, con un total de 791 casos, de los cuales 674 son masculinos y 117 femeninos. Además, se registran adjetivos (320), adverbios (194), expresiones (118), locuciones (117), interjecciones (31), conjunciones (28), pronombres (18) y, finalmente, dos onomatopeyas. Dentro de la categoría de sustantivo, muchas voces tienen su origen en otras lenguas, entre las que destacan el árabe (76), el inglés (63), el francés (50) y el italiano (24), por citar las más representativas. Si restringimos el análisis a los sustantivos inanimados, el *DLE* recoge 394 ejemplos de género masculino, 25 de género femenino y dos casos con doble género, los cuales se analizarán en el capítulo 5 por tratarse de dos anglicismos terminados en *-i* (*selfi*, *bikini*). Para el presente trabajo nos centramos en los sustantivos inanimados de género femenino, entre los cuales se documentan distintos tipos de formaciones: acortamientos (*bici*, *peli*, *mili*, *muni*, *peni*), siglas y acrónimos (*RDSI*, *uvi*, *uci*), voces compuestas (*espicanardi*), palabras de origen desconocido (*chiri*, *tarralí*), sustantivos de origen latino (*frui*) y préstamos de otras lenguas (*trimurti*, *metrópoli*, *pañí*, *paralaxi*, *mui*, *selfi*, *bikini*, *xi*, *fi*, *i*, *ji*, *mi*, *psi*, *pi*, *ni*). Dentro de este último grupo se incluyen nombres de letras, los cuales se marcan con género femenino, probablemente por su relación hiponímica con el sustantivo *letra*.

De todos los sustantivos mencionados, se selecciona para el análisis la forma *frui*. Esta voz proviene del latín *frux, frugis* 'fruto', sustantivo de la tercera declinación con género femenino, que conserva en español. Ninguna otra lengua romance ha heredado esta palabra, por lo que resulta imposible establecer comparaciones interlingüísticas. En el CORDE se registran algunas ocurrencias de *frui*, aunque las concordancias no permiten determinar su género. Además, la mayoría de los ejemplos documentados proceden de textos o fragmentos redactados en latín, lo que confirma el escaso uso de esta voz en español. En los corpus CREA y CORPES no se encuentra ningún registro, y tampoco en otros corpus como el COSER o herramientas como Google Books. En el ámbito lexicográfico, la inclusión de *frui* fue tardía: aparece por primera vez en el *Diccionario de la lengua española* (RAE) en 1970. Desde entonces, y hasta la edición actual, esta voz ha sido tratada invariablemente como sustantivo femenino, sin vacilación alguna de género. En cualquier caso, a diferencia de lo que ocurre en la descripción lexicográfica, a partir del siglo XX no se documenta su uso en los corpus académicos. Esto sugiere que la asignación del género femenino en español es una herencia directa del latín, más que una consecuencia de su uso real en la lengua moderna.

4.2.3. Terminación en *-u*

La presencia de voces terminadas en *-u* es muy limitada en español. Según los lemas registrados en el *DLE* y atendiendo a las categorías gramaticales que establece dicha obra, la categoría con mayor número de ejemplos corresponde a los sustantivos, con un total de 252 casos (215 masculinos y 37 femeninos). En orden descendente se encuentran las locuciones (138), los adverbios (74), los adjetivos (49), las expresiones (32), las interjecciones (23), las onomatopeyas (7), los pronombres (2) y una sola conjunción. Si consideramos únicamente los sustantivos inanimados, el *DLE* registra 117 ejemplos masculinos, nueve femeninos y uno con doble género. Dentro del grupo de sustantivos femeninos inanimados, aparecen préstamos de otras lenguas (*interviú, vermú*), voces de origen desconocido (*mu*) y formas procedentes del latín (*tribu, cu, gu, tau, u, wau*). Siguiendo el mismo criterio aplicado en los apartados anteriores, excluimos del análisis las palabras de origen no latino, de procedencia desconocida o aquellas que designan letras del alfabeto, ya que su género proviene del hiperónimo '*letra*'. Así, el estudio se reduce a un único caso relevante: tribu.

La voz *tribu* procede del latín *tribus*, sustantivo de la cuarta declinación y de género femenino, por lo que se puede considerar que en español mantiene su género etimológico. Esta continuidad se observa también en otras lenguas romances: portugués, francés, italiano, gallego y catalán, donde *tribu* es igualmente femenino. En consecuencia, puede afirmarse que, a lo largo de la historia, esta palabra ha conservado cierta regularidad en su uso con género femenino. No obstante, resulta pertinente mencionar la observación de García Gallarín (2020) sobre el comportamiento gramatical de *tribu*. Según la autora, a partir de un reanálisis morfológico, el femenino etimológico se transformó en masculino mediante la forma *tribo*, documentada hasta el siglo XVI. La coexistencia de *el tribu/tribo* y *la tribu* produjo una variación de uso con resultados desiguales hasta el siglo XVIII. La documentación del CORDE muestra que la forma culta femenina se difundió principalmente a través de textos hagiográficos, sermones y tratados del periodo clásico, aunque su uso no se generalizó hasta el siglo XIX. En paralelo, se documentan numerosos ejemplos masculinos de *tribu* en el mismo corpus: 87 casos en 42 documentos.

> La razón es, porque los padres de la Iglesia unánimemente convienen en que el Ante-Christo será de la progenie judaica, y aun añaden la especificación de que nacerá de el tribu de Dan (*Teatro Crítico Universal, VII* [Esp.] 1736).

La mayoría de estos usos masculinos se localiza en autores de procedencia occidental, como Sebastián de Horozco, Fray Alonso de Cabrera, Juan de Arce de Otálora o Benito Jerónimo Feijoo, entre otros. Este patrón sugiere la existencia de un factor dialectal, caracterizado por la tendencia al masculino en la zona occidental, fenómeno que ya se ha observado en otros sustantivos analizados, como *honor*. En algunos textos, incluso, se aprecia alternancia de género, posiblemente asociada al uso en plural o a fenómenos de reajuste analógico.

> Y éstos debían dar alguna salida aparente á aquellas tres señales del Mesías, pareciéndoles que San Juan, siendo del tribu sacerdotal, también podía tener parentesco con el tribu de Judá, pues estas dos tribus se mezclaban, y Santa Isabel era prima de nuestra Señora, que era de la tribu de Judá (Fray Alonso de Cabrera, *Consideraciones sobre los Evangelios de los domingos de Adviento* [Esp.] 1598).

Asimismo, podría plantearse que la presencia de la forma masculina *tribo* haya favorecido, por analogía, la reinterpretación de *tribu* como sustantivo masculino, especialmente en determinados contextos dialectales o arcaizantes.

4.3. Conclusiones sobre el estudio de sustantivos inanimados de origen latino

En este capítulo se han analizado los sustantivos inanimados femeninos de origen latino, lo que ha permitido constatar diversos aspectos relevantes en torno a la asignación del género gramatical en español. Partiendo de la hipótesis formulada a lo largo de la investigación —según la cual el género masculino actúa como valor no marcado o seleccionado por defecto en el sistema—, el análisis se ha centrado en los sustantivos inanimados femeninos con el fin de identificar los casos existentes y comprender los factores que motivan dicha elección. Al observar las terminaciones analizadas en el § 4.1 (V + *r*, V + *d*, V + *z*, V + *s*, V + *n*, V + *l* y V + otras consonantes), se advierte, tal como se muestra en la Figura 15, que el factor etimológico constituye el elemento determinante en la mayoría de los casos: cuando un sustantivo posee género femenino en latín, tiende a conservarlo en español. En orden de relevancia, le siguen los factores semánticos y los rasgos formales.

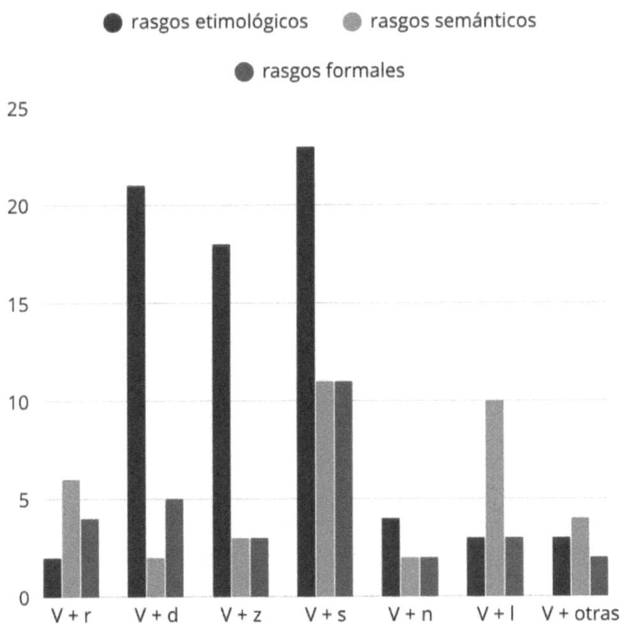

Figura 15: Distribución de los factores según las terminaciones en consonante de sustantivos inanimados.

La Tabla 26a sintetiza estos resultados y muestra que la asignación de género se fija principalmente según tres parámetros: etimología, rasgos semánticos y características formales. Otros factores, como los dialectales o sociolingüísticos, también intervienen, aunque con menor incidencia. En dicha tabla se destacan, además, ciertos casos en los que la elección del género parece depender de la combinación de varios factores.

Tabla 26a: Distribución de los casos procedentes del latín por terminaciones según el factor de asignación de género

Factores	V + *r*	V + *d*	V + *n*	V + *s*	V + *l*	V + *z*	V + otras cons.
Género etimológico	*segur.*	*consuetud, dificultad, egestad, honestad, libertad, lid, majestad, mansuetud, meitad, merced, potestad, pubertad, salud sed, vid, virtud, voluntad.*	*herrén, imagen, sartén.*	*bilis, caries, dimisorias, exequias, facies, fauces, gemonías, lúes, macis, mies, nares, nupcias, obsequias, pelvis, preces, puches, sanies, secundinas, selectas, súmulas, tabes, tos veras, vibrisas.*	*cal, piel.*	*cerviz, cicatriz, coz, cruz, faz, haz, hez, hoz, luz madriz, matriz, nuez, paz, pez, pollez, raíz, variz, vez, voz.*	*ley, saxafrax, cérvix.*
Motivación semántica	*calor, color,* ***flor****, labor mar,* ***par****, cuchar, honor.*	***red.***	*crin, margen, orden, fin.*	***andas****, dos, dragonites, equis, equis, fasces,* ***fórfolas, pus,*** *seis, tres, venus, fasces, lupercales.*	*canal, capital, coral curul, cárcel, hiel, miel,* ***sal****, piel, terminal.*	*diez,* ***tez.***	***grey,*** *ónix.*
Motivación formal	*cuchar* ***flor,*** *honor, calor, licor, mar,*	***amistad, enemistad, pared, red.***	*clin, man, marcen, fin.*	***andas****, animalias, árganas, expensas,* ***fórfolas****, lemurias, lupercales, ovas, parias,* ***pus.***	*col,* ***sal,*** *señal, miel, hiel.*	*prez,* ***tez.***	***grey,*** *cérvix.*

En términos generales, los sustantivos de origen latino mantienen su género etimológico, como ocurre con *segur*, *sed*, *imagen*, *piel*, *cicatriz* o *ley*. En los casos en los que la etimología no explica la asignación de género, los rasgos semánticos resultan determinantes: la oposición continuo/discontinuo, por ejemplo, explica la asignación del género femenino en *miel*. Asimismo, el cambio de género puede deberse a diferenciación de significado (*orden, margen*) o a la influencia del hiperónimo (*diez*). En cuanto a los rasgos formales, se ha observado que el carácter monosilábico del sustantivo puede influir en la elección del género. En español, la mayoría de los monosílabos de origen latino tienden a recibir género femenino, como *flor, red, sed, lid, vid, col, grey* o *sal*.

Por su parte, la Tabla 26b resume los factores que determinan la asignación de género en los sustantivos inanimados terminados en vocal, clasificándolos según su género etimológico.

Tabla 26b: Distribución de los casos por terminaciones en vocal según el factor de asignación de género

Factores	V+E	V+I	V+U
Género etimológico	*arte, barbarie, calle, calvicie, calígine, canicie, carne, clase, clave, cohorte, coluvie, congerie, corte, corónide, costumbre crasicie, cúspide, dote, efigie, especie, estirpe, falce, fame, fe, fiebre, frente, glande, hambre, intemperie, labe, lande, landre, lente, libídine, lite, llande, llave, lúe mente, mole, molicie, muerte, nave, nieve, noche, nube, palude, parte, pece, pernicie, peste, planicie, probóscide, progenie, prole, quiete, sebe, sede, serie, simiente, suerte, laude.*	*frui.*	*tribu.*
Motivación semántica	*be, catorce, ce, che, de, doce, efe, ele, elle, eme, ene, ere, erre, ese, ge hache, hojaldre, hueste, ingle, laude, leche, legumbre, linde, loable, mimbre, mugre, nueve, once, pe, perdurable, podre, puente, quince, rene, sangre, siete, sílice, te, teame, trece, rémige, uve, variable, ve, vislumbre, ye, landre, lumbre, cumbre.*		
Motivación formal	*cumbre, fuente, lumbre, hojaldre, mugre, vislumbre, puente, ingre, podre.*		

Aunque el número de casos con terminaciones en *-u* e *-i* es reducido, en los sustantivos acabados en *-e* el factor principal continúa siendo la etimología. En estos últimos, la asignación del género femenino se explica mediante criterios etimológicos (*lente, especie, mente*), semánticos (*mimbre, hojaldre*) o formales (*cumbre, mugre, puente*). Sin embargo, en algunos ejemplos, como *leche, legumbre* o *hambre*, intervienen además factores dialectales.

Al considerar el conjunto de los sustantivos inanimados de origen latino con género femenino en español, tanto con terminación consonántica como vocálica, los datos representados en la Figura 16 muestran que el factor etimológico es el predominante (55,1 %), seguido por los rasgos semánticos (33,2 %) y los rasgos formales (11,7 %).

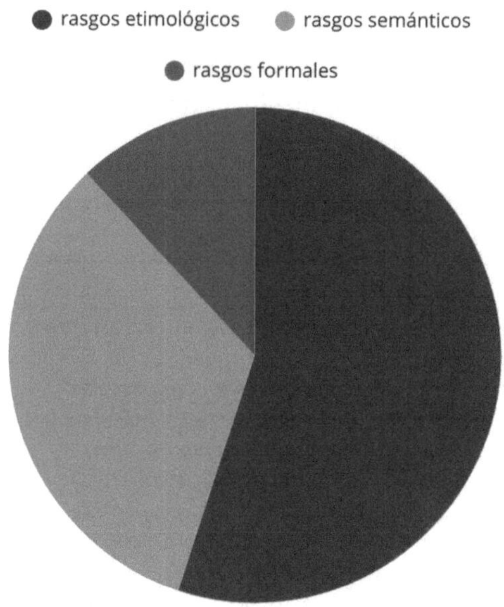

Figura 16: Distribución de casos totales según los factores de asignación de género.

En los sustantivos inanimados con vacilación de género, la documentación analizada revela una preferencia por el masculino, como en *mar, calor, color, honor* u *hojaldre*. En estos casos, el uso del género femenino responde a motivaciones dialectales o semánticas (véase Figura 17).

No obstante, existen otros ejemplos, como *sartén, vislumbre, legumbre* o *linde*, en los que el género femenino resulta predominante (véase Figura 18), especialmente por influencia de factores semánticos. Así, los sustantivos que designan materias o sustancias (*vislumbre, legumbre, linde*) tienden a recibir género femenino, lo que demuestra que estos rasgos intrínsecos prevalecen sobre la tendencia general al masculino. En cambio, *sartén* mantiene el femenino heredado del latín, mientras que su uso en masculino se documenta principalmente en variedades dialectales americanas.

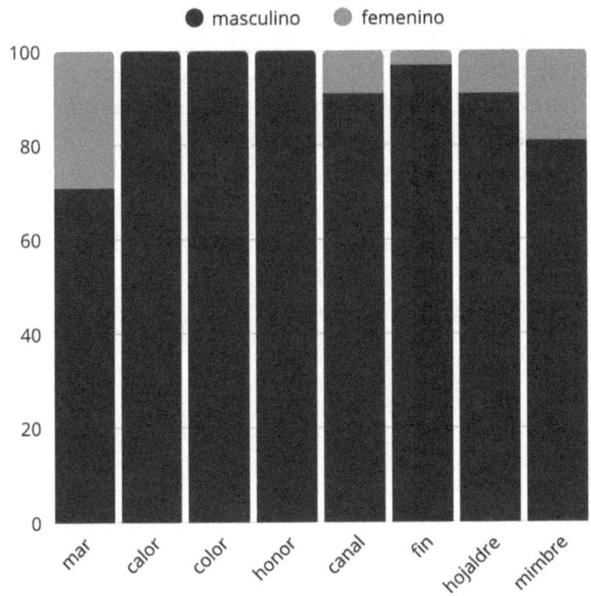

Figura 17: Distribución de algunos sustantivos masculinos que presentan vacilación de género.

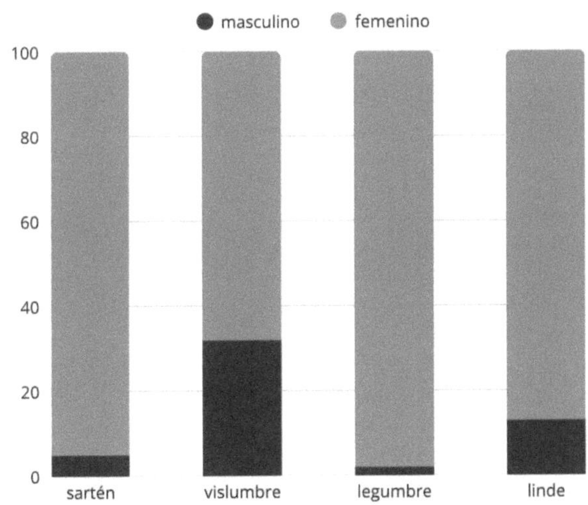

Figura 18: Distribución de algunos sustantivos femeninos que presentan vacilación de género.

En suma, los resultados de este capítulo confirman que en español existe una tendencia predominante hacia la asignación del género masculino en los sustantivos inanimados. Sin embargo, se identifican excepciones significativas en las que determinados sustantivos presentan género femenino. Entre los factores que condicionan esta asignación, la etimología es el elemento más influyente, seguida de los rasgos semánticos y formales. En los casos de alternancia de género, el masculino continúa siendo el valor más frecuente, salvo en aquellos donde el femenino se justifica por razones etimológicas (*sartén*) o semánticas, relacionadas con la naturaleza continua del referente (*vislumbre*).

Análisis de préstamos inanimados

5.1. Préstamos con terminación en consonante

5.1.1. Préstamos con terminación V + *r*

Como se ha explicado anteriormente, la terminación V + *r* presenta pocos casos de sustantivos de origen latino que se aparten de la tendencia general a ser masculinos, como *cuchar*, *mar*, *flor*, *labor*, *calor*, *color*, *honor* o *segur*. Tal como se ha señalado, la hipótesis planteada sostiene que el género gramatical masculino prevalece por defecto en español; por ello, resulta necesario analizar aquellos préstamos que presentan variación de género o que adoptan el femenino, pues no siguen la pauta general. Se distinguen los siguientes préstamos con terminación V + *r*: del árabe *almíbar*, *azúcar* (y su derivado *azuquítar*) y *guájar*; y del inglés *blazer*, *scooter* y *escúter*. Asimismo, se analiza el sustantivo *llar*, de origen desconocido.

El primer grupo está compuesto por *almíbar* y *azúcar* (también *azuquítar*). Al igual que otras voces que comienzan por *al-*, *almíbar* procede del árabe *almíba*, y este, a su vez, del persa *mey be*. El género habitual de *almíbar* es masculino, aunque se documenta también como femenino en distintas regiones de España y América. La consulta en los corpus académicos ofrece los siguientes datos: en el CORDE aparecen tres casos como femenino en tres documentos, y ninguno en el CREA ni en el CORPES; como masculino, se registran 101 casos en 34 documentos en el CORDE, con una frecuencia de 0,73 casos por millón en el CREA y 1,03 en el CORPES. Aunque su uso como femenino es escaso en los corpus, el *DLE* lo marca como tal. Cabe considerar que, de haberse mantenido la *-a* del árabe *almíba*, lo esperable habría sido interpretarlo como femenino; sin embargo, la adición de la *-r* final pudo favorecer la tendencia hacia un patrón masculino, como ocurre en otros arabismos (*alquilé* > *alquiler*), caracterizados por patrones acentuales poco frecuentes en castellano —oxítonos o paroxítonos terminados en consonante distinta de *-n* o *-s*. Según García Gallarín (2020), el género femenino de esta palabra está especialmente presente en América, lo que sugiere que su uso constituye un fenómeno dialectal en el español moderno. Pese a que el masculino prevalece en general, en los corpus destaca la frecuencia del femenino en América (Chile, República Dominicana, Ecuador, Uruguay y, sobre todo, Cuba), lo que podría deberse a una influencia semántica de *azúcar* en estas regiones.

El sustantivo *azúcar* presenta una vacilación de género aún más documentada. Procede del árabe *sukkar*, ya atestiguado en Gonzalo de Berceo (c. 1225) y recogido por Nebrija (1492) y Covarrubias (1611) con *ç* sorda, hasta que el *Diccionario de Autoridades* lo fija con *z*. Tradicionalmente, ha tenido género masculino, en correspondencia con su étimo, aunque se documenta la oscilación. En el CORDE se registran 41 casos de *la azúcar* frente a 986 de *el azúcar*; en el CREA, 11 de *la azúcar* frente a 1779 de *el azúcar*; y en el CORPES, 56 de *la azúcar* frente a 4579 de *el azúcar*. En los textos antiguos, el uso del artículo *el* ante sustantivos femeninos que comienzan por vocal —tónica o átona— era común en el español medieval (Álvarez de Miranda, 1993). La *NGLE* (RAE y ASALE, 2025, § 14.2h) señala la obligatoriedad del artículo *el* ante sustantivos femeninos con *á-* tónica (*el águila*, *el aula*, *el hacha*). En cuanto a la concordancia adjetival, se observa variación: *azúcar blanca / azúcar blanco*, *azúcar morena / azúcar moreno*, *azúcar refinada / azúcar refinado*. Esta alternancia explica la diversidad de marcas de género en los diccionarios académicos. El *Diccionario* de 1780 registra *azúcar* como masculino; el de 1817, como femenino; y desde 1884 figura como sustantivo ambiguo. Para comprender mejor la elección de género en *azúcar*, se analizaron las construcciones *azúcar* + *adjetivo* y *artículo* + *azúcar* + *adjetivo* en el CREA (Tabla 27a) y el CORPES (Tabla 27b), considerando solo adjetivos con flexión de género (*-o*, *-a*).

Tabla 27a: Distribución del sustantivo *azúcar* en el CREA

	masculino	**femenino**
azúcar + adj.	90 casos (FN 0,72)	342 casos (FN 2,76)
art. (f) + *azúcar* + adj. (f)	0 casos (FN 0)	61 casos (FN 0)
art. (m) + *azúcar* + adj. (f)	30 casos (FN 0,2)	107 casos (FN 0,62)

Tabla 27b: Distribución del sustantivo *azúcar* en el CORPES

	masculino	femenino
azúcar + adj.	579 casos (FN 1,66)	574 casos (FN 1,65)
art. (f) + *azúcar* + adj. (f)	0 casos (FN 0)	8 casos (FN 0,02)
art. (m) + *azúcar* + adj. (f)	163 casos (FN 0,46)	65 casos (FN 0,18)

En el CREA predomina el femenino en *azúcar + adjetivo* (*azúcar refinada*) y también en *el azúcar + adjetivo femenino* (*el azúcar blanca*). En cambio, el CORPES refleja frecuencias casi idénticas entre *azúcar + adjetivo femenino* y *azúcar + adjetivo masculino*. Si, como plantea nuestro estudio, el masculino actúa como género por defecto para los sustantivos inanimados simples, cabe preguntarse qué motiva la elección del femenino. En la documentación de los corpus, las concordancias como *el azúcar blanca*, *el azúcar morena* o *el azúcar refinada* tienen una frecuencia de 0,62 casos por millón en el CREA y de 0,18 en el CORPES. Asimismo, el CREA muestra mayor documentación de *azúcar + adjetivo femenino* (2,76 casos/millón) que el CORPES (1,65 casos/millón). Esta diferencia podría deberse a un reanálisis del sustantivo por su patrón acentual anómalo, asimilándolo a *agua*, *arte*, etc.

Es probable, además, que esta asignación de género responda a su consideración como sustantivo de materia, como *leche*. García Gallarín (2020) indica que *azúcar* ha experimentado variación de uso en América, Andalucía y otras regiones. Los corpus (CORDE, CREA, CORPES, COSER) muestran predominio del femenino en amplias zonas de España —occidentales (Asturias, Ávila, Ciudad Real, Sevilla, Valladolid, Málaga, León, Badajoz, La Coruña, Toledo, Gran Canaria), orientales (La Rioja, Granada, Zaragoza, Castellón, Valencia, Huesca, Almería) y en el centro (Madrid)— y en países de América (Chile, Puerto Rico, Argentina). Esta variación parece depender de factores sociolingüísticos, geográficos, morfofonológicos y semánticos. Sin embargo, en algunas variedades la dualidad de género desaparece en plural: el femenino plural *las azúcares* solo aparece en unos pocos documentos americanos (México s. XVIII; Chile s. XX; y textos recientes de Perú, Argentina, Bolivia, Chile, México, Colombia), frente a 769 casos masculinos en textos de España y América.

El uso ambiguo de *azúcar* se refleja también en las obras lexicográficas, donde figura como sustantivo de género ambiguo, al igual que su diminutivo *azuquítar*, marcado del mismo modo en el *DLE*. Sin embargo, los corpus muestran una realidad distinta: *azuquítar* aparece casi exclusivamente con género femenino. Esta elección se observa igualmente en el diminutivo de *almíbar* (*almibítar*). En los sustantivos masculinos, el diminutivo general es *-ito*, por lo que lo esperable sería *azucarito* o *azucarillo*; sin embargo, las formas con *-a* final pueden reflejar un reanálisis femenino. La forma del diminutivo varía según la zona geográfica. En Venezuela, Argentina, Chile o Cuba son comunes *azuquita* y *almibita*; mientras que en España, Perú o Ecuador predominan *azuquítar* y *almibítar*. La preferencia por las formas en *-a* en los países mencionados podría deberse a la pérdida fónica de /r/ final, lo que favorece la reinterpretación de la *-a* como morfema de género femenino, tanto en el diminutivo como en la base. Además, el patrón acentual de estas voces podría inducir una regularización hacia formas paroxítonas acabadas en vocal, interpretadas como femeninas (Méndez Dosuna y Pensado Ruiz, 1993).

Antes de pasar al siguiente grupo de préstamos, conviene mencionar *guájar*, de origen árabe (*wá'ra*). No existen registros de uso en los corpus académicos ni de la forma *guájara*. No obstante, como sucede con *cuchar*, podría tratarse de una apócope de *guájara*, de la que habría heredado el género femenino. Además, *guájar* designa una cualidad ('fragosidad'), y en español los sustantivos que denotan cualidad suelen ser femeninos (*absolutez*, *accidentalidad*, *zurdera*), salvo los terminados en *-or* (*negror*, *honor*, *frescor*, *valor*).

El segundo grupo de préstamos procede del inglés: *blazer* y *scooter* (y su adaptación *escúter*). El sustantivo *blazer* presenta doble género (*el blazer* / *la blazer*). Rodríguez González (2019) propone la existencia de un núcleo elidido —'chaqueta'— en construcciones como *la blazer* < *la (chaqueta) blazer*. En el CORPES, *chaqueta* es el quinto sustantivo con el que más coaparece *blazer*, después de *pantalón*, *botón*, *camisa* y *bolsillo*. La terminación *-er* parece favorecer el género masculino, con una frecuencia de 0,07 casos/millón para *la blazer* y 0,17 para *el blazer*. En la Figura 19, con los datos de Google Books Ngram Viewer, se confirma la preferencia por el masculino.

Figura 19: Distribución temporal del sustantivo *blazer* en Google Books.

El sustantivo *scooter* muestra una vacilación similar (*el scooter / la scooter*), atribuida a su asociación semántica con *motocicleta* o *vehículo*. En su adaptación *escúter*, el uso es exclusivamente masculino. En el CORPES, *el scooter* tiene una frecuencia de 0,08 casos/millón y *la scooter*, de 0,01. Como ocurre con *blazer*, la terminación *-er* se convierte en un factor decisivo para la asignación de género, en analogía con otros anglicismos (*beeper, boxer, bulldozer, router, zipper, holter, thriller*). Los casos femeninos se explican por la asociación con *motocicleta* (femenino), mientras que los masculinos se vinculan con *vehículo*.

Por último, el sustantivo *llar* ('cadena de hierro'), de origen desconocido según la información del *DLE*, plantea dificultades para determinar la causa de su género femenino, ya que no aparece en el CORDE, CREA ni CORPES.[32] Sí se documenta *llares* en plural y como femenino en el CORDE, lo que sugiere que un plural colectivo podría haber favorecido la preferencia por el femenino. También es posible que la asignación de género provenga por analogía con su hiperónimo 'cadena', igualmente femenino.

5.1.2. Préstamos con terminación V + *d*

En español, siguiendo la hipótesis de partida, se asigna género masculino a la gran mayoría de sustantivos simples, incluidos aquellos cuya terminación es V + *d* (§ 4.1.2). En este apartado se analizan los préstamos que presentan alternancia de género o que han adoptado el género femenino. Entre los préstamos terminados en V + *d*, se distinguen los que proceden del árabe (*yihad, azud*), del inglés (*COVID*) y del hebreo (*yod*). Asimismo, se incluyen otros sustantivos cuyo origen no está en el latín ni en otras lenguas, como *meatad, metad, mitad* y *calicud*.

El primer grupo lo integran los arabismos *yihad* y *azud*. El sustantivo *yihad*, procedente del árabe *ǧihād*, presenta alternancia de género. Etimológicamente masculino, en español ha adoptado ambos géneros. Es relevante destacar

[32] Es probable que el origen de la palabra *llar* se encuentre en el sustantivo latino *lar*, 'hogar' o 'cada uno de los dioses de la casa u hogar a los que rendían culto los antiguos romanos'. Esta voz pudo llegar al español como un occidentalismo.

que su significado original hacía referencia al 'esfuerzo', sin relación alguna con la religión o la guerra, sentidos que adquirió posteriormente por reinterpretación histórica y contextual. Según el CREA, *yihad* se documenta por primera vez en 1985, coincidiendo con el atentado del 12 de abril de ese año en España, reivindicado por un grupo denominado *Yihad islámica*. La mayoría de los usos registrados en el CREA muestran el género femenino (92 de 108 casos), frente a un único ejemplo masculino, recogido en un artículo del periódico mexicano *Excélsior* (1997):

> De una forma u otra, la cuestión que plantea Benjamín R. Barber es clara: ante una comunicación planetaria (McWorld) no es posible oponer el "yihad", sino una educación libertadora, civilizadora, social-universal.

La búsqueda en el CORPES confirma la tendencia: de un total de 301 casos, solo 14 corresponden al masculino (4,7 %), y en todos ellos la palabra designa al grupo militante o movimiento terrorista. Parece, por tanto, que la equivalencia frecuente entre *yihad* y 'guerra santa', junto con el género etimológico masculino, ha impulsado la vacilación. En consecuencia, la asignación de género depende en buena medida del significado: *yihad* se emplea con femenino cuando alude al conflicto o enfrentamiento, y con masculino cuando se refiere al colectivo o movimiento. El uso masculino, sin embargo, es minoritario y tiende a desaparecer con el tiempo. Para comprender mejor la distribución temporal, a continuación, mostramos en la Figura 20 la distribución temporal de *yihad* en Google Books Ngram Viewer, que refleja los datos.

Figura 20: Distribución temporal del sustantivo *yihad* en Google Books.

El segundo arabismo inanimado es *azud*, que el *DLE* registra como sustantivo de género ambiguo. No obstante, la revisión de los corpus académicos muestra una ausencia total de documentación con género femenino, lo que refuerza su regularidad como masculino y cuestiona la descripción lexicográfica que propone los dos géneros.

El inglés constituye otra fuente relevante de préstamos terminados en V + *d*. El caso más representativo es *COVID*. Como es sabido, el inglés carece de marcas de género, por lo que los anglicismos entran en español sin esta información gramatical. En cuanto a su género, la mayoría de las siglas en español adopta el del núcleo de la expresión original; en este caso, *enfermedad* (*coronavirus disease*), de modo que *COVID* se considera femenino (*la COVID*). No obstante, también se documenta el uso masculino (*el COVID*), motivado por la influencia del género de *coronavirus* o de otras enfermedades víricas masculinas (*el SIDA*, *el sarampión*, *el ébola*). Como señala Rodríguez González (1984), aunque existen factores fonológicos y morfológicos, las asociaciones semánticas resultan determinantes en la asignación de género de los anglicismos, lo que explica la coexistencia de ambas formas.

Del hebreo procede *yod*, que presenta género femenino en español y no muestra vacilación. Dado su significado —'décima letra del alfabeto hebreo'—, resulta coherente su género, ya que los nombres de las letras en español son femeninos. Esta correspondencia no se mantiene en otras lenguas romances, como el francés o el portugués, donde los nombres de las letras son masculinos.

Finalmente, se recogen varios sustantivos inanimados con terminación V + *d* cuyo origen no es ni latino ni extranjero: *meatad*, *metad*, *mitad* y *calicud*. Los tres primeros proceden de *meitad*, de la que probablemente heredaron el género femenino. Otra posibilidad es que su género se haya determinado por analogía formal con la variante *-tad* del sufijo *-dad*. El sustantivo *calicud* (y su variante *calicut*) designa un 'tejido delgado de seda', procedente de la ciudad india de Calicut, en el actual Estado de Kerala. En el CORDE, los ejemplos documentados remiten a este significado, mientras que en el CREA y el CORPES la voz solo aparece como nombre propio. La vacilación de género que presenta este sustantivo se explica por el hiperónimo utilizado en las distintas ediciones de los diccionarios académicos. La primera documentación lexicográfica de *calicut* se encuentra en el *Diccionario de Autoridades* (1729), donde aparece con género masculino y la definición: «Cierta tela delgada de seda, que viene de la India Oriental, a quien dio el nombre la provincia en que se texe». En el diccionario de 1780 se recoge ya como femenino: «Tela delgada de seda, que tomó el nombre de una provincia así llamada en la India oriental, donde se texía». Desde entonces, *calicut* mantiene el género femenino en todas las ediciones académicas. En 1925 se actualiza su definición como «tejido delgado de seda». Así, la evolución de su género parece haber estado motivada por el femenino del hiperónimo 'tela', que prevaleció en la tradición lexicográfica.

5.1.3. Préstamos con terminación V + *z*

Como se señaló en el § 4.1.3, el género masculino es el preferente para los sustantivos inanimados del español con esta terminación. En este apartado se analizan los préstamos terminados en V + *z* que presentan género femenino o alternancia de género. Según su procedencia, estos préstamos pueden agruparse en voces de origen inglés (*interfaz*) y árabe (*albarraz*, *alfoz*, *foluz*). Asimismo, se examina un caso no considerado préstamo: *choz*, de origen onomatopéyico.

El primer grupo corresponde a los anglicismos, representados por *interfaz*, sustantivo que muestra vacilación de género. Deriva del inglés *interface* ('superficie de contacto') e incorpora el sustantivo femenino *faz* en su estructura, por lo que debería conservar el género femenino. Esta fluctuación puede explicarse, por un lado, por la influencia de *faz*, que le conferiría el femenino; y, por otro, por la tendencia del español a asignar el masculino por defecto a los préstamos recientes. En cuanto a su uso, el CREA documenta únicamente 17 casos con género masculino, distribuidos en seis documentos de España. En el CORPES, la cifra asciende a 73 casos en 73 documentos procedentes de distintas áreas geográficas. En cualquier caso, como se aprecia en la Figura 21, el empleo masculino es claramente minoritario frente al femenino, como confirma Google Books Ngram Viewer, donde la frecuencia de *la interfaz* supera de forma notable a *el interfaz*.

Figura 21: Distribución temporal del sustantivo *interfaz* en Google Books.

El segundo grupo, más numeroso, lo conforman los arabismos. Entre ellos se encuentra *albarraz*, registrada en el *DLE* con género masculino y femenino. En realidad, se trata de homónimos con étimos árabes distintos pero emparentados. En este estudio se aborda el sustantivo femenino *albarraz*, procedente del árabe hispano *albarāṣ* y este del árabe clásico *baraṣ*. La voz aparece por primera vez en el *Diccionario de Autoridades* (1726) con género masculino, condición que mantiene en los diccionarios posteriores hasta 1984, año en que se documenta por primera vez con género femenino en el *Diccionario de la lengua española*. Posteriormente, el *Diccionario manual e ilustrado de la lengua española* (1989) vuelve a registrarla como masculina, hasta que la edición de 1992 del *DLE* restituye el femenino, que se ha conservado hasta la versión actual en línea. Esta oscilación refleja la variabilidad con que la lexicografía académica ha tratado el término, vinculado al ámbito médico y traducido tanto como 'grano' (equivalente al árabe *ḥabb*) como 'hierba'. La documentación en los corpus académicos es escasa. Solo el CORDE recoge un número significativo de casos (36), de los cuales dos presentan género femenino:

> Piturtaria, la simiente albarraz, y la yerua (*Diez privilegios para mujeres preñadas* [Esp., 1606]).

> & entonçe es morfea blanca o albarraz o de corrimjento de malenconja & entonçe es dicha albarraz negra o morfea (*Arte complida de cirugía* [Esp., 1450]).

En definitiva, el uso de *albarraz* parece haber decaído desde finales del siglo XV, lo que explicaría su reducida presencia en los corpus.

Otras voces de origen árabe con esta terminación son *alfoz* y *foluz*. El primero, *alfoz* (del árabe *alḥáwz*), se ha considerado tradicionalmente de género ambiguo. En el CORDE se documentan algunos ejemplos femeninos, aunque son mucho menos frecuentes que los masculinos. Con el paso del tiempo, los corpus posteriores (CREA y CORPES) confirman una clara tendencia al masculino. La forma femenina en los siglos XI-XIV podría deberse a la influencia de la variante *foz*, femenina en todas sus acepciones, lo que habría favorecido una correspondencia formal entre ambas. El *Diccionario de la lengua española* (2001) suprimió la variante *foz* y mantuvo *alfoz* con género ambiguo. En la actualidad, no existen indicios de vacilación; la forma masculina predomina y coincide con el género etimológico. Por otro lado, encontramos el arabismo *foluz* que, según el *DLE*, procede del árabe *flus* (pl. *fulus*), y a su vez del griego antiguo *phóllis* (φόλλις), transmitido a través del arameo. Comparte raíz con *felús*, por lo que es probable que, a partir del mismo étimo, el español haya diferenciado una forma femenina (*la foluz*) —referida a la 'moneda' o 'cornado'— y otra masculina (*el felús*), usada con el sentido general de 'dinero, y especialmente la moneda de cobre de poco valor'. Aunque ambos términos se refieren al ámbito monetario, *la foluz* designaba una moneda de cobre con una cuarta parte de plata, utilizada desde el reinado de Sancho IV de Castilla hasta la época de los Reyes Católicos, mientras que *el felús* se empleaba en el sistema monetario islámico medieval. No se han hallado registros de *foluz* en los corpus académicos ni en Google Books Ngram Viewer, por lo que no es posible ofrecer un análisis estadístico sobre su evolución o uso.

Por último, se incluye el sustantivo *choz*, de origen onomatopéyico. La documentación disponible es muy limitada: la mayoría de las apariciones en los corpus académicos corresponde al título *Novela de Andrés Choz*, de José María Merino, y los cinco casos restantes del CORDE carecen de información flexiva suficiente. La primera aparición lexicográfica de *choz* se encuentra en el *Diccionario de Autoridades* (1729), con género masculino, posiblemente por su relación con el significado 'golpe'. A partir de 1783 se registra bajo la expresión *dar choz alguna cosa*, con género femenino. En la edición de 1899 *choz* adquiere entrada propia, y la Academia propone entonces una etimología latina (*colaphus*), de género masculino. En ediciones posteriores esta etimología desaparece, y la voz se considera una onomatopeya, aunque se conserva el género femenino atribuido en las obras académicas desde el siglo XVIII.

5.1.4. Préstamos con terminación V + *s*

En términos generales, los sustantivos inanimados tienden a recibir género masculino en español. Por ello, resulta de especial interés identificar aquellos casos que se alejan de esta tendencia en los sustantivos terminados en V + *s*, ya sea por presentar género femenino o vacilación de género. En el *DLE* se registran 65 casos con género femenino, que pueden clasificarse según su origen etimológico en los siguientes grupos: francés (*varietés*, *lis*, *tortícolis*), neerlandés (*kermés*), árabe (*adivas*, *ajuagas*, *albricias*, *gurapas*), griego (*diabetes*, *etites*, *hematites*, *onoquiles*, *belemnites*, *acates*, *alabastrites*, *herpes*, *congeries, naos, acrópolis, anaptixis, deixis, glotis, parataxis, polis, praxis, profilaxis psiquis, hipotaxis, bácaris, cánnabis, crisis, dermis, sintaxis, apocalipsis, basis, cánnabis, énfasis, leneas, panateneas, alcamonías, abraxas, carisias*) e inglés (*bermudas, tenis*).[33] También encontramos *filis* y *sífilis*, que tienen su origen en nombres propios.

Conservan en español el género de la lengua de origen los préstamos procedentes del francés (*lis, varietés*), neerlandés (*kermés*), árabe (*adivas, ajuagas, albricias, gurapas*) y griego (*herpes, acates, alabastrites, acrópolis, anaptixis, deixis, glotis, parataxis, polis, praxis, profilaxis, psiquis, hipotaxis, bácaris, crisis, sintaxis*). En cambio, otras voces del francés (*tortícolis*) o del griego (*apocalipsis, basis, cánnabis, énfasis*) no siguen esta pauta y presentan variación de género en español, pese a ser femeninas o neutras en su lengua original. Por su parte, ciertos préstamos griegos femeninos en español proceden de formas neutras o masculinas en griego (*belemnites, diabetes, etites, hematites, naos, onoquiles*). En la actualidad, algunos de estos —como *herpes, naos, acates* o *alabastrites*— se usan preferentemente con género masculino, conservando su valor etimológico, aunque el *DLE* documenta usos femeninos en el pasado. Finalmente, los préstamos procedentes de lenguas sin género gramatical, como el inglés (*bermudas, tenis*), adoptan el género según criterios formales o semánticos del español.

Como indica Rodríguez González (2019), los anglicismos en español suelen adoptar el género no marcado (masculino), especialmente los terminados en *-ing* (*un camping, un parking*), los acabados en consonantes infrecuentes (*el bufet, el chupachup*), los terminados en *-y* (*el body*), los nombres de estilos musicales (*el jazz, el blues*) o de deportes (*el tenis, el hockey, el fútbol*).[34] Sin embargo, *bermudas* constituye una excepción significativa, al presentar alternancia de género y usarse mayoritariamente como femenino (*las bermudas*).

---

[33] Por su relación mutua, el término *dermis* ha sido analizado conjuntamente con el sustantivo *cutis* en el § 4.1.4.

[34] Cuando *tenis* hace referencia al calzado, el sustantivo puede usarse en plural masculino (*los tenis*), posiblemente asociado con los 'zapatos', y como plural femenino (*las tenis*), al relacionarse con 'zapatillas'. Ambas construcciones son el resultado de la elisión de *shoes* en la forma completa *tennis shoes*.

En la Tabla 28, se aprecia cómo los corpus académicos (CORDE, CREA, CORPES) confirman este comportamiento.[35]

Tabla 28: Distribución del sustantivo *bermudas* en los corpus académicos

	masculino	femenino
CREA	0 casos	40 casos
CORPES XXI	8 casos	240 casos

La razón parece estar en la influencia formal de la terminación *-as*, morfema característico del femenino, que determina la elección del género en español.

Otra lengua de la que se toman numerosos préstamos es el griego. Por un lado, tenemos en español sustantivos femeninos con terminación *-as* que tienen en griego género neutro (*leneas, panateneas, alcamonías*) o masculino (*abraxas, carisias*). La terminación *-as*, fuertemente asociada al género femenino en español, favorece su adaptación formal como femeninos. Desde un punto de vista semántico, *abraxas* es femenino en una de sus acepciones —cuando se asocia al hiperónimo 'piedra'—, aunque en otra, vinculada a *número*, recibe el género masculino. En los casos de *carisias, leneas* y *panateneas*, el género femenino deriva del sustantivo elidido *fiestas*, con el que originalmente se relacionaban estos adjetivos en griego.

Entre los grecismos terminados en *-is*, algunos presentan alternancia de género (*apocalipsis*, *basis*, *cánnabis*, *énfasis*), mientras que otros, masculinos en griego, se integran como femeninos en español (*belemnites*, *diabetes*, *etites*, *hematites*, *onoquiles*). Como señala García Gallarín (2020), muchas voces con terminación *-sis* muestran una larga disputa entre el género etimológico y el adoptado en español. Este fenómeno se observa desde el Siglo de Oro: *el énfasis / la énfasis*, *el paréntesis / la paréntesis*, *el análisis / la análisis*, entre otros. En los siglos XVII y XVIII, el masculino empezó a imponerse al femenino etimológico, como evidencian las fuentes lexicográficas. Así, *énfasis* aparece como femenino en el *Arte de la lengua española castellana* (1626), pero como masculino en el *Diccionario de la lengua castellana* (1780). Ocurre también con *paréntesis*, que fue interpretado de dos maneras durante los siglos XV y XVI,

---

[35] La documentación del CORDE (dos casos en dos documentos) no presenta rasgos que nos permitan identificar el género gramatical de *bermudas*, por lo que se descarta la incorporación de dicha información en la Tabla 28.

o con *análisis*.[36] El predominio del género masculino prosperó sobre todo a partir del siglo XVII, como ponen de manifiesto los datos de la Tabla 29, aunque gramáticos como Jiménez Patón (1614) o Correas (1626) mostraban preferencia por el género femenino etimológico.

Tabla 29: Distribución cronológica de sustantivos terminados en *-sis* en los corpus académicos

	XVII-XVIII		XIX-XX	
	masc.	**fem.**	**masc.**	**fem.**
apocalipsis	0 casos	1 caso	269 casos	23 casos
basis	22 casos	0 casos	0 casos	2 casos
énfasis	7 casos	3 casos	551 casos	4 casos
éxtasis	20 casos	0 casos	595 casos	0 casos
paréntesis	13 casos	8 casos	172 casos	0 casos
análisis	34 casos	32 casos	6481 casos	56 casos

Mientras que el español se distanció de la lengua clásica, el italiano conservó el femenino etimológico en *énfasis, éxtasis, paréntesis, análisis*. De igual modo, otros sustantivos como *cánnabis, iris, raquis* o *clítoris* son femeninos en italiano, pero masculinos en español, catalán o francés. En estos casos, la motivación puede ser semántica, determinada por los hiperónimos: *iris* ('arco'), *raquis* ('espinazo'), *clítoris* ('órgano'). El caso de *cánnabis* resulta especialmente interesante: su género varía según el hiperónimo —masculino si equivale a 'cáñamo', femenino si significa 'droga'—. Además, el uso femenino se documenta con mayor frecuencia en Chile, México y Guatemala, mientras que el masculino predomina en España, Uruguay y Costa Rica (CORPES XXI).

Entre los sustantivos terminados en *-es* destacan *belemnites, diabetes, etites, hematites* y *onoquiles*, todos con género modificado respecto al original griego. Así, *belemnites* y *onoquiles* eran neutros y pasaron a ser femeninos en español, mientras que *diabetes, etites* y *hematites* eran masculinos y también se adaptaron como femeninos. En estos casos, la elección del femenino parece determinada por el hiperónimo semántico: 'enfermedad', 'planta' o 'piedra'.

36 A pesar de que hay variación de género en la voz *análisis*, el uso del femenino siempre ha sido menos frecuente en español. Es un cambio que se vería favorecido por el artículo masculino y el alomorfo femenino por el inicio vocálico de la palabra.

En *belemnites*, además, pudo influir el préstamo *belemnita*, documentado un siglo antes como femenino y con idéntico significado. Sin embargo, los corpus muestran preferencia por el masculino, con seis casos en tres documentos frente a ninguno en femenino:

> Los Belemnites son muy abundantes y característicos de la Era Secundaria (*Los fósiles: huellas de la evolución* [Esp.] 1987).

Cabe destacar que, del mismo modo que la terminación *-as* favorece el género femenino, la terminación *-es* tiende a propiciar el masculino, siguiendo la pauta general de los sustantivos inanimados terminados en consonante. Por otro lado, es posible que en este ejemplo particular intervenga otro hiperónimo, como 'fósil'.

En último lugar, señalamos algunos préstamos del griego con terminación *-es* y *-os* que, según el *DLE*, presentan alternancia de género, aunque la documentación no siempre lo confirma. *Herpes* es el más frecuente, con 417 casos masculinos y uno femenino en los corpus académicos, lo que indica una clara fijación del masculino. Los escasos ejemplos femeninos, localizados en textos médico-científicos (*Gaceta médica de México*, 1872; *La atención prenatal*, 1985), sugieren un uso restringido a contextos técnicos. Como hemos visto que ocurría con los usos femeninos de *cutis* o *pares* (§ 4.1.4), en *herpes* también podría asociarse este género a textos científicos relacionados con la medicina. Salvo estos usos más especializados, *herpes* conserva su género masculino etimológico, como demuestra la documentación consultada.

El sustantivo *acates* aparece en cinco casos referidos a la *piedra acates*, uno de los cuales en femenino, lo que sugiere que su género se asocia al hiperónimo 'piedra'. Respecto al sustantivo *naos*, de amplia frecuencia en los corpus, este se documenta casi exclusivamente en femenino, aunque en muchos casos corresponde al plural de *nao* ('nave'). El CREA y el CORPES devuelven respectivamente 23 casos de *naos* con género femenino y ningún caso para el masculino. Esta relación léxica con *nao*, sustantivo femenino en español, latín y catalán, refuerza la asignación femenina ('nave', 'parte', 'sala'). En cambio, *naos*, del griego *ναός*, era masculino en su lengua de origen, por lo que el masculino es el género heredado ('templo'). Las definiciones lexicográficas corroboran esta evolución:

naos. s. m. (la nave) Ant. gr. 'La nave de la iglesia en que se colocaba el pueblo. Casa ó morada de una divinidad; el lugar en que se hallaba colocada por suposicion al recinto' (*Suplemento Diccionario Nacional o Gran Diccionario Clásico de la Lengua Española*, 1853).

naos. m. Arq. 'Parte central de los antiguos templos griegos, en donde estaban colocadas las estatuas de los dioses' (*Diccionario general y técnico hispanoamericano*, 1918).

naos. f. 'Nombre con que es conocida la sala destinada a los dioses en los templos de la antigüedad. Egipto, *Grecia y Roma*' (*Diccionario de la lengua española*, 1984).

Por su parte, *alabastrites* presenta escasa documentación. Las obras lexicográficas anteriores a 1914 lo registran como masculino, género etimológico, mientras que el diccionario académico, a partir de 1925, lo incorpora junto a la forma *alabastrita* con género femenino, probablemente por analogía con la terminación *-a* y con su hiperónimo 'piedra'.

Respecto a los términos de origen francés, tenemos el término *tortícolis*, procedente del francés *torticolis*, el cual presenta alternancia de género en español. Aunque en francés es masculino, la documentación de los corpus muestra una clara preferencia por el femenino (82 casos frente a solo 8 masculinos, la mayoría de ellos del siglo XX).

> Lo mismo podríamos decir del tortícolis y otros tipos de calambres profesionales (*Neurosis* [Esp.] 1966).

La adopción del género femenino parece motivada por analogía morfológica con otros términos médicos en *-itis* (*otitis, hepatitis, artritis, colitis, celulitis*, etc.), formados sobre el sufijo griego *-ῖτις (-îtis)*.

Por último, encontramos otras palabras que presentan diferente origen: *filis* y *sífilis*, que provienen de nombres propios. Como se ha observado en otros casos (*malinche, calicud*), los sustantivos inanimados derivados de antropónimos femeninos tienden a conservar el género femenino. Además de esto, en *sífilis* el hiperónimo 'enfermedad' refuerza este valor, como se ha visto que ocurría con *diabetes*. Respecto a su uso, prácticamente todos los casos documentados en los corpus son femeninos. Solo un caso, procedente del CORPES, tiene género masculino:

> Para el especialista la clave para erradicar el sífilis connatal y llevar la tasa de transmisión vertical del VIH al 1 % (*El País digital* [Ur.] 2007).

Filis, en cambio, solo aparece en tres ejemplos (siglos XVII-XVIII). En esos años, en las ediciones académicas de 1780 y 1783, se le asignaba género masculino, probablemente por su asociación con *primor*, de género masculino, aunque este uso desapareció con el tiempo.

5.1.5. Préstamos con terminación V + *n*

En español, la terminación V + *n* es altamente productiva, con casi 12 000 sustantivos registrados en el *DLE* (§ 4.1.5), muchos de los cuales proceden de lenguas como el francés, el italiano, el árabe o el inglés. Siguiendo la hipótesis planteada a lo largo de este estudio —según la cual el género masculino tiende a funcionar como valor no marcado en español—, analizaremos en este apartado los sustantivos inanimados femeninos con terminaciones *-an*, *-en*, *-in*, *-on* y *-un*, por ser el género femenino el marcado en esta oposición. Dentro de este conjunto se incluyen los siguientes préstamos: *épsilon*, *ípsilon*, *ómicron* y *maratón*, del griego; *fetén* y *chipén*, del caló; *monzón*, del portugués (y este, a su vez, del árabe), y *delicatessen*, del alemán. Además, se examina el caso de *sien*, de origen germánico (*sĭnn*).

En primer lugar, analizamos los préstamos *épsilon*, *ípsilon*, *ómicron* y *maratón*, que proceden del griego. Los tres primeros (*épsilon*, *ípsilon*, *ómicron*) designan nombres de letras, y comparten el género femenino característico de esta clase de sustantivos, tal como se ha mostrado en apartados anteriores. El sustantivo *maratón*, en cambio, procede del griego *Μαραθών* y presenta vacilación de género, fenómeno documentado en los distintos corpus académicos, como se aprecia en la Tabla 30.

Tabla 30: Distribución del sustantivo *maratón* en los corpus académicos

	masculino	femenino
CORDE	1 caso	0 casos
CREA	321 casos	277 casos
CORPES XXI	977 casos	719 casos

Según la documentación del CORPES XXI, la evolución cronológica de ambos usos muestra una predominancia del género masculino, especialmente entre 2016 y 2020 (véase Figura 22).

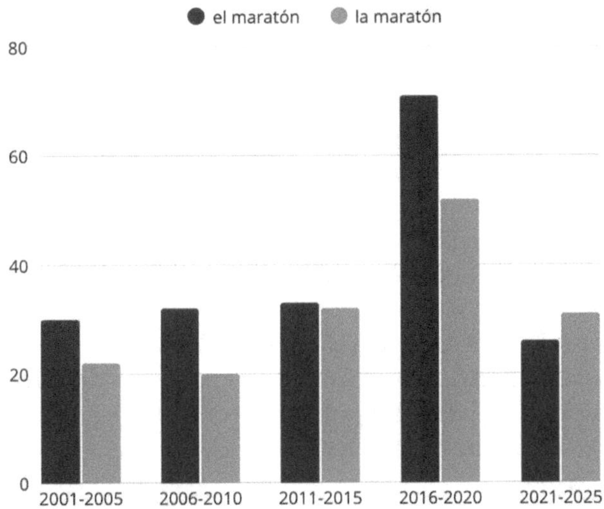

Figura 22: Distribución temporal del sustantivo *maratón* en el CORPES XXI.

La elección del género depende, en realidad, del hiperónimo al que se asocie el sustantivo. Así, se emplea en masculino cuando designa el *deporte* (*el maratón*), y en femenino cuando alude a la *carrera* o *competición* (*la maratón*). Como señala Rodríguez González (2019), la presencia de múltiples hiperónimos puede generar una mayor fluctuación en la asignación de género. En consecuencia, el género de los sustantivos inanimados puede verse condicionado por el género de las categorías léxicas superiores con las que se vinculan, aunque esta relación no siempre sea sistemática.

En segundo lugar, encontramos *fetén* y *chipén*, del caló. El sustantivo *fetén* conserva el género femenino que tenía en su lengua de origen. Por su parte, *chipén* constituye una variante de *chipé*, también del caló y de género femenino, de modo que ambos mantienen el género etimológico al incorporarse al español.

En tercer lugar, tenemos el sustantivo *monzón*, procedente del portugués *monção* —y este del árabe *mawsam*—, que presenta oscilación de género. En portugués, *monção* es femenino, y esta herencia se refleja ocasionalmente en el español. Sin embargo, los corpus muestran una clara tendencia al uso masculino. En el CORDE se registran ocho ejemplos femeninos, todos ellos en textos de autores occidentales próximos al ámbito lusófono, lo que sugiere una influencia de contacto lingüístico. El género masculino, mucho más frecuente, parece responder a una motivación semántica, en paralelo con otros sustantivos que designan vientos o fenómenos atmosféricos, como *el aquilón*, *el bóreas*, *el cierzo* o *el puelche*.

El último vocablo que consideramos es *delicatessen*, que proviene del alemán *Delikatessen*, aunque algunos autores lo relacionan con el francés *délicatesse*. En español se usa generalmente en plural femenino (*las delicatessen*) para referirse a *alimentos selectos*. Es probable que el uso en plural se deba a la influencia del alemán, donde la palabra suele emplearse en esa forma. El género femenino se explica por analogía semántica con el derivado español *delicadeza*. No obstante, según el *DPD* (RAE y ASALE, 2025), *delicatessen* presenta alternancia de género cuando se refiere a la 'tienda donde se venden delicatessen'. En ese caso, la elección depende del hiperónimo interpretado: 'tienda' (femenino) o 'establecimiento' (masculino). Así lo demuestra el siguiente ejemplo del CORPES XXI, donde aparece en masculino con el segundo sentido:

> Vi un delicatessen con un gran letrero en el escaparate, encima de una pirámide de tarros de mermelada: "preservatives free". (*El escolar brillante* [Esp.] 2005).

En cambio, no se han encontrado ejemplos que documenten el uso femenino para este mismo significado.

Finalmente, el sustantivo *sien*, de origen germánico (*sĭnn*), no conserva su género etimológico. La motivación de su género femenino en español parece responder a factores semánticos. Al igual que ocurre con otros sustantivos que designan partes del cuerpo por pares, como *ingle* o *rótula* (§ 4.2.1.3 y § 4.2.1.5), *sien* adopta el género femenino por denotar una entidad dual y simétrica. Así, el hecho de que se defina como 'cada una de las dos partes laterales de la cabeza situadas entre la frente, la oreja y la mejilla' respalda la hipótesis de que su género obedece a la naturaleza semántica de su referente.

5.1.6. Préstamos con terminación V + *l*

De acuerdo con lo expuesto en el § 4.1.6 y en consonancia con la hipótesis general que orienta este estudio —según la cual el género masculino se asigna por defecto en español—, abordamos en este apartado los préstamos terminados en V + *l* que presentan variación de género o que tienen asignado género femenino. En español, con esta terminación, se distinguen préstamos procedentes del francés (*bechamel* y su variante *besamel*) y del náhuatl (*textal*), además de otros sustantivos de origen propio o incierto, como *babel* y *jirasal*.

El sustantivo *bechamel* (o *besamel*) procede del francés *béchamel* y designa la 'salsa cremosa blanca hecha con harina, leche y mantequilla o aceite' (*DLE*, versión 23.6 en línea). Se incorporó por primera vez al *Diccionario de la lengua española* en 1970, con género femenino, y desde entonces no ha presentado alternancia de género, tal como confirman los corpus académicos: CORDE (*el bechamel* [un caso] / *la bechamel* [376 casos]), CREA (*el bechamel* [cero casos] / *la bechamel* [43 casos]) y CORPES (*el bechamel* [cero casos] / *la bechamel* [97 casos]). Lo mismo ocurre con su variante gráfica *besamel*: CORDE (*el besamel* [cero casos] / *la besamel* [un caso]), CREA (*el besamel* [cero casos] / *la besamel* [dos casos]) y CORPES (*el besamel* [cero casos] / *la besamel* [20 casos]). El único caso con género masculino registrado en los corpus es el siguiente:

> Después de su primera aparición ya es otra cosa: puede permitirse que se les vista y enmascare un poco. El mejor aliño es el bechamel, preparación que toma su nombre del marqués de Bechamel, maestresala de Luis XIV. (*Miscelánea de cosas memorables de los gastrónomos [Buen comer y buen beber]* [Esp.] 1936).

En este ejemplo, *bechamel* adopta el género masculino de su hiperónimo 'aliño'. Sin embargo, en la norma general del español el sustantivo ha permanecido en género femenino, probablemente por influencia de su hiperónimo 'salsa' (femenino) y por conservar el género del étimo francés, también femenino. Cabe destacar, además, la aparición de la forma adaptada *besamela*, donde la terminación en *-a* refuerza formalmente el género femenino.

Con respecto al náhuatl, encontramos el sustantivo *textal*, cuya lengua de origen carece de género gramatical (Ramírez-Trujillo, 2010). En este caso, la etimología no determina el género, por lo que debieron intervenir otros factores. No se documentan casos de *textal* en los corpus académicos (CORDE, CREA, CORPES). En los resultados de Google solo aparecen menciones metalingüísticas o definiciones, sin ejemplos de uso real. Tampoco figura en el *Diccionario del español de México* (*DEM*, versión en línea), ni en el *NTLLE*, ni en el *Diccionario de americanismos* (RAE y ASALE, 2010). Según el *Mapa de diccionarios*, el término se incorporó al diccionario académico en 2001. Además, aparece su variante *testal* en el *Diccionario breve de mexicanismos* (Gómez de Silva, 2001), definida como 'bolita de masa con que se hace una tortilla de maíz'. La elección del género femenino de *textal* parece deberse a la influencia semántica del hiperónimo 'masa' (femenino), siguiendo un patrón ya observado en otros sustantivos análogos.

Dentro de este mismo grupo se incluyen otros sustantivos de diferente naturaleza etimológica, como *babel* y *jirasal*. El primero procede del nombre propio *Babel*, topónimo bíblico que designa la ciudad de Babilonia. Según los datos recogidos (véase Tabla 31), su documentación aumenta en épocas recientes. En los casos femeninos, la asignación de género parece estar motivada semánticamente por el hiperónimo 'torre', ya que *babel* hace alusión a la mítica torre de Babilonia.

Tabla 31: Distribución del sustantivo *babel* en los corpus académicos

	masculino	**femenino**
CORDE	2 casos	1 caso
CREA	1 caso	5 casos
CORPES XXI	10 casos	64 casos

Por el contrario, los ejemplos masculinos documentados en los corpus muestran una asociación con los sinónimos *caos* o *desorden*, ambos masculinos:

> La Historia Natural se salvó de una vez de la confusión de lenguas con su nomenclatura universal, magnífica torre de marfil, cuyas leyendas entiende el viajero de cualquier país. Pero el babel de los lenguajes sigue viviendo a su alrededor. (*Discurso de contestación a Ignacio Bolívar y Urrutia en su recepción ante la RAE* [Esp.] 1931).

El sustantivo *jirasal*, por su parte, tiene origen desconocido. Según el *DLE*, se refiere a un tipo de fruto. No se han encontrado ejemplos de uso en los corpus académicos, lo que impide realizar un análisis estadístico o diacrónico. Sin embargo, por su naturaleza semántica, el género femenino de *jirasal* puede explicarse por analogía con otros pares léxicos en los que la oposición *árbol/fruto* motiva el género (por ejemplo, *manzano/manzana*).

5.1.7. Préstamos con terminación en otras consonantes

Como se señalaba en el § 4.1.7, dedicado a los sustantivos de origen latino, en español identificamos un conjunto de voces cuya terminación corresponde a una consonante poco frecuente en esta lengua y que, por tanto, no se incluye en las terminaciones tratadas previamente. En este apartado se examinan préstamos terminados en *-b*, *-c*, *-f*, *-g*, *-h*, *-j*, *-k*, *-m*, *-ñ*, *-p*, *-q*, *-t*, *-v*, *-w*, *-x* o *-y*, que presentan género femenino en español o vacilación de género.

En primer lugar, se registran préstamos de origen inglés como *web*, *biopic*, *dumdum* o *dum-dum*, *picop*, *chip*, *sex shop* o *sex-shop*, *tac*, *internet*, *intranet*, *jet*, *jet set*, *réflex* y *zódiac*. Dentro de este conjunto, destacan especialmente aquellos vinculados al ámbito de las tecnologías de la información, como *web*, *internet* e *intranet*, los cuales presentan variación de género. El factor determinante en la asignación de género de estas voces suele ser la traducción o el equivalente léxico en español. Así, el sustantivo *web*, tomado directamente del inglés con idéntica forma, significa 'red' o 'malla', por lo que su uso predominante es femenino (*la web*), aunque también se documentan casos con género masculino, posiblemente asignado por defecto.

Ambos géneros se encuentran reflejados en los principales corpus académicos (CREA y CORPES) y en la base de datos Google Books Ngram Viewer, como se aprecia en la Figura 23. En el CREA, la preferencia por el género femenino no resulta aún concluyente: se registra una frecuencia normalizada de 1,04 casos por millón frente a 1,17 casos por millón del masculino. No obstante, debe tenerse en cuenta que el CREA recopila documentos entre 1975 y 2004, por lo que esta prevalencia del masculino se explica únicamente en el contexto de esas décadas. Por el contrario, en la documentación del CORPES XXI se observa una tendencia opuesta, que confirma la consolidación del género femenino: *el web* presenta una frecuencia normalizada de 0,50 casos por millón, mientras que *la web* alcanza 17,09 casos por millón. Los datos de Google Books corroboran esta misma evolución, con una clara preferencia por el femenino a partir del año 2000, lo que evidencia una estabilización progresiva del género femenino en el uso actual.

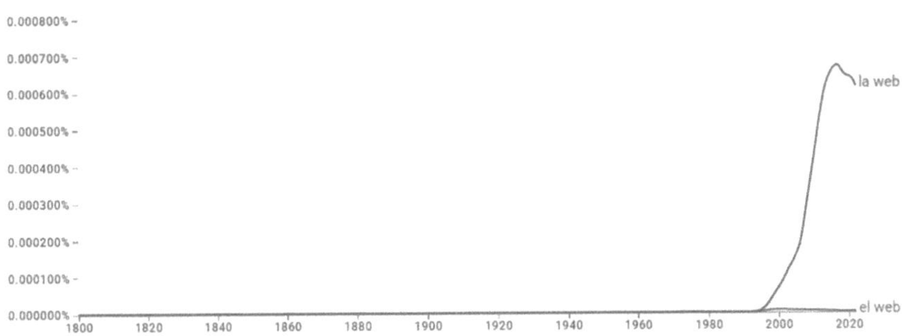

Figura 23: Distribución temporal del sustantivo *web* en Google Books.

Otra palabra estrechamente vinculada al ámbito tecnológico es Internet (o *internet*), acrónimo de *International Network* ('red internacional'). Si atendemos a su equivalente español, lo lógico sería que *Internet* recibiera género femenino, al corresponderse con la palabra *red*. En este sentido, el *DPD* (RAE y ASALE, 2025) recomienda que, cuando se emplee con artículo u otro determinante, se use preferentemente en género femenino (*la internet, una internet, esta internet*, etc.), dado que *red*, su equivalente en español, es sustantivo femenino. No obstante, en el uso real, *internet* se documenta con ambos géneros (*el internet / la internet*), probablemente por la coexistencia de dos significados asociados al término: por un lado, el de *red* (femenino) y, por otro, el de *servicio* (masculino). Ambas formas se encuentran registradas en los principales corpus académicos —CREA y CORPES XXI—, así como en Google Books Ngram Viewer. En los datos del CREA, se observa una mayor presencia del género masculino, sobre todo en los textos procedentes de Perú y Estados Unidos, con una frecuencia normalizada de 1,93 casos por millón frente a 1,26 por millón del femenino. En el CORPES XXI, los resultados muestran una distribución casi equilibrada, con 4,36 casos por millón para *el internet* y 3,86 por millón para *la internet*. Estos datos confirman que la preferencia por un género determinado sigue siendo difusa, con un 53 % de uso masculino y un 47 % femenino, aunque el masculino continúa siendo ligeramente predominante.

En contraste, los resultados de Google Books —representados en la Figura 24— reflejan una mayor frecuencia del femenino hacia finales de la década de 1990 y comienzos de los 2000. Sin embargo, a partir de 2015, se observa un cambio de tendencia, con una clara expansión del uso masculino, que termina por imponerse en el uso general.

Figura 24: Distribución temporal del sustantivo *internet* en Google Books.

Al revisar el periodo comprendido entre 1999 y 2014 en los corpus CREA y CORPES XXI, se observa un mayor uso del género femenino para *internet* (frecuencia normalizada de 4,19 casos por millón) frente al masculino (frecuencia normalizada de 3,69). Es probable que, durante estos años, el empleo del sustantivo con género femenino se justifique por su valor semántico. En este sentido, como señala Rodríguez González (2019), la representación de *Internet* como 'servicio' propicia que el sustantivo herede el género masculino de este hiperónimo, sin dejar de lado la metonimia con *red* ni el uso en aposición (*la red Internet*), donde el núcleo femenino determina la concordancia.

La última palabra vinculada al ámbito tecnológico es *intranet*, del inglés *intranet*, y este a su vez de *intra-* ('dentro') y *net* ('red'). La documentación en los distintos corpus revela una cierta regularidad en la asignación de género. En el CREA se registra un único caso con género masculino, mientras que el femenino presenta una frecuencia normalizada de 0,14 casos por millón. Del mismo modo, Google Books Ngram Viewer muestra una clara preferencia por el género femenino. Tanto *intranet* como *internet* comparten la base léxica *net* ('red'), pero difieren en la atribución de género gramatical: el uso general tiende a ser femenino para *intranet* y masculino para internet. Esta discrepancia puede explicarse por la selección del hiperónimo con el que se asocia cada término. En *intranet* parece prevalecer el significado de 'red', lo que favorece el género femenino, además de que el prefijo *intra-* podría reforzar dicha tendencia. En cambio, el uso masculino de *internet* podría derivar de su asociación con el hiperónimo 'servicio'. En cualquier caso, a partir de la evidencia aportada por los corpus académicos, se puede afirmar que el género femenino es claramente mayoritario en el uso de *intranet*.

En el ámbito cinematográfico destaca el préstamo *biopic*, del inglés *biopic*, acortamiento de *biographical picture* ('película biográfica'). Su primera documentación data de 1986, con especial frecuencia en textos procedentes de España, de donde proviene la mayoría de los casos registrados. En el CREA se documentan quince ejemplos, de los cuales doce corresponden al género masculino y tres carecen de determinantes o adjetivos que permitan identificar el género. La consulta del CORPES XXI aporta resultados complementarios: aparecen ambas formas (*el biopic / la biopic*), aunque la frecuencia del masculino (0,08 casos por millón) supera a la del femenino (0,02 casos por millón). La escasa transparencia semántica del término para los hablantes, sumada a su procedencia de una lengua sin género gramatical como el inglés, ha provocado cierta vacilación en su uso. Esta fluctuación queda reflejada tanto en el *Diccionario del español actual* (Seco, Andrés y Ramos, 1999) como en el *Diccionario de uso del español actual* (Maldonado, 2012) y en el *DLE*. El femenino se justifica por su equivalente semántico ('película biográfica'), mientras que el masculino se ve reforzado por el carácter no marcado de este género en los préstamos. Los datos de Google Books confirman también una mayor frecuencia del uso masculino.

Otros anglicismos cuya asignación de género parece depender del hiperónimo son *sex shop* (o *sex-shop*), *tac*, *zódiac*, *jet*, *jet set* y *picop*. En el caso de *sex shop*, el género varía según el significado: se emplea el femenino cuando se entiende como 'tienda' (*la sex shop*, *una sex shop*) y el masculino cuando se interpreta como 'comercio' o 'establecimiento' (*el sex shop*, *un sex shop*). Sin embargo, en los corpus predomina el uso masculino. En el CORPES XXI, la forma masculina presenta una frecuencia normalizada de 0,03 casos por millón, frente a 0,01 del femenino. Como se aprecia en la Figura 25, Google Books mantiene esta tendencia, aunque documenta también un número apreciable de casos con el femenino (*la sex shop / la sex-shop*).

Figura 25: Distribución temporal del sustantivo *sex shop* en Google Books.

En el caso de *zódiac*, el género femenino gramatical se determina por su asociación con sustantivos como 'embarcación' o 'lancha', mientras que el masculino se vincula al significado de 'barco'. El análisis de los datos procedentes de los corpus académicos confirma que *zódiac* presenta de forma mayoritaria el género femenino, tal como se recoge también en el *DLE*. En el CREA no se documenta ningún caso con género masculino, y en el CORPES XXI la documentación es muy escasa —apenas seis casos distribuidos en cinco textos— y se concentra en tres zonas geográficas: Chile (cuatro documentos), Argentina (uno) y España (uno). Como se aprecia en la Figura 25, en Google Books no se registra ningún uso de *zódiac* con género masculino. En consecuencia, puede afirmarse que se trata de un anglicismo plenamente asentado en el español con género femenino.

En contraste, los datos de los corpus revelan una evolución diferente en el caso de *jet set*. En el CREA y el CORPES XXI se observa un mayor uso del género masculino en los últimos años, posiblemente influido por el término *set*, que en inglés es masculino y cuya asociación semántica puede reforzar este género, especialmente en su acepción deportiva. Como muestran las Figuras 26 y 27, *jet set* presenta género masculino desde sus primeras documentaciones hasta aproximadamente 1985, momento en que el femenino adquiere una preponderancia significativa. No obstante, a partir de 1990 el uso femenino comienza a decrecer, mientras que el masculino vuelve a imponerse, tendencia que se mantiene hasta la actualidad. Es importante destacar la escasa documentación de *jet set* con género femenino durante el periodo 1996-2005, en el que no se registran ejemplos, frente al notable incremento del uso masculino en esos mismos años. En relación con este término, encontramos *jet*, sustantivo que puede funcionar como abreviación de *jet set* cuando se emplea con género femenino, o utilizarse con género masculino para designar 'avión' o 'reactor', acepción en la que el hiperónimo masculino induce su género. Esta distinción semántica es esencial para interpretar adecuadamente los resultados de los corpus académicos, que documentan *jet* con ambos géneros según la acepción y el contexto de uso.

Figura 26: Distribución temporal del sustantivo *jet set* en Google Books.

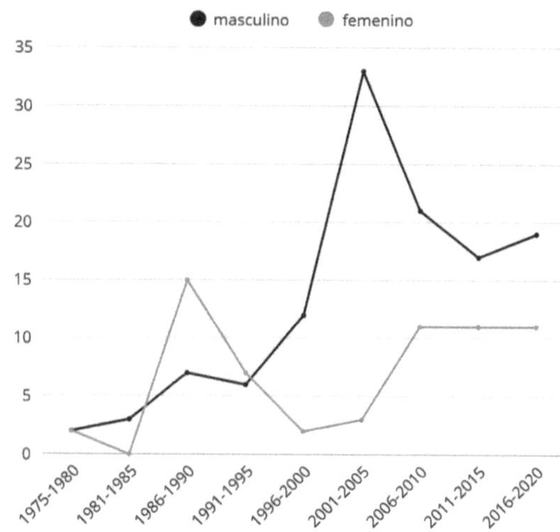

Figura 27: Distribución temporal del sustantivo *jet set* en los corpus académicos.

El último ejemplo es *picop*, adaptación del inglés *pick-up*, equivalente al español 'camioneta', de donde procede la asignación del género femenino. No obstante, también se documentan casos en los que *picop* adopta el género masculino, asociado al hiperónimo 'vehículo', lo que ha generado cierta variación en el uso. A pesar de ello, los corpus académicos registran un predominio del género masculino. En el CREA y en Google Books no se documentan ejemplos de *picop* con género femenino, mientras que en el CORPES XXI solo se registran dos casos, ambos pertenecientes a un mismo documento.

> Al fin, la picop avanza por una trilla y toma el camino de la hacienda (*El abrazo del tamarindo* [Ven.] 2008).

> La picop se detiene delante de la guitarra de alambrepúa y un hombre sale corriendo a abrirla (*El abrazo del tamarindo* [Ven.] 2008).

En algunos sustantivos procedentes del inglés, el género gramatical en español viene determinado por la elisión del sustantivo núcleo en una construcción apositiva. Este fenómeno se observa en palabras como *réflex* o *dumdum* (también *dum-dum*), que funcionan como sustantivos en aposición dentro de un sintagma nominal en el cual puede elidirse el núcleo, como en *la cámara réflex* o *la bala dumdum*. En tales casos, el sustantivo adopta el género femenino por concordancia con el núcleo elidido (*cámara*, *bala*), lo que explica la sistematicidad de su uso en esta forma. En cuanto a *réflex*, es pertinente señalar que, aunque generalmente aparece con género femenino, existen ejemplos en los que se documenta con género masculino, pero referido a un espray analgésico y antiinflamatorio de uso tópico. En este contexto, el sustantivo adopta el masculino por analogía con el hiperónimo 'producto' o 'medicamento', de género masculino. Se trata, por tanto, de un caso de polisemia que motiva variación de género, según el referente designado y la estructura semántica del sintagma en que se inserta.

Otro ejemplo de sustantivo que en ciertos contextos funciona en aposición es *chip*, cuya forma plural (*chips*) presenta género femenino cuando se refiere a *patatas chips*, adquiriendo el género del núcleo femenino *patatas*.

> Sobre cada una de ellas, una hojita de cilantro y cebollino alternativamente y tapar con el resto de las patatas, cubrir con otro silpat y hornear a 170 °C hasta que las chips queden un poquito doradas (*Las recetas de "Todos contra el chef"* [Esp.] 2006).

Sin embargo, en su acepción más extendida —'circuito integrado con el que se realizan distintas funciones en computadoras y mecanismos electrónicos' (*DLE*, versión 23.6 en línea)—, *chip* se emplea con género masculino, concordando con su hiperónimo semántico 'circuito'.

> Si de números se trata, la placa tiene nada menos que 64 megabytes (MB) de memoria, mientras que la velocidad del chip alcanza los 400 megahertz (*Clarín* [Arg.] 10-01-01).

> Las empresas en busca de los chips gráficos para la IA ya están en situaciones parecidas a las que se dieron durante la pandemia (*elDiario.es* [Esp.] –30-05-23).

De este modo, la asignación de género en estos préstamos responde a dos mecanismos principales: la elisión del núcleo en construcciones apositivas (que motiva el uso femenino) y la atribución por defecto del masculino, frecuente en los anglicismos que designan objetos inanimados y tecnicismos, reforzada en este caso por la asociación con un hiperónimo masculino.

En lo que respecta a los sustantivos procedentes del francés, la tendencia general en español ha sido mantener el género etimológico del término de origen. No obstante, en determinados casos, el género heredado no coincide con el que la palabra adquiere en español, lo que origina fenómenos de vacilación o reajuste en la asignación del género. Este comportamiento se observa, por ejemplo, en las voces *crep*, *clac* y *lilac*. El primer caso, *crep* (del francés *crêpe*), conserva su género femenino etimológico, aunque en español se registra vacilación entre el masculino y el femenino (*la/el crep*). La documentación del CORPES confirma la existencia de ejemplos con ambos géneros, una oscilación que también recoge el diccionario académico. Los datos de Google Books muestran esta variación con una clara preferencia por el uso femenino (*la crep*). Esta dualidad en la asignación del género podría explicarse por la coexistencia de la palabra *crep* o *crepé*, con el significado de *tejido*, que proviene igualmente del francés *crêpe*. En este caso, el término conserva en español el género masculino que posee en la lengua de origen. Por tanto, la vacilación en el género de *crep* responde a la influencia semántica de sus distintas acepciones, cada una heredada de un modelo etimológico diferente.

El segundo caso es *clac*, del francés *claque*, que designa a un 'grupo de personas que asisten a un espectáculo con el fin de aplaudir en momentos determinados' (*DLE*, versión 23.6 en línea). En francés, este sustantivo tiene género femenino, y esta característica se ha mantenido en español (*la clac*). Sin embargo, la documentación disponible en los corpus no es concluyente, ya que bajo la forma *clac* se agrupan distintos significados. Por un lado, *clac*, con género masculino, funciona como onomatopeya que imita un sonido seco y designa también un 'tipo de sombrero'; por otro, *CLAC*, con género femenino, corresponde a la sigla de *Coordinadora Latinoamericana y del Caribe de Pequeños Productores y Trabajadores de Comercio Justo*. Cuando *clac* se emplea con el sentido de 'conjunto de personas que asisten a un evento para aplaudir en momentos concretos', puede alternar con la forma *claque*, pero manteniendo siempre el género femenino. En la escasa documentación localizada, se ha encontrado un único caso en el que *claque* se utiliza como equivalente de *clac* con género masculino, lo que parece constituir una excepción aislada dentro de la tendencia general hacia la estabilidad del femenino.

> El claque aplaudía a rabiar cada vez que Roque amenazaba morirse enrojecido (*Cosas de cualquier familia* [Méx.] 1990).

El último galicismo que analizamos es *lilac*. Aunque algunos diccionarios lo registran como préstamo del francés, la información etimológica del *DLE* indica que su origen último se encuentra en el sustantivo árabe femenino *līlak*. En español, el género gramatical de *lilac* ha experimentado diversas fluctuaciones históricas. Hasta 1791, la palabra se empleaba con género masculino para designar un 'arbusto que da por fruto unas nueces, conocidas como ben, de las cuales se extrae el aceite de ben'. La asignación del masculino en este periodo parece estar relacionada con el género masculino de *lilac* en francés. A partir de 1803, sin embargo, el término adopta el género femenino, cambio que probablemente se deba a la influencia formal y semántica de la voz *lila*, sinónimo de *lilac* en español. Este reajuste habría contribuido a la feminización definitiva del sustantivo, reforzada tanto por la analogía formal como por la frecuencia de uso del sinónimo *lila*, que presenta características fonéticas y morfológicas más próximas a los sustantivos femeninos del español.

Hasta este punto, hemos examinado préstamos procedentes de lenguas con mayor proximidad histórica o geográfica al español. En adelante, abordaremos sustantivos inanimados incorporados de otras lenguas, como el hebreo o el alemán, así como siglas, marcas comerciales, voces de origen desconocido y palabras compuestas. Entre ellas se encuentran *álef*, *ONG*, *troj*, *realpolitik*, *AM*, *almicantarat*, *calicut*, *PET*, *vermut*, *trox* y *túrmix*.

La palabra *túrmix* procede de la marca suiza Turmix, nombre comercial de la batidora eléctrica fabricada por *Diethelm Keller Brands SA*. Según el *DPD* (RAE y ASALE, 2025), *túrmix* se utiliza con ambos géneros, aunque predomina el uso femenino. No obstante, la consulta en el CREA y el CORPES registra un total de 16 casos con género masculino, mientras que, como se aprecia en la Figura 28, los datos de Google Books reflejan una presencia significativa del masculino en determinados periodos (especialmente entre 1979-1991 y 2006-2009).

Figura 28: Distribución temporal del sustantivo *túrmix* en Google Books.

El género femenino de *túrmix* se explica por elipsis del núcleo en la construcción *batidora túrmix*, estructura que motiva el femenino en la mayoría de los usos actuales. Sin embargo, la existencia de ejemplos con género masculino se debe a la asociación semántica con hiperónimos masculinos como 'aparato' o 'batidor', este último utilizado como sinónimo de *batidora*, sobre todo en el español de América.

> Retiramos del fuego, agregamos las yemas y huevos lentamente mientras batimos con el batidor de alambre, regresamos al fuego y seguimos batiendo constantemente hasta que la mezcla se espese (*Destino Panamá* [Pan.] 2021).

Un caso análogo lo encontramos en *Thermomix*, cuyo uso se ha generalizado en femenino (*la Thermomix*), pese a que etimológicamente correspondería el masculino por concordar con su hiperónimo 'robot de cocina'. En la documentación del CORPES, *la Thermomix* presenta una frecuencia normalizada de 0,12 casos por millón, frente a un solo caso con artículo masculino (*el Thermomix*). La predominancia del femenino, en este caso, parece estar motivada también por la asociación con el hiperónimo 'batidora', lo que confirma una tendencia sistemática en el español contemporáneo a atribuir el género femenino a los nombres de electrodomésticos vinculados a tareas culinarias.

> Preparamos la salsa triturando finamente en la batidora o en la thermomix todo lo que nos ha quedado en la fuente, excepto los ajos y los granos de pimienta (*Food and Cook* [Esp.] 31-07-08).

> Preparar la salsa: pasar por la batidora o la Thermomix todos los ingredientes hasta obtener una crema fina (*El País Aguilar* [Esp.] 2008).

Entre los préstamos procedentes del alemán destacan *realpolitik* y *vermut*. El término *realpolitik* —sustantivo femenino que designa la 'política basada en criterios prácticos y realistas'— mantiene en español el género femenino heredado de su forma original alemana, en la que el equivalente semántico corresponde al sustantivo *Politik* ('política'). La ausencia de documentación con género masculino en los corpus académicos confirma la fijación y estabilidad del género femenino en el uso de este préstamo, lo que evidencia un proceso de adaptación plenamente consolidado. Por su parte, *vermut*, procedente del alemán *Wermut* ('ajenjo'), posee género masculino en su lengua de origen, donde designa un 'licor elaborado a partir de vino, ajenjo y otras sustancias amargas y tónicas, consumido habitualmente como aperitivo'. En español, el préstamo ha conservado el género masculino etimológico, de modo que *el vermut* constituye la forma normativa y generalizada.

Sin embargo, tanto en el CORPES como en Google Books se registran algunos casos aislados con género femenino (*la vermut*), lo que sugiere vacilaciones puntuales posiblemente motivadas por la influencia de otras bebidas de género femenino —como *la cerveza* o *la ginebra*— o por analogía morfológica con palabras terminadas en *-t*, a menudo femeninas en español.

> En la vermut del cine arte de Carlebach, el domingo 17 de enero de 1999, Romy Schneider se enamora de Michel Piccoli (*Postre restante* [Ch.] 2001).

La aparición del sustantivo *vermut* con género femenino ofrece información significativa sobre los mecanismos de motivación semántica que intervienen en la asignación de género. En los casos en que se documenta *la vermut*, el género femenino está directamente relacionado con el ámbito teatral y cinematográfico, donde los horarios de las funciones se clasifican tradicionalmente como matiné, vespertina o vermut y nocturna. En este contexto, la función vermut designa la sesión intermedia entre la *matiné* y la *nocturna*. Por tanto, el uso de *vermut* con género femenino responde a la elisión del sustantivo núcleo —'función' o 'sesión'—, que es el que transfiere su género al término.

> Disfruté del zumo y, cuando estaba tomando el café, llegó el pianista para la sesión vermut (*Los lobos no piden perdón* [Esp.] 2019).

Cabe mencionar también la variante gráfica *vermú*, de idéntico significado. Según el *DLE*, esta forma se emplea igualmente con género femenino cuando funciona sintácticamente como una aposición cuyo núcleo está elidido.

> [...] se han programado las propuestas de Trébole y su repertorio de Música cántabra, la sesión vermú de Bailes vespertinos, el recital de Música dispersa de Ignacio Alfayé y Eduardo Buerga (*Artez* [Esp.] 2008).

En cuanto a los préstamos de origen hebreo, destaca el sustantivo *álef*, con sus variantes *alef* y *aleph*, que designa la primera letra del alfabeto hebreo. Este término presenta vacilación en la asignación de género, tal como se refleja en diversas fuentes lexicográficas a lo largo del tiempo. La forma *álef* aparece por primera vez en el *Diccionario enciclopédico de la lengua española* de Gaspar y Roig (1853), sin marca de género. Posteriormente, en el *Diccionario enciclopédico de la lengua castellana* de Zerolo, Toro y Gómez e Isaza (1895), se registra con género femenino, mientras que Toro y Gómez (1901) lo clasifican como masculino. La edición de 1992 del diccionario académico introduce por primera vez la marca de género ambiguo. En cuanto a la variante *alef*, su primera aparición se documenta en el *Diccionario de la lengua española* de Alemany y Bolufer (1917), con género masculino, seguido por el *Diccionario completo de la lengua española* de Rodríguez Navas y Carrasco (1918), que mantiene la misma asignación. Por su parte, la forma *aleph* figura por primera vez en el *Nuevo diccionario de la lengua castellana* de Salvá (1846), también con género masculino. En el suplemento de Domínguez (1869), se diferencia entre *aleph* masculino, cuando designa el signo numérico, y *aleph* femenino, cuando alude a la letra del alfabeto. Esta oscilación de género parece deberse, como advierte el propio Domínguez, a la confluencia de dos significados distintos: el de letra y el de signo numérico.

En los corpus académicos, los resultados confirman esta tendencia. Ni el CREA ni el CORPES ofrecen ejemplos de *álef*, *alef* o *aleph* como nombre común femenino, aunque sí se documentan usos masculinos de *aleph* (en el CREA y el CORPES) y de *álef* (en el CORPES). El CORDE, por su parte, registra ambos géneros para *alef* y *aleph*, con predominio del masculino. En las búsquedas de Google, *álef* solo aparece con género masculino, mientras que *alef* y *aleph* presentan vacilación, aunque con una mayor frecuencia del uso masculino. Teniendo en cuenta esta documentación, es previsible que la forma más estable sea *el álef*, incluso si se considerara un sustantivo femenino, puesto que el uso del alomorfo *el* es obligatorio ante vocal tónica inicial *a*. La forma *la álef* solo resultaría posible en contextos excepcionales en los que la palabra tuviera acentuación oxítona, lo cual no se da en este caso.

El término *almicantarat* procede del árabe clásico المقنطرات (*al-muqanṭarāt*) y designa 'cada uno de los círculos paralelos al horizonte que se suponen descritos en la esfera celeste, para determinar la altura o la depresión de los astros' (*DLE*, versión 23.6 en línea). Hasta la edición de 1989, los diccionarios académicos registran este sustantivo con género femenino; sin embargo, a partir de 1992, pasa a codificarse como masculino, con la nota aclaratoria «femenino en el pasado». Esta vacilación de género no se refleja en los datos de los corpus contemporáneos. Ni el CREA ni el CORPES ofrecen concordancias del término, aunque el CORDE sí documenta catorce casos de *almicantarat*, de los cuales 11 presentan género femenino, uno aparece en posición apositiva, y dos carecen de marcas flexivas que permitan determinar su género. Todos los casos proceden de un mismo documento fechado en 1927. Por su parte, la búsqueda en Google muestra exclusivamente ejemplos de *almicantarat* con género masculino, desde el siglo XIX hasta el siglo XXI. La posible alternancia de género podría deberse a la elección del hiperónimo con el que se define el término —'círculo' o 'esfera'—, ambos de género distinto. No obstante, los datos actuales evidencian una tendencia claramente masculina, acorde con la definición académica que remite a 'círculo', y que, por tanto, consolida su uso masculino en la lengua contemporánea.

Hasta este punto se han examinado las voces con origen etimológico conocido. En contraste, la palabra *trox* presenta origen desconocido. Este término cuenta con variantes gráficas como *troxe*, *troj* y *troje*, y se define como «espacio limitado por tabiques, para guardar frutos y especialmente cereales» (*DLE*, versión 23.6 en línea). Los estudios etimológicos han propuesto diversas hipótesis sobre su procedencia —árabe, latina o griega—, aunque sin consenso definitivo. En español, la primera documentación de esta voz se encuentra en Covarrubias (1611), mientras que la forma *troxe* aparece ya en Casas (1570). El diccionario académico de 1780 incorpora las variantes *trox* y *troxe*. Las cuatro formas se han registrado de manera constante con género femenino. Los datos de los corpus refuerzan esta tendencia. En el CREA y el CORPES, el uso de *troje* es claramente predominante, mientras que las variantes *trox*, *troxe* y *troj* apenas cuentan con documentación. El CORDE, sin embargo, aporta información más detallada: *troj* aparece en veintisiete casos, de los cuales diecinueve son femeninos; *trox*, por su parte, también se documenta en veintisiete casos con género femenino, lo que evidencia una asignación de género estable y regular. Dado que el origen etimológico de la palabra es incierto, no puede considerarse este un factor explicativo de su género. Sin embargo, su relación semántica con 'bodega', sustantivo femenino, podría haber favorecido la atribución del género femenino. Asimismo, su condición de monosílabo podría haber contribuido a fijar esta asignación, tal como se ha observado en otros casos análogos del español.

En el caso de las siglas, la asignación de género suele determinarse por el género del sustantivo núcleo de la construcción, aunque existen excepciones: algunas presentan variación de género o no coinciden con el género del término base. Es lo que ocurre, por ejemplo, con la *CREA* (*Centro de*

Rehabilitación de Adictos), donde la sigla adopta el género femenino, pese a que el sustantivo núcleo ('centro') es masculino (Rodríguez González, 1984). Las siglas analizadas en este estudio parecen, en general, conservar el género de su núcleo: la *ONG* (*organización no gubernamental*), la *AM* (*amplitude modulation*, 'modulación de amplitud') y la *PET* (*positron emission tomography*, 'tomografía por emisión de positrones'). No obstante, dada su diversidad de origen, conviene diferenciarlas. En primer lugar, la sigla *ONG*, de procedencia española, muestra una marcada estabilidad en el uso femenino. La búsqueda en los distintos corpus revela una clara preferencia por la *ONG*, si bien el CORPES registra cuatro casos aislados de uso masculino, todos procedentes de Nicaragua (años 2006, 2007, 2008 y 2020). En dichos ejemplos, la asignación del género masculino parece deberse a una reinterpretación semántica de la sigla, vinculándola erróneamente al sustantivo organismo en lugar de organización. En todo caso, la escasísima presencia del género masculino confirma la regularidad del femenino para *ONG*, tendencia que se observa también en la Figura 29, con los datos de Google Books Ngram Viewer.

Figura 29: Distribución temporal de la sigla *ONG* en Google Books.

En segundo lugar, consideramos las siglas *AM* y *PET*, ambas de origen inglés. En el caso de *PET*, acrónimo de *positron emission tomography* ('tomografía por emisión de positrones'), el género debería corresponder al de su sustantivo núcleo, tomografía, de género femenino. Sin embargo, los datos del CORPES muestran un mayor número de ejemplos con género masculino que con femenino. Esta discordancia podría explicarse, como indica el *Diccionario de términos médicos* de la Real Academia Nacional de Medicina de España, por el uso mayoritario del masculino dentro del ámbito médico. Es posible, además, que esta preferencia esté influida por la coincidencia de la sigla *PET* con la prueba diagnóstica *TAC*, de género masculino, especialmente porque existe la denominación compuesta *PET-TAC*. En este sentido, el género masculino de *PET* podría haberse extendido por analogía a partir del de *TAC*, más antiguo y asentado en el uso especializado. Pese a ello, los datos de Google Books Ngram Viewer en la Figura 30 muestran una mayor frecuencia de *PET* con género femenino. Todo apunta, por tanto, a que el género femenino —transmitido por el sustantivo núcleo 'tomografía'— constituye la forma normativamente más coherente y lingüísticamente motivada, mientras que el masculino se explica por razones de uso técnico y analogía semántica.

Figura 30: Distribución temporal de la sigla *PET* en Google Books.

La sigla *TAC* ('tomografía axial computarizada') designa el conjunto de imágenes seriadas obtenidas mediante cortes transversales de un órgano o tejido. Desde el punto de vista lingüístico, al tratarse de una sigla, lo más apropiado es asignarle el género del sustantivo núcleo de la expresión abreviada —*tomografía*—, es decir, el femenino. El uso de TAC con género femenino se documenta especialmente en el español de América, con presencia destacada en países como Ecuador, Venezuela y Cuba. En cambio, en España se registran ejemplos con ambos géneros, aunque predomina el masculino, probablemente por analogía semántica con el sustantivo *escáner*, que posee género masculino. Para observar el comportamiento de este sustantivo en Google Books Ngram Viewer, es necesario acotar la búsqueda a partir de 1972, año en que comenzó a utilizarse la técnica de tomografía axial computarizada.[37] Como se observa en la Figura 31, los resultados de la consulta confirman lo señalado: existe una preferencia generalizada por el uso del género masculino, lo que sugiere que los hablantes —al menos en España— no perciben *TAC* como una sigla, sino como un sustantivo lexicalizado independiente del sintagma que le dio origen.

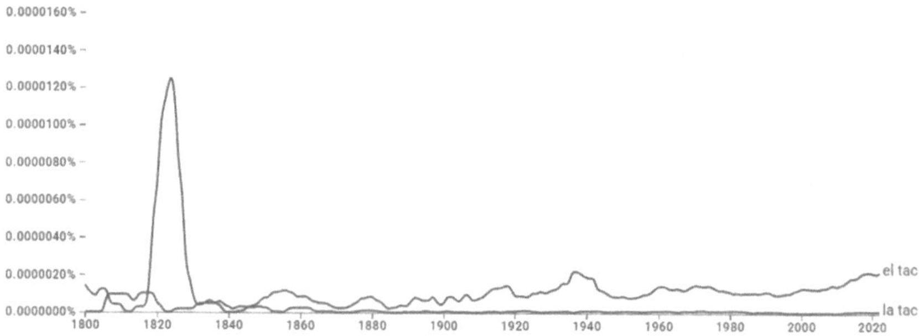

Figura 31: Distribución temporal del sustantivo *tac* en Google Books.

En último lugar, consideramos la sigla *AM* (*amplitude modulation*, 'modulación de amplitud'), cuyo género femenino deriva, de igual modo, del núcleo de su estructura: *modulación*. No obstante, en los corpus se registran algunos casos con género masculino, aunque la mayoría de ellos no resulta pertinente para el análisis. En el CORPES, por ejemplo, varios de los casos masculinos corresponden a *AM* con el significado de *Adultos Mayores*, y no a la sigla técnica referente a la modulación de amplitud. En el CREA, los veinte ejemplos masculinos localizados proceden de un único documento, lo que impide considerar el género masculino como regular o significativo. La gráfica de Google Books (Figura 32) confirma esta tendencia: los picos de uso del género masculino no se corresponden con la acepción de *AM* como 'onda', sino con otras interpretaciones o con errores de escaneo, que fragmentan palabras como *ambiente*, *amparo* o *amplio*. En otros contextos, además, la sigla AM funciona con valores distintos, como la abreviatura de *Área Metropolitana*.

[37] Existe documentación anterior de esta palabra, pero, tras consultarla, hemos comprobado que la palabra en cuestión está relacionada con el término aeronáutico *TAC* ('Tripulante Auxiliar de Cabina'); por ello, se descarta la información anterior a 1972.

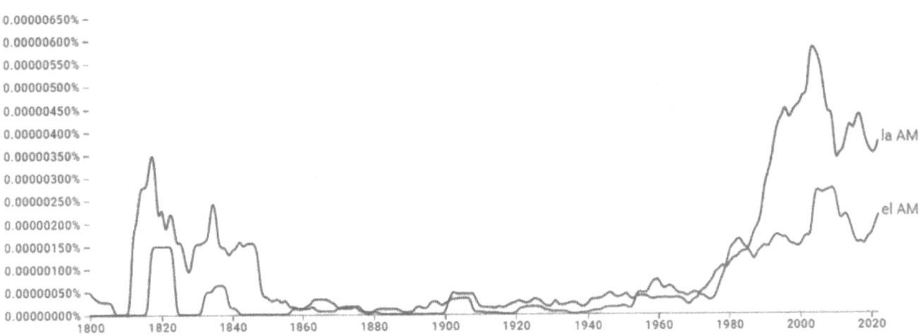

Figura 32: Distribución temporal de la sigla *AM* en Google Books.

5.2. Préstamos con terminación en vocal

5.2.1. Préstamos con terminación *-e*

En español, la terminación *-e* se encuentra ampliamente representada en el léxico. Según la plataforma *Enclave RAE*, el *DLE* registra más de 13 000 sustantivos terminados en esta vocal, muchos de los cuales proceden de otras lenguas, como el inglés, el francés, el italiano o el árabe, entre otras. De acuerdo con la información extraída del *DLE*, la mayoría de los sustantivos inanimados terminados en *-e* son masculinos en español. Por ello, este epígrafe se centrará en el estudio de los préstamos femeninos o con ambigüedad de género, menos frecuentes dentro del sistema. Aunque en apartados anteriores se ha subdividido esta terminación en varios grupos, aquí se ofrece una visión global de la terminación *-e*, atendiendo a la lengua de origen de los préstamos, con el objetivo de analizar en qué medida la etimología puede influir en la asignación del género femenino.

Entre los préstamos procedentes del francés, se distinguen tres grupos: los que presentan variación de género (*brioche, quiche, boatiné, casete, guatiné, papillote, reclame*), los que mantienen el género etimológico femenino (*coqueluche, baguette, berceuse, boiserie, boutique, boutade, boîte, chance, charrete, choucroute, élite, entente, fondue, higiene, mousse, nonchalance, pose, rue, suite, tournée, vinagre*, entre otros) y aquellos que no conservan el género original (*masacre*).

En el primer grupo se incluyen sustantivos con alternancia de género, que conservan el femenino etimológico y, al mismo tiempo, adoptan el masculino del hiperónimo con el que se asocian semánticamente ('bollo' para *brioche*, 'pastel' para *quiche*, 'tejido' para *boatiné* y *guatiné*, 'envoltorio' para *papillote*, 'ajo' para *chalote*). Quedan fuera de esta asociación *reclame* y *casete*, que presentan una motivación distinta. La consulta de los corpus académicos (CORDE, CREA y CORPES) revela una tendencia general al uso del masculino, aunque los resultados de Google Books muestran una competencia entre ambos géneros a lo largo del tiempo.

La voz *brioche* se incorporó al *DLE* (ed. 23.3) con el significado de 'bollo ligero de forma redondeada hecho de una masa esponjosa'. A diferencia de otros préstamos que conservan su género etimológico, en español se prefiere el masculino (*el brioche*) por motivación semántica, al asociarse con el hiperónimo 'bollo'. De ahí que se documente variación de género, como se refleja en la Figura 33 correspondiente.

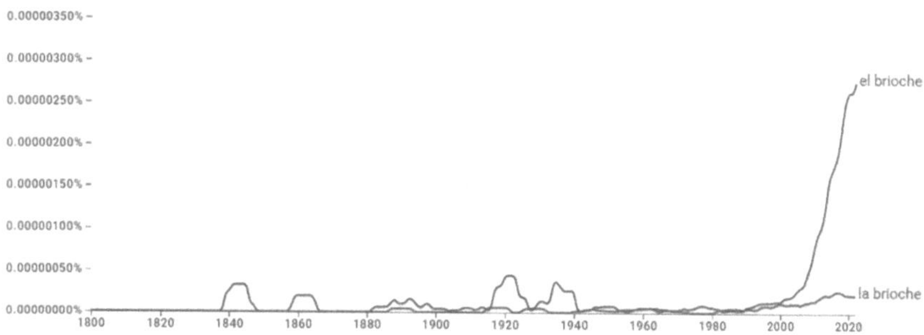

Figura 33: Distribución temporal del sustantivo *brioche* en Google Books.

El término *quiche* ingresó en el *Diccionario de la lengua española* (2001) como sustantivo femenino, definido como 'pastel hecho con una base de pasta sobre la que se dispone una mezcla de huevos, leche y otros ingredientes que se cuece al horno' (*DLE*, versión 23.6 en línea). Las ediciones posteriores mantienen esta definición, pero añaden el uso masculino. Los corpus evidencian que el uso masculino fue inicialmente más frecuente, especialmente en textos anteriores al siglo XXI, en los que *quiche* designaba la lengua maya o ciertas plantas (*bromelias*) (véase Figura 34). A partir del año 2000, con la difusión del término culinario, se incrementa notablemente el uso femenino, correspondiente al préstamo francés. En consecuencia, *quiche* ha conservado su género etimológico femenino, aunque se registren casos de alternancia por analogía con el hiperónimo 'pastel' o 'bollo'.

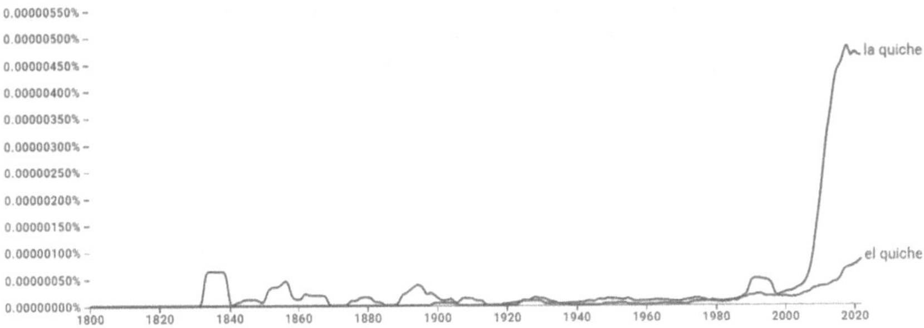

Figura 34: Distribución temporal del sustantivo *quiche* en Google Books.

Las voces *boatiné* y *guatiné*, que aluden semánticamente a 'tejido', se encuentran escasamente representadas en los corpus académicos. *Boatiné* aparece más frecuentemente en el CREA, con usos masculinos documentados, mientras que *guatiné* apenas cuenta con once ejemplos en el CORPES, la mayoría en construcciones como *bata de guatiné*. Los datos disponibles son insuficientes para establecer una preferencia de género, si bien los ejemplos coinciden en su asociación con prendas o materiales textiles.

El último sustantivo cuya alternancia de género parece estar justificada por su hiperónimo es 'papillote'. La documentación del CORDE muestra un uso predominante del femenino hasta finales del siglo XX, mientras que el CREA y el CORPES evidencian una progresiva masculinización (*el papillote*), en correlación con su significado de 'envoltorio' (véase Tabla 32).

> A continuación, se moja con un poco de salsa española y se cierra en forma de papillote. Se deja cocer en el horno durante una hora a 160 °C. Una vez cocido, se saca del papillote y se deja en la nevera hasta que esté frío (*La Vanguardia* [Esp.] 1995).

> Se puede hacer el papillote con papel de aluminio para cocina, pero queda muy bien con el papel graso que utilizan en las pastelerías (*Las recetas de "Todos contra el chef"* [Esp.] 2006).

Tabla 32: Distribución del sustantivo *papillote* en los corpus académicos

	masculino	femenino
CORDE	0 casos	28 casos
CREA	2 casos	1 casos
CORPES XXI	11 casos	5 casos

Los textos analizados confirman que esta alternancia responde al género de su hiperónimo ('envoltorio', masculino). Por su parte, Google Books refleja una persistencia del femenino hasta la actualidad, salvo entre 1827 y 1834, cuando el masculino presenta un ligero predominio (véase Figura 35).

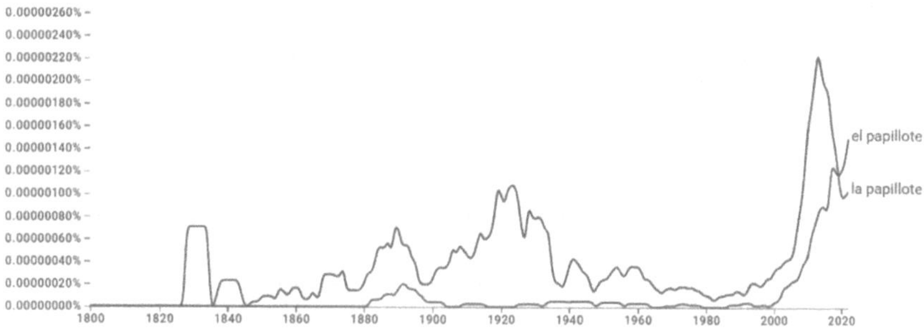

Figura 35: Distribución temporal del sustantivo *papillote* en Google Books.

Por último, encontramos dos sustantivos procedentes del francés cuyo género gramatical en español, *a priori*, no parece responder a cuestiones semánticas: *reclame* y *casete*. El sustantivo *reclame* constituye un caso singular, ya que combina dos etimologías distintas. Como término marítimo (del neerlandés *klamp*), es masculino; en cambio, con el significado de 'publicidad' (del francés *réclame*), adopta el femenino. Los corpus confirman esta dualidad: los usos masculinos antiguos corresponden al ámbito náutico, mientras que algunos casos modernos emplean el masculino con el sentido de 'propaganda', quizá por influencia analógica de *reclamo*.

> [...] aun menos "excusable", el publicista Jorge Schusheim la aplica a quienes idearon el reclame del Círculo de Creativos Argentinos (*Brecha* [Ur.] 1997).

Tras el análisis de los documentos, es posible concluir que la elección de género para este sustantivo, en cualquiera de sus dos significados, se debe a la etimología. Por otro lado, en los casos masculinos de *reclame* con el significado de 'publicidad' podría influir la existencia del sustantivo *reclamo*, con el significado de 'propaganda de una mercancía, espectáculo, doctrina, etc.'. De cualquier modo, parece que el uso de esta palabra no es común en español, ya que la documentación en los corpus es limitada, con menos de cinco ejemplos registrados en la mayoría de ellos.

Otro término es *casete*, del francés *casette*, que presenta ambigüedad de género en español, a pesar de ser una palabra femenina en francés. Cuando se utiliza como femenino, conserva su género etimológico; cuando se utiliza como masculino, no parece haber una motivación semántica clara, ya que su hiperónimo, en todo caso, es 'cinta', que tiene género femenino. En su primera aparición lexicográfica (*Diccionario manual e ilustrado de la lengua española*, 1983), se registró como ambigua, tanto para 'aparato' como para 'cinta'. En el uso real, el masculino predomina en ambos significados. La información recopilada de los corpus evidencia que, en español, el uso de *casete* con género masculino se emplea tanto para referirse al reproductor como a la cinta magnetofónica, lo que indica que su uso está ampliamente extendido. En contraste, otras lenguas como el portugués o el catalán seleccionan un género distinto para cada significado: 'reproductor' (masculino) / 'cinta' (femenino). Por su parte, el italiano utiliza *casetta* (femenino) para ambos sentidos. Es posible que, en español, el género masculino de *casete* utilizado para referirse inicialmente al reproductor se haya extendido también al significado de 'cinta', lo que ha hecho que podamos encontrar casos de *el/la casete* en los corpus académicos:

> [...] volvió a introducir <u>la casete</u> en el aparato (*Operación Chaplin* [Esp.] 2003).

> [...] y ponía <u>el casete</u> que había llevado, en el que había grabado un disco de Jan Garbarek (*La bandera* [Arg.] 2003).

Otra posibilidad es que la extensión del masculino pueda explicarse por analogía con *disquete*, o por el valor diminutivo del sufijo *-ete*, productivo en sustantivos masculinos (*juguete, solete, vejete*). Además, el *DPD* (RAE y ASALE, 2025) señala que *casete* puede funcionar como acortamiento de *radiocasete*. En este sentido, los compuestos derivados (*audiocasete, pasacasete, radiocasete, videocasete*) reproducen esta ambigüedad: el femenino se emplea cuando aluden a la cinta, y el masculino cuando designan el aparato. En conjunto, los datos del CREA y del CORPES confirman que el género masculino se ha generalizado en español.

El segundo grupo de préstamos en *-e* reúne voces que mantienen su género etimológico femenino, como *coqueluche, baguette, berceuse, boiserie, boutique,* *boutade*, *boîte*, *chance*, *choucroute*, *fondue*, *mousse*, *suite*, entre otras. Un caso particular es *vinagre*, procedente del catalán *vi agre* y del latín *vīnum acre*. Aunque en catalán es masculino, en español se documenta históricamente tanto el masculino como el femenino. Jiménez Patón (1614) evidencia la presencia de ambos géneros como usos dialectales. La forma femenina *la vinagre* aparece en textos de los siglos XVII al XIX, probablemente por analogía con líquidos de género femenino (*sangre*, *leche*). No obstante, el masculino ha sido y sigue siendo el género dominante, en consonancia con su etimología.

En el tercer grupo, localizamos el ejemplo *masacre* (del francés *massacre*, masculino), incorporado al *DLE* en 1984 con el significado de 'matanza de personas, por lo general indefensas'. No obstante, se recoge en años anteriores con la grafía original (*massacre*) en el *Vocabularium Hispanicum Latinum et Anglicum copiossisimum, cum nonnullis vocum millibus locupletatum, ac cum Linguae Hispanica Etymologijs [...]* de Minsheu (1617), en *A new Spanish and English dictionary* de Stevens (1706) y en el *Diccionario enciclopédico de la lengua española* de Gaspar y Roig (1853). En español, su uso generalizado comienza en el siglo XX.

> [...] el arresto o la masacre de una familia real, el fusilamiento del último ministerio (*La crisis griega* [Perú] 1926).

En estos corpus, la voz *masacre* aparece siempre con género femenino. Por su parte, la búsqueda en Google Books recoge el texto más antiguo en 1920, aunque se documentan algunos usos anteriores que hacen referencia al río Masacre. Merece la pena subrayar la tardía aparición de *masacre* en el léxico español, apenas hace cien años. Hasta ese momento, la palabra que se utilizaba para hacer referencia a la acción de matar era *matanza*. Al contrario de lo que ocurre con *masacre*, que se recoge por primera vez en Minsheu (1617) y, tiempo más tarde, en el *Diccionario de Autoridades* (RAE, 1734), la palabra *matanza* aparece ya en documentación del siglo XIII, en el *Libro de las Cruces* de Alfonso X (1259). Desde su incorporación, *masacre* ha adoptado género femenino, probablemente por analogía con *matanza*, su equivalente semántico en español, a pesar de ser en francés una palabra masculina. Probablemente, el prestigio de los galicismos y la especificidad del matiz de *masacre* contribuyeron a su consolidación en el léxico.

Entre los préstamos procedentes del inglés, se registran *caché*, *remake*, *performance*, *troque* y *mable*. *Caché* presenta doble género: masculino ('cotización de un artista', 'distinción o elegancia') y femenino ('memoria caché'). El masculino deriva del francés *cachet*, mientras que el femenino procede del inglés *cache* y adquiere su género por el núcleo elidido (*la [memoria] caché*). En consecuencia, se documentan usos como los siguientes:

> Esto es similar a la caché de Google, pero con la ventaja de que almacena distintas versiones con su correspondiente fecha (*En ocasiones veo muertos* [Esp.] 2002).

> El otro es el de la democracia, que trata de controlar el tsunami de comandos generando votaciones a partir de las órdenes acumuladas en la caché durante cinco minutos (*Twitch Plays Pokémon: una revolución del streaming y el nacimiento de una religión* [Esp.] 2019).

En segundo lugar, *remake* se documenta como masculino, aunque en el español de Uruguay y Argentina también aparece en femenino, por analogía con 'adaptación', 'versión' o 'película'. La documentación del CORPES muestra un uso femenino comúnmente asentado en Argentina y en Uruguay, aunque también se localizan ejemplos de España, Paraguay, Bolivia, Cuba o México. De cualquier modo, pese a esta variación, el uso generalizado es masculino, tal y como se aprecia en la Tabla 33, el mismo que adopta la mayoría de los anglicismos en español.

Tabla 33: Distribución del sustantivo *remake* en los corpus académicos

	Masculino	femenino
CORDE	1 caso	0 casos
CREA	21 casos	7 casos
CORPES XXI	365 casos	54 casos

Otros préstamos del inglés son *performance* y *troque*. Estos términos se registran como femeninos en el *DLE*, aunque existen ejemplos masculinos. En el caso de *performance*, los corpus confirman un uso mayoritariamente femenino, vinculado a su traducción 'representación' o 'función'. En *troque*, los datos son escasos, pero apuntan a una tendencia masculina, posiblemente por la ausencia de marca flexiva o por analogía con 'camión'. En cuanto a su uso, la documentación recogida en los corpus revela que, en el caso de *performance*, existe una preferencia por el género femenino (420 casos con género femenino frente a 17 casos con género masculino). Esta diferenciación de géneros, además, se produce en la década de los sesenta, según refleja la Figura 36.

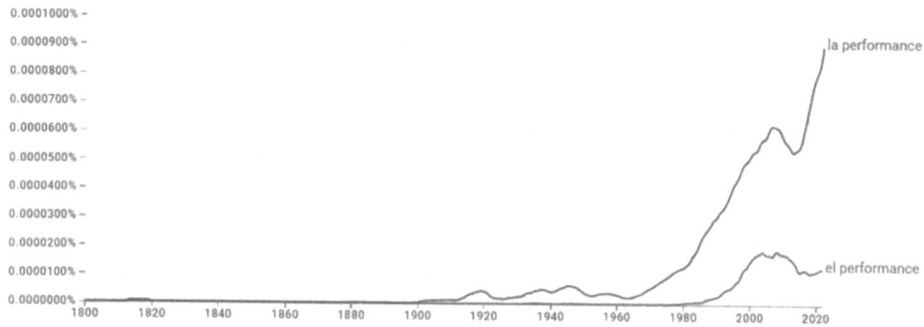

Figura 36: Distribución temporal del sustantivo *performance* en Google Books.

En el caso de *troque*, como se muestra en la Figura 37, es el género masculino el más utilizado, si bien solo se documentan ocho casos, de los cuales tres tienen género masculino y cinco no presentan rasgos de género. Esto muestra una clara tendencia a asignar género masculino a lo largo de la historia.

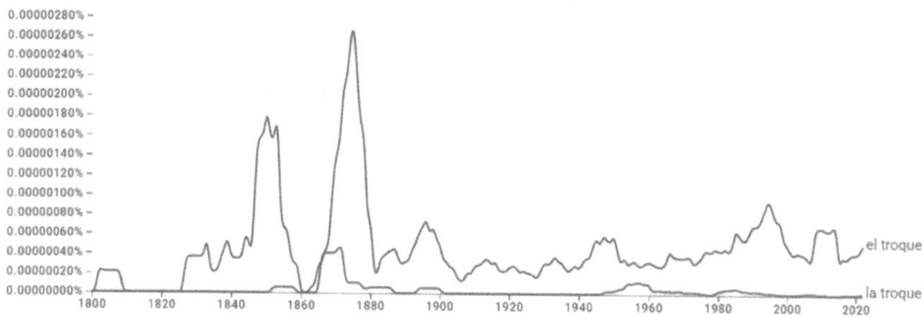

Figura 37: Distribución temporal del sustantivo *troque* en Google Books.

En cuanto al sustantivo *mable*, probablemente adaptación de *marble* ('canica'), presenta género femenino. Probablemente haya tomado este género precisamente de su equivalente *canica*.

Proceden del náhuatl los términos *chiche*, *ciguapate* y *cocoliste*. El sustantivo *chiche* ('mama, teta') muestra variación diatópica y motivación semántica. Como se muestra en los datos de los corpus académicos, se documenta con género masculino en Argentina, Bolivia, Guatemala y Perú, y femenino en México, Nicaragua y Honduras. La distribución coincide con los significados: masculino cuando designa 'juguete' o 'niño', y femenino cuando se refiere al 'pecho de la mujer'. Por tanto, la variación de género depende del valor semántico del referente. En la Figura 38, gracias a los datos de Google

Books, también encontramos usos de *chiche* con género masculino, asociado a 'juguete' o 'niño', y femenino referido al pecho de la mujer, en la misma línea de la información que proporcionan los corpus académicos.

Figura 38: Distribución temporal del sustantivo *chiche* en Google Books.

Dado que *chiche*, con el significado de 'mama, teta', hace referencia a una parte del cuerpo que consiste en un conjunto de entidades, resulta necesario llevar a cabo una investigación en los corpus sobre *chiches* en plural. Al revisar la documentación recopilada de los corpus, se encuentran ejemplos de *las chiches*, todos relacionados con esta parte anatómica. En el CORDE se registran dos casos, procedentes de Honduras y Guatemala; en el CREA se hallan tres casos, provenientes de México, Guatemala y Estados Unidos; y en el CORPES se documentan 11 casos, de México, Honduras, El Salvador y Guatemala. En contraste con esta información, la búsqueda de *los chiches* arroja casos relacionados con el significado de 'juguete' o 'niño'. En el CORDE no se registra ningún caso de *los chiches*; en el CREA se encuentran tres ejemplos de Argentina y Perú; y en el CORPES se identifican 23 casos, provenientes de Argentina, Colombia, Paraguay y Uruguay. Con los datos aquí analizados, no se puede afirmar que exista variación en el género gramatical del sustantivo *chiche*. En realidad, existe variación en tanto que cada significado se presenta con un género u otro. Por este motivo, es coherente pensar que tras la alternativa de género existe una motivación semántica que hace seleccionar el género dependiendo del significado de la voz y de su referente: 'juguete' o 'mama'.

Otros casos procedentes del náhuatl son *ciguapate* ('planta') y *cocoliste* ('enfermedad, tifus') en los que el género se asigna por motivación semántica: el femenino de 'planta' para *ciguate* y 'enfermedad' para *cocoliste*.

Los corpus muestran, sin embargo, una predominancia del masculino, pese a que el *DLE* los registra como femeninos. La búsqueda en el CORDE, el CREA y el CORPES devuelve pocos ejemplos que nos ayuden a conocer el comportamiento gramatical de estos términos. Para *cocoliste* solo se atestiguan tres casos del CORDE y para *ciguapate* uno del CORDE y dos del CORPES. Con la escasa documentación obtenida de los corpus académicos, resulta interesante profundizar en los tres casos de *cocoliste* que documenta el CORDE, puesto que todos ellos son masculinos:

> [...] los pueblos mal proveídos, por el cocoliste y pestilencia general que en los indios había (*Primera parte del Parnaso Antártico de las obras amatorias* [Perú] 1608).

> [...] un mes despues de haberlos concertado hubo un cocoliste que los puso en el pequeño número que hoy se hallan, que son por todos ochocientos tributarios [...] (*Relación del pueblo de Ocelotepeque, juridicion de Miguatlan, sacada de la que en él se hizo por man ...* [Méx.] 1609).

> [...] salvo que la labor de minas gasta muchos, y algunas enfermedades generales han consumido gran parte, como el cocoliste en la Nueva España, pero en efecto de parte de su vivienda no se ve que vayan en diminución (*Historia natural y moral de las Indias* [Esp.] 1590).

En los tres ejemplos mencionados, el uso de *cocoliste* con género masculino podría deberse a la interpretación de este término como sinónimo de 'tifus', tal como se menciona en la segunda acepción de *cocoliste* del diccionario académico, o a la posibilidad de que *cocoliste* adquiera el género masculino por ser el no marcado en español. De acuerdo con esto, si se establece una asociación con la palabra 'enfermedad', el término *cocoliste* adquirirá género femenino —como ocurre con *landre* o *diabetes*—, mientras que, si se asocia con 'tifus' o se toma el género por defecto, se considerará masculino.

En relación con los préstamos del español cuyo origen es el griego, tenemos *base, concoide, diástole, diple, efeméride, elipse, epímone, episteme, epítrope, epanástrofe, fase, faringe, frase, hecatombe, hemorroide, hidátide, hipálage, hipérbole, íride, meninge, metagoge, palangre, paragoge, paraselene, perístole, psique, sístole*, que heredan el femenino etimológico y no han experimentado cambios o alternancias de género en español. También tenemos el sustantivo *acmé*, que conserva el género femenino del griego, aunque en el *DLE* se considera ambiguo debido, probablemente, a su asociación con el hiperónimo 'punto' o con el sinónimo 'cenit'. Por otro lado, los sustantivos *burche, rafe, laringe* y *arrelde* no siguen su género etimológico. En primer lugar, tenemos *burche* (del árabe *burǧ* y este del griego *πύργος*), que tiene en español, y también en catalán (*borja*), género femenino. El uso de esta voz en los corpus académicos es escaso: se documentan apenas tres casos en el CORDE y ninguno en el CREA ni en el CORPES; en dos de ellos, la voz ha sido utilizada con género masculino, posiblemente influido por su género etimológico:

> Damian de Mena, de edad de 22 años, natural de la villa de Madrid, captivo en el burche de Tortosa (*Memorial del P. Fr. Juan Gil al Rey pidiendo limosna para hacer una redención, acompañando la Relación de los cautivos, criados y oficiales de S. M., rescatados el año de 1580* [Esp.] 1581).

> treinta aquel burche encamina, y a la muralla sesenta (*Comedia famosa de los baños de Argel* [Esp.] 1615).

La tendencia a acercarse al género etimológico se muestra también en las primeras obras lexicográficas (*Diccionario de la lengua castellana* de RAE, 1899 o *Gran diccionario de la lengua castellana, autorizado con ejemplos de buenos escritores antiguos y modernos [...]* de Pagés, 1902), que recogen este sustantivo con género masculino. De hecho, es el *Diccionario de la lengua castellana* (1914) el que le otorga género femenino a *burche*. Asimismo, es probable que el género femenino en *burche* haya sido motivado semánticamente en español por el de su hiperónimo 'torre' (femenino).

En segundo lugar, está el sustantivo *rafe*, que presenta ambos géneros para la acepción 'en algunas semillas, cordoncillo saliente que forma el funículo' (*DLE*, versión 23.6 en línea). En sus orígenes, la palabra *rafe* se introdujo en español como sustantivo masculino con el significado de 'alero', cuyo origen se remontaba al árabe (*raff*) y del que conservó su género etimológico. En 1884, en el diccionario académico, se incorporó por primera vez la voz *rafe* como término botánico de origen griego, pero no fue hasta 1989 cuando se distinguieron ambos términos, teniendo en cuenta el origen de cada uno de ellos y, en consecuencia, se asignó su género gramatical específico a cada voz:

rafe. (Del ár. *raff*, cornisa) m. 'En algunas partes, alero, 1.ª acep.'.
rafe. (Del gr. *ῥαφή*, costura) f. *Bot.* 'Cordoncillo saliente que forma el funículo en algunas semillas. || *Zool.* Rugosidad ó línea saliente, á modo de costura, en el perineo y el escroto'.

En este sentido, al referirnos a *rafe* como *cordoncillo*, se observa que mantiene su género femenino, heredado del griego. En cambio, cuando se utiliza con género masculino, es probable que esta elección responda a una de dos posibilidades: a la extensión semántica desde el significado '*alero*', de origen árabe y de género masculino, o bien a la asignación del masculino por defecto. En cualquier caso, las consultas realizadas en los corpus académicos muestran una escasa documentación del término *rafe* con este significado, lo que dificulta determinar cuál es el género más utilizado para esta palabra en español. En la actualidad, *rafe* presenta ambos géneros, debido a la diferencia entre sus dos acepciones, que etimológicamente provienen de orígenes distintos.

En tercer lugar, encontramos *laringe* (del griego *λάρυγξ*). Históricamente, esta voz se ha considerado femenina, a pesar de poseer género masculino en griego. La documentación procedente de los corpus académicos confirma esta tendencia, ya que no se registran casos de *laringe* con género masculino. Probablemente, esta elección se deba a la analogía con otros sustantivos que designan órganos o partes del cuerpo y que, con la terminación *-nge*, presentan género femenino en español, heredado del griego: *faringe*, *meninge*, *hipofaringe*, *falange*, *orofaringe*, *rinofaringe* o *siringe*. Por analogía con estos, el sustantivo *laringe* ha adoptado el género femenino que conserva en español.

En cuarto lugar, el sustantivo *arrelde* presenta alternancia de género según el *DLE* y se deriva etimológicamente de la palabra griega de género femenino *λίτρα*. No obstante, los datos de los corpus académicos indican que *arrelde* se utiliza mayoritariamente como masculino, con 149 casos frente a un solo ejemplo con género femenino. Asimismo, la información obtenida en Google Books respalda esta tendencia de uso del masculino frente al femenino. Según el *DLE*, aunque la voz tiene origen griego, llegó al español a través del árabe hispánico *arríṭl*, procedente a su vez del árabe clásico *raṭl* o *riṭl*. En árabe, estas formas son masculinas, lo que permite inferir que el español heredó el género masculino a través de esta vía de transmisión.

Por último, dentro del grupo de sustantivos inanimados terminados en *-e* se encuentran algunos préstamos del árabe (*azache*, *azumbre*, *adutaque*, *atarfe*), del italiano (*minestrone*), del portugués (*cachunde*, *saudade*) y del caló (*chipé*). El arabismo *azache* (de *ḫazzáč* < *ḫazz*) se consideraba originalmente adjetivo, como se documenta en las obras lexicográficas desde el *Diccionario de Autoridades* (1726) hasta el *Diccionario de la lengua española* (2001), en el que pasa a ser clasificado como sustantivo. En español, *azache* constituye una unidad tautológica, ya que su significado equivaldría a '*seda seda*'; funcionaría, por tanto, como una especialización léxica dentro del campo semántico de la seda. El género de *azache* proviene del núcleo elidido del sintagma nominal (*la azache* < *la [seda] azache*). La documentación recogida en los distintos corpus confirma que el género femenino se ha mantenido en esta palabra a lo largo de la historia.

El siguiente arabismo es *azumbre*, que se registra con vacilación de género en el *DLE*. Según Gutiérrez (2018), este préstamo, tomado directamente del árabe (*azumne* < *aṯṯúmn*), se incorporó al castellano antes del siglo X. El término se documenta por primera vez en el *CORDE* con género masculino:

> [...] miel quatro libras, ajos quatro cabeças, vino un azumbre, alfolva unas traviessas, linoso unas traviessas, cominos unas traviessas, et moler aquello que se sigue (*Libro de los caballos* [Esp.] 1275).

A partir de 1352, se observa una alternancia entre el uso del femenino y del masculino, sin que exista una explicación aparente. En el *CORDE* se registran 38 casos de *azumbre* con género masculino y 83 con género femenino. Como se ha señalado, los sustantivos con terminación *-umbre* tienden a adoptar género femenino, lo que habría favorecido la extensión de este género en la palabra. En cuanto al uso masculino de *azumbre*, conviene considerar su tratamiento en los diccionarios académicos. En 1726, el *Diccionario de Autoridades* registra *azumbre* con género masculino y con el significado de 'medida de las cosas líquidas'. Años más tarde, en 1770, comienza a documentarse con género femenino bajo la misma acepción. No será hasta 1970 cuando el diccionario académico asigne al sustantivo género ambiguo. Detrás del uso masculino de *azumbre* podría existir una motivación semántica, determinada por la selección del hiperónimo con el que se asocia, en este caso *cuartillo* o *celemín*, ambos masculinos. No obstante, resulta más probable que *azumbre* haya adoptado el género masculino por influencia del árabe o bien que lo haya adquirido por defecto, como ocurre frecuentemente con los préstamos.

Otros préstamos procedentes del árabe son *adutaque* (*duqāq*) y *atarfe* (*ṭarfāh*), ambos femeninos en español, que han conservado su género etimológico. En lo que respecta a su uso, los corpus académicos no aportan abundante documentación. Sin embargo, cabe mencionar el único caso de *atarfe* con género masculino, procedente de un texto del CORDE:

> El atarfe es en dos maneras: de los huertos y de los campos o silvestre (*Historia de yerbas y plantas con los nombres griegos, latinos y españoles* [Esp.] 1557–1567).

La utilización de *atarfe* como sustantivo masculino en este ejemplo podría explicarse, en primer lugar, por la utilización del alomorfo *el* del artículo femenino; o, de forma subsidiaria, por una reinterpretación semántica de la palabra como 'arbusto', que actuaría como hiperónimo de género masculino. Dada la escasa documentación del término y la opacidad léxica del posible hiperónimo, parece más plausible la primera hipótesis, es decir, que en este caso no se trate de un uso verdaderamente masculino, sino de una confusión morfológica derivada del artículo.

Otro sustantivo que presenta motivación semántica en la asignación de género es *minestrone*. En español, este préstamo se emplea como femenino, al adoptar el género de su hiperónimo 'sopa'. No obstante, cuando se utiliza como sustantivo masculino, conserva el género etimológico del italiano, donde *minestrone* es masculino. A partir de la documentación extraída de los corpus, se observa que el género femenino es el más frecuente para esta palabra en español. En los ejemplos recogidos, los usos de *la minestrone* hacen referencia, en su mayoría, a un tipo de sopa. En la construcción *la sopa minestrone*, se elide el núcleo *sopa*, que es el elemento que, como se ha señalado, determina el género femenino del sustantivo *minestrone*, tal como se aprecia en los ejemplos del CORPES.

> Fausta, la sirvienta, ya había llegado con la compra, que solía ocuparla largas horas, porque se entretenía hablando con todo el mundo; y no tardé en oler la minestrone que se preparaba en la cocina (*Dos historias romanas* [Esp.] 2008).

> Entre sus variedades vegetarianas se encuentra la minestrone de apio, nabo y lombarda, una receta muy original que se puede acompañar a elección del cliente de arroz integral, couscous o pan (*VOZ PÓPULI* [Esp.] 2021).

Por otra parte, los sustantivos *cachunde* y *saudade*, procedentes del portugués, mantienen el género femenino etimológico. Del mismo modo, *chipé*, préstamo del caló, conserva también su género femenino.

Por último, conviene destacar el comportamiento de ciertos sustantivos femeninos cuyo origen no proviene directamente de una lengua extranjera, sino de nombres propios, marcas registradas o siglas. Entre ellos se encuentran *malinche*, *pyme*, *birome* y *oenegé*. El sustantivo *malinche* (de *Malinche*) designa un «arbusto o árbol pequeño, de hasta cinco metros de altura, con flores de color rojo fuego o amarillo brillante y fruto en vaina lampiña» (*DLE*, versión 23.6 en línea). En este caso, el género femenino está determinado por el nombre propio *Malinche*, esclava mexicana que acompañó a Hernán Cortés durante la conquista de México.

La consulta en los corpus académicos (CORDE, CREA y CORPES) confirma la estabilidad del género femenino: *el malinche* (2 casos en total) frente a *la malinche* (223 casos). En los pocos casos en los que *malinche* aparece con género masculino, este uso se refiere al árbol o al volcán Malinche o Matlalcueye; es decir, es el hiperónimo ('árbol', 'volcán') el que determina el género masculino. Como ocurre con otras siglas, el género de *pyme* y *oenegé* está determinado por el género del núcleo de la formación: *empresa* para *pyme* y *organización* para *oenegé*. La estabilidad del género femenino en ambas voces es absoluta, pues ninguno de los corpus registra ejemplos con género masculino. El último caso es *birome*, documentado por primera vez en 1947 (*Libertad: Diario Nacional-Sindicalista*, *DHLE*), con la acepción de 'instrumento para escribir que contiene un tubo de tinta y en su extremo una bolita metálica giratoria'. En el mismo artículo se le denomina también *esferográfica*. Con este significado, el término está firmemente asentado en el español de Argentina, Paraguay y Uruguay, donde se le asigna mayoritariamente género femenino, motivado semánticamente por los hiperónimos 'lapicera' o 'esferográfica'.

5.2.2. Préstamos con terminación *-i*

Con el propósito de analizar la distribución del género en los préstamos terminados en *-i* en español, se han seleccionado aquellos lemas registrados en el *DLE* con la categoría gramatical de sustantivos inanimados. Entre ellos se contabilizan 394 ejemplos masculinos: 25 femeninos y dos con doble género. Como se ha señalado en apartados anteriores, el análisis se centra en los casos con género femenino, por tratarse del género marcado. Dentro de este grupo de préstamos terminados en *-i*, se incluyen los siguientes ejemplos: *trimurti* y *pañí* (del sánscrito), *metrópoli* y *paralaxi* (del griego), *selfi* y *bikini* (del inglés) y *mui* (del caló). Se examinan también, de manera excepcional, los sustantivos *chiri* y *tarralí*, cuyo origen es desconocido según la información del *DLE*, dado que su estudio puede aportar datos significativos. Finalmente, se analiza la asignación de género en los acrónimos *uvi* y *uci*, así como en la sigla *RDSI*.

Las voces *trimurti* y *pañí* proceden del sánscrito. La primera tiene etimológicamente género masculino, mientras que la segunda es neutra. Sin embargo, la documentación de los corpus académicos refleja únicamente el uso femenino de *trimurti*, donde se interpreta semánticamente como 'trinidad' o 'triada', lo que explica la adopción del femenino en español.

> A tal punto es así que una estatua de Shiva, el Destructor —el más empecinado y popular de los dioses hindúes, representante infernal de su trimurti (trinidad)—, fue encontrada entre las ruinas de una casa —o templo— de Mohenjo-Daro [...] (*Biografía del Diablo* [Esp.] 1978).

> [...] el alma universal personificada en el dios Brahma, Divinidad suprema y Principio creador de la Trimurti o Tríada de dioses superiores: Brahma, Vishnu y Shiva (*El esoterismo. Claves de las doctrinas secretas* [Esp.] 1983).

En cuanto a *pañí* (del caló *pañí*, este del hindi *pānī* y este del sánscrito *pānīya*), su presencia en los corpus es escasa y apenas se halla documentada. Solo se ha localizado un caso en el CORDE, sin información explícita sobre el género gramatical:

> Bueno, si no quiere priva, pañí de muelle (*Tiempo de silencio* [Esp.] 1961).

Dado que en sánscrito *pañí* es neutra, sería esperable que en español adoptara el género no marcado (masculino). Sin embargo, parece haber seleccionado el género femenino, probablemente por analogía con su sinónimo castellano *agua*, como recoge el *DLE*.

Los sustantivos *metrópoli* y *paralaxi*, procedentes del griego, así como *mui*, del caló, conservan el femenino etimológico en español. No sucede lo mismo con los anglicismos *selfi* y *bikini*, que se consideran predominantemente masculinos en español, aunque el *DLE* señala también su uso en femenino. Dado que son neologismos de la segunda mitad del siglo XX, la documentación disponible es relativamente reciente. En el caso de *selfi*, no se registran ejemplos en el CORDE ni en el CREA, pero sí en el CORPES (2001–2025), con 43 casos masculinos y 9 femeninos. El uso femenino parece vincularse al hiperónimo semántico 'fotografía'. En *bikini*, el femenino se asocia de manera similar con los hiperónimos 'prenda' o 'malla':

> "Te amo, mi amor. Felicitaciones, Brasil", tuiteó poco después del resultado oficial junto a una selfi de ambos sonriendo (*Excelsior* [Méx.] 2022).

> Había muchas mujeres de todas las edades tomando sol en lo que suele llamarse topless, es decir, sin la parte de arriba de la bikini (*Una oportunidad* [Arg.] 2022).

Según el *DPD* (RAE y ASALE, 2025), *bikini* es masculino en todo el ámbito hispánico, salvo en Argentina, donde se documenta el uso femenino.

La distribución observada en los corpus confirma esta tendencia (véase Tabla 34).

Tabla 34: Distribución del sustantivo *bikini* en los corpus académicos

	masculino	**femenino**
CORDE	11 casos	0 casos
CREA	42 casos	2 casos
CORPES XXI	277 casos	52 casos

Como ocurre con otros anglicismos que presentan alternancia de género —*blazer*, *scooter*, *COVID*—, el género masculino prevalece por considerarse el no marcado. Esta tendencia se repite en palabras como *selfi* o *bikini*, donde el género masculino prevalece para ambas voces.

Entre los sustantivos cuyo origen es incierto, se incluyen *chiri* y *tarralí*. Según Luque (2021), *chiri* —que designa la cárcel, el servicio militar o a una persona perteneciente a las fuerzas armadas— podría ser un acortamiento de *chirigota*. La autora establece una relación entre el valor despectivo que presenta *chiri* en Honduras y el carácter satírico o humorístico de las chirigotas. Si esta hipótesis es correcta, el género femenino de *chiri* se habría heredado de *chirigota*. En cuanto a *tarralí*, las consultas en el *NTLLE*, el *Diccionario de americanismos* (RAE y ASALE, 2010), el *Mapa de diccionarios* y el *Diccionario crítico etimológico castellano e hispánico* (Corominas y Pascual, 1980–1991) no arrojan información etimológica. Podría pensarse, sin embargo, que el sustantivo *tarralí* ('planta trepadora silvestre de la familia de las cucurbitáceas, cuyo fruto se usa como recipiente', *DLE*, versión 23.6 en línea) ha adoptado el género de su hiperónimo 'planta', al igual que ocurre con *onoquiles*. La documentación en los corpus es reducida: *chiri* aparece en cuatro casos y *tarralí* en tres. Solo uno de ellos ofrece información flexiva explícita sobre el género:

> Como en los años inhumanos de la chiri, los ponen a buscar hasta hormigas verdes y azules (*Dimes y diretes* [Hond.] 2003).

Por último, se analizan los acrónimos *uvi* y *uci* y la sigla *RDSI* ('red digital de servicios integrados'). Tal como se ha señalado anteriormente, las siglas formadas por elementos de varias palabras suelen adoptar el género del núcleo semántico. Según Rodríguez González (1984), este criterio de asociación semántica es determinante en la elección del género. En consecuencia, *uvi* y *uci* toman el femenino de *unidad*, mientras que *RDSI* lo hace de *red*. Esta asignación está firmemente consolidada: los corpus académicos no registran ningún caso de uso con género masculino para ninguna de las tres siglas.

5.2.3. Préstamos con terminación *-u*

En último lugar, se analiza la distribución del género en las palabras terminadas en *-u*. El estudio se centra en los sustantivos inanimados que, según el *DLE*, presentan un origen distinto del latín o, de forma excepcional, desconocido. Para este análisis se ha considerado el grupo de sustantivos inanimados con género femenino, entre los que se incluyen *vermú* —examinado conjuntamente con su variante *vermut* en el § 5.1.7— y *mu*, de origen desconocido. En ambos casos, el género predominante en el uso es el masculino; sin embargo, el diccionario académico registra también acepciones femeninas, sobre las que se centrará este estudio.

El sustantivo *mu* resulta particularmente interesante. Según las fuentes lexicográficas, se utilizaba por las nodrizas con el propósito de inducir el sueño en los niños. El *Diccionario de la lengua castellana* (RAE, 1734) distingue dos acepciones: *mu* con género femenino, referido al sueño; y *mu* con género masculino, alusivo a la persona que duerme. En la actualidad, el *DLE* mantiene el género femenino para designar el acto de dormir, pero ya no recoge la acepción masculina referida a la persona dormida. No obstante, el propio diccionario académico reconoce *mu* como término onomatopéyico, asociado al sonido característico del ganado vacuno (vacas o toros), que en ocasiones se sustantiva con género masculino. Si se comparan otras onomatopeyas lexicalizadas en español (*achís, be, clic, clac, cricrí, frufrú, gluglú, marramao, miau, quiquiriquí, ras, ris ras, tictac*), se observa que todas presentan género masculino. En consecuencia, *mu* adopta el género prototípico asignado a este paradigma. Por otra parte, es posible que las apariciones de *mu* con género femenino no correspondan al valor onomatopéyico, sino que constituyan un acortamiento de *muerte*, sustantivo femenino en español. Esta hipótesis explicaría la coincidencia formal y la asignación de género en determinados contextos.

> Mi Niño, aunque herido estéis,
> y el dolor no lo consienta,
> dormid, que tiempo tendréis
> en que a vuestro padre déis

de vuestros dolores cuenta;
porque habéis de dar de suerte
esta sangre, que hoy se vierte
que, sin quedaros ninguna,
es deciros en la cuna
"a la mu, Niño, a la muerte"
(Lope de Vega, *Pastores de Belén, prosas y versos divinos* [Esp.] 1612).

5.3. La asignación de género en los anglicismos del español

En la actualidad, el inglés es la lengua más difundida entre las lenguas occidentales y ejerce un predominio innegable en todos los ámbitos sociales, culturales, científicos y tecnológicos, incluso en la comunicación cotidiana. En el campo de la lingüística, la influencia del inglés en otras lenguas se refleja en el número de anglicismos que estas incorporan. Este fenómeno se deriva de la preponderancia económica, política, tecnológica y cultural de los Estados Unidos (Villalobos Graillet, 2015). En relación con el género gramatical, como se ha señalado a lo largo de este trabajo, el inglés carece de marcas flexivas de género en los sustantivos, aunque el género se exprese en los pronombres. Por ello, en español, la asignación del género de los anglicismos resulta relativamente sencilla en los nombres que designan seres animados, ya que se determina por el sexo natural. Sin embargo, en los sustantivos que denotan objetos inanimados, la asignación es más variable.

Hasta este punto se ha abordado de manera general la asignación de género en los préstamos lingüísticos. No obstante, resulta de particular interés examinar con mayor detalle el comportamiento del género gramatical en los anglicismos, dado que el inglés desempeña un papel predominante como vehículo de transmisión cultural y de conocimiento en distintos ámbitos. Asimismo, es evidente que el español presenta un alto número de préstamos procedentes del inglés, lo que hace necesario analizar los criterios que intervienen en la selección del género gramatical en español. Este análisis permite comprender mejor el funcionamiento del género gramatical en nuestra lengua y su interacción con los préstamos del inglés.

Desde los primeros estudios sobre el género, se ha sostenido que la asignación de género en las lenguas indoeuropeas, en lo que respecta a los sustantivos inanimados, es arbitraria (Martinet, 1956; Posner, 1998). Sin embargo, investigaciones posteriores han cuestionado esta noción de arbitrariedad, especialmente en el caso de los préstamos lingüísticos. Se han propuesto diversos criterios para explicar la elección de género —como la forma de la palabra, la analogía, la semántica, la homonimia o el número de sílabas—, aunque no se ha alcanzado un consenso general (Zamora Munné y Béjar, 1987; Barkin, 1980; Banfield, 1994). Para Muñoz-Basols y Salazar (2019), la asignación de género a las palabras de origen extranjero no es un proceso exclusivamente lingüístico, pues no puede analizarse únicamente a partir de la fonología o la morfología. En realidad, la asociación semántica que el hablante establece al usar un anglicismo constituye un factor clave para comprender las posibles motivaciones que intervienen en la asignación de un género determinado.

En el análisis que realizaremos, se tendrán en cuenta los criterios propuestos por Rodríguez Segura (1999) y Rodríguez González (2019), quienes coinciden en que el factor semántico desempeña un papel predominante en la asignación de género en los anglicismos, si bien difieren en algunos aspectos concretos. Rodríguez Segura (1999) destaca factores como la homografía (*el thriller ~ el poder, el saber*), la homofonía (*el béisbol ~ el sol, el caracol*), la analogía sufijal (*el establishment ~ el establecimiento*), el núcleo elidido (*la blazer* < *la chaqueta blazer*) o el género masculino no marcado (*un casting, el body, el rock*). En cambio, Rodríguez González (2019) rechaza este último criterio, al considerar que atribuir el uso del masculino a su carácter no marcado impide analizar las verdaderas razones que subyacen a la asignación de género, las cuales suelen basarse en asociaciones semánticas. Además, este autor destaca otros factores, como la variación diatópica o geolectal (*un PC / una PC*), la variación diacrónica (*el [cohete] Apolo / la [nave] Apolo*), la variación intraindividual (*un reality / una reality*), las formaciones compuestas (*el password / la password*), los factores morfosintácticos derivados de la elipsis (*las tenis / los tenis*), así como factores morfológicos y fonológicos (*la suera* < *sweater*) o la analogía semántica (*el trade union / la trade union*).

Otro estudio relevante es el de Smead (2000), quien analiza la asignación de género en hablantes chicanos. Su investigación demuestra que la asignación de género en los préstamos del español chicano se rige por cinco factores principales. Cuando el referente es humano, el género se determina según el sexo biológico; en los sustantivos inanimados, intervienen criterios tanto morfológicos como fonológicos, aunque algunas excepciones se explican por razones semánticas. Este estudio resulta de especial interés por la metodología empleada, que permite analizar los factores en competencia y revela la influencia de elementos morfológicos, de sinónimos y de hiperónimos en la elección de género. En esta misma línea, las investigaciones de Morin (2006, 2010) también destacan la importancia de los factores semánticos, aunque la autora identifica como factor más común el denominado *synonymic gender*, reforzado por aspectos fonológicos. Morin enfatiza, además, la relevancia de otras variables, como las características gráficas de las palabras, la ortografía, la fonotáctica y las irregularidades morfológicas, para comprender con mayor precisión la asignación de género en los préstamos lingüísticos.

Basándonos en los factores propuestos por estos autores, se ha procedido, en primer lugar, a seleccionar los sustantivos inanimados tomados del inglés, excluyendo derivados y compuestos, registrados en el *DLE*. El corpus resultante está compuesto por 582 casos, de los cuales 554 son masculinos, nueve femeninos y veinte presentan doble género. En la Tabla 35 se muestra el número de sustantivos inanimados de origen inglés recogidos en el *DLE*, distribuidos según su terminación.

Tabla 35: Número de casos de anglicismos en el *DLE*

terminación	masculino	femenino	dos géneros
V + *r*	77 casos	0 casos	3 casos
V + *d*	5 casos	0 casos	1 casos
V + *z*	1 caso	0 casos	1 caso
V + *n*	60 casos	0 casos	0 casos
V + *s*	19 casos	0 casos	2 casos
V + *l*	54 casos	0 casos	0 casos
V + otras cons.	201 casos	8 casos	6 casos
i	30 casos	0 casos	2 casos
e	88 casos	1 caso	4 casos
u	9 casos	0 casos	1 caso

De manera más detallada, la Tabla 36 muestra la distribución de los sustantivos inanimados de origen inglés en cada grupo de terminación. En dicha tabla aparecen algunos casos destacados en negrita, lo que indica que la elección del género puede haber estado motivada por más de un factor.

Tabla 36: Sustantivos inanimados de origen inglés incorporados en el *DLE*

terminación	ejemplos
V + *r*	*agar-agar, arar, bar, best seller, bíper, blazer, blíster, blúmer, bómper, bóxer, brasier, buldócer, bulldozer, búster, clínker, clíper, container, contactor, contenedor, córner, cuásar, cúter, dólar, escáner, escúter, estárter, estándar, estátor, euríbor, fair play, fástener, finger, fólder, géiser, holter, láser, máser, máster, minibar, monitor, mudar, multiplexor, petrodólar, plóter, poliéster, póquer, póster, pulóver, púlsar, quasar, radar, removedor, resistor, revólver, router, rúter, scooter, sensor, sidecar, sitar, sonar, suéter, ténder, termistor, thriller, tíner, tóner, tráiler, transfocador, transistor, transpondedor, turoperador, váter, váucher, weber, Yom Kippur, zíper.*
V + *d*	*acid, chóped, COVID, led, raid, tweed.*
V + *n*	*anión, backgammon, barión, beicon, betatrón, bluyín, bourbon, budín, bádminton, cartoon, catión, chelín, ciclotrón, ciclón, codón, condón, dron, electrón, eslalon, esmoquin, esplín, espín, ferlín, filin, galón, gin, gluon, green, hadrón, interferón, ion, jonrón, kilotón, klistrón, magacín, magnetrón, megatón, mitin, mocasín, muon, negatrón, neutrón, newton, neón, pastún, pidgin, pin, pion, pipermín, positrón, prion, pudin, rin, ron, sincotrón, singlón, trávelin, vagón, xenón, yin.*
V + *s*	*aerobús, albatros, baipás, bermudas, bisnes, blues, bonus, cabús, campus, christmas, corpus, coronavirus, estatus, estrés, estriptis, fius, marcapasos, pichinglis, tenis, toples, yidis.*
V + *l*	*algol, básquetbol, béisbol, bol, cartel, chaúl, ciclostil, clembuterol, cloranfenicol, colesterol, cóctel, cortisol, crol, dial, dril, esténcil, esterol, faul, festival, fuel, fueloil, fútbol, gasoil, gel, glicol, gol, góspel, heavy metal, hidrosol, jaibol, kril, misil, motel, overol, pádel, panel, paracetamol, píxel, raíl, ráquetbol, retinol, rocanrol, rol, salol, sex appeal, sol, soul, tamil, trial, túnel, vial, voleibol.*
V + *z*	*arruruz, interfaz.*

terminación	ejemplos
V + otras cons.	*aeróbic, airbag, AM, antidumbping, baby doll, beat, bebop, best seller, big bang, biochip, biopic, bistec, bit, blackjack, blog, bluf, body, bogey, boicot, boom, bot, box, brandy, break, break-dance, brunch, bungalow, básquet, camp, camping, catch, catering, CD-ROM, chat, chill out, chip, chut, ciberpunk, clip, club, clóset, copyright, corderoy, country, crack, crash, cricket, crup, críquet, cróquet, cuark, curry, cíborg, cómic, dum-dum (dum-dum), esmog, espanglish, espray, esprint, establishment, fair play, fax, feedback, ferry, flap, flash, flashback, flirt, folk, foxtrop, fórum, gag, gap, gilbert, gin-tonic, gog, golf, heavy, henry, hobby, hockey, holding, hándicap, iceberg, identikit, input, internet, intranet, jeep, jersey, jet, jet lag, jet set, jogging, kart, kayak, kit, kétchup, kílim, leasing, lifting, living, lobby, look, LP, lunch, marketing, minigolf, módem, napalm, nizam, nobuk, nocaut, offset, órsay, output, overbooking, pallet, pandemónium, panty, party, permafrost, PET, picop, playback, pop, pop art, pub, punk, puntocom, PVC, pársec, pícnic, quark, rafting, rally, ranking, rap, reality, reality show, redox, resort, ring, robot, rock, rock-roll, rosbif, rugby, réflex, set, sex shop, shock, short, show, show business, sketch, solárium, spam, spanglish, sport, spot, spray, sprint, squash, standing, stent, stock, stop, surf, swing, sándwich, tac, test, tex, tex-mex, tie break, top, trust, tríplex, tubey, tuit, twist, tándem, télex, tótem, USB, videochat, videoclip, videoclub, volapuk, watt, web, whisky, windsurf, yak, yip, zum, zódiac.*
u	*champú, ecu, haiku, interviú, jiu-jitsu, kung-fu, mildiu, nansú, picú, tofu.*
i	*bikini, bodi, brandi, buguibugui, caqui, cheroqui, curri, derbi, epoxi, farsi, ferri, güisqui, haikai, hindi, jacuzzi, legui, loli, masái, moni, panti, pastrami, pedigrí, penalti, safari, sari, selfi, sexi, suajili, tílburi, tipi, tripi, tsunami.*
e	*acre, backstage, bafle, balompié, bate, bife, birdie, blue jean, bogie, bote, break-dance, breque, bridge, byte, cable, caché, celuloide, cheque, choque, chute, cloche, cloque, clote, cookie, coque, deporte, desodorante, disquete, eagle, esprúe, estique, fanzine, filme, flavonoide, folclore, gigabyte, ginger ale, guaipe, guinche, hardware, hidrante, joule, kilobyte, limiste, lonche, lugre, megabyte, meme, mezanine, mofle, multiplete, niple, palé, panqueque, penique, penthouse, performance, pinacle, ple, ponche, ponqué, porcentaje, puzle, queque, ragtime, reggae, regué, remake, remake, rifle, self-service, software, striptease, suiche, tabloide, tanque, tecle, teme, terabyte, tie break, tique, tofe, toffee, trole, troque, troque, videoarte, walkie-talkie, yate, yute.*

Una vez identificados los ejemplos de sustantivos inanimados de origen inglés, se ha procedido a clasificarlos según el género asignado en español. Los resultados de esta clasificación se presentan en la Tabla 37.

Tabla 37: Sustantivos inanimados de origen inglés recogidos en el *DLE* clasificados según su género gramatical

terminación	masculino	femenino	dos géneros
V + *r*	*agar-agar, arar, bar, best seller, bíper, blíster, blúmer, bómper, bóxer, brasier, buldócer, bulldozer, búster, clínker, clíper, container, contactor, contenedor, córner, cuásar, cúter, dólar, escáner, estándar, estárter, estátor, euríbor, fair play, fástener, finger, fólder, géiser, holter, láser, máser, máster, minibar, monitor, mudar, multiplexor, petrodólar, plóter, poliéster, póquer, póster, pulóver, púlsar, quasar, radar, removedor, resistor, revólver, router, rúter, sensor, sidecar, sitar, sonar, suéter, ténder, termistor, thriller, tíner, tóner, tráiler, transfocador, transistor, transpondedor, turoperador, váter, váucher, weber, Yom Kippur, zíper.*		*blazer, escúter, scooter.*
V + *d*	*acid, chóped, led, raid, tweed.*		*COVID.*
V + *n*	*anión, Backgammon, bádminton, barión, beicon, betatrón, bluyín, bourbon, budín, cartoon, catión, chelín, ciclón, ciclotrón, codón, condón, dron, electrón, eslalon, esmoquin, espín, esplín, ferlín, filin, galón, gin, gluon, green, hadrón, interferón, ion, jonrón, kilotón, klistrón, magacín, magnetrón, megatón, mitin, mocasín, muon, negatrón, neón, neutrón, newton, pastún, pidgin, pin, pion, pipermín, positrón, prion, pudin, rin, ron, sincotrón, singlón, trávelin, vagón, xenón, yin.*		
V + *s*	*aerobús, albatros, baipás, bisnes, blues, bonus, cabús, campus, christmas, corpus, coronavirus, estatus, estrés, estriptis, fius, marcapasos, pichinglis, toples, yidis.*		*bermudas, tenis.*

terminación	masculino	femenino	dos géneros
V + *l*	*algol, básquetbol, béisbol, bol, cartel, chaúl, ciclostil, clembuterol, cloranfenicol, cóctel, colesterol, cortisol, crol, dial, dril, esténcil, esterol, faul, festival, fuel, fueloil, fútbol, gasoil, gel, glicol, gol, góspel, heavy metal, hidrosol, jaibol, kril, motel, overol, pádel, panel, paracetamol, píxel, raíl, ráquetbol, retinol, rocanrol, rol, salol, sex appeal, sol, soul, tamil, trial, túnel, vial, voleibol.*		
V + *z*	*arruruz.*		*interfaz.*
V + otras cons.	*aeróbic, airbag, AM, antidumping, baby doll, beat, bebop, best seller, big bang, biochip, bistec, bit, blackjack, blog, bluf, body, bogey, boicot, boom, bot, box, brandy, break, break dance, brunch, bungalow, básquet, camp, camping, catch, catering, CD-ROM, chat, chill out, chut, ciberpunk, clip, club, clóset, copyright, corderoy, country, crack, crash, cricket, crup, críquet, cróquet, cuark, curry, cíborg, cómic, dance, dum-dum, esmog, espanglish, espray, esprint, establishment, fair play, fax, feedback, ferry, flap, flash, flashback, flirt, folk, foxtrop, fórum, gag, gap, gilbert, gin-tonic, gog, golf, heavy, henry, hobby, hockey, holding, hándicap, iceberg, identikit, input, jeep, jersey, jet lag, jogging, kart, kayak, kit, kétchup, kílim, leasing, lifting, living, lobby, look, LP, lunch, marketing, minigolf, módem, napalm, nizam, nobuk, nocaut, offset, órsay, output, overbooking, pallet, pandemónium, panty, party, permafrost, pet, playback, pop, pop art, pub, punk, puntocom, PVC, pársec, pícnic, quark, rafting, rally, ranking, rap, reality, reality show, redox, resort, ring, robot, rock, rock and roll, rosbif, rugby, set, shock, short, show, business, show, sketch, solárium, spam, spanglish, sport, spot, spray, sprint, squash, standing, stent,*	*web, dumdum (dum-dum), intranet, jet, jet set, réflex, zódiac.*	*biopic, chip, internet, picop, sex shop, tac.*

(*Suite*)

Tabla 37: (Suite)

terminación	masculino	femenino	dos géneros
	stock, stop, surf, swing, sándwich, test, tex, tex-mex, tie top, trust, tríplex, tubey, tuit, twist, tándem, télex, tótem, USB, videochat, videoclip, videoclub, volapuk, watt. whisky, windsurf, yak, yip, zum.		
u	*champú, ecu, haiku, jiu-jitsu, kung-fu, mildiu, nansú, picú, tofu.*		*interviú.*
i	*bodi, brandi, buguibugui, caqui, cheroqui, curri, derbi, epoxi, farsi, ferri, güisqui, haikai, hindi, jacuzzi, legui, loli, masái, moni, panti, pastrami, pedigrí, penalti, safari, sari, sexi, suajili, tílburi, tipi, tripi, tsunami.*		*bikini, selfi.*
e	*acre, backstage, bafle, balompié, bate, bife, birdie, blue jean, bogie, bote, break dance, breque, bridge, byte, cable, celuloide, cheque, choque, chute, cloche, cloque, clote, coque, deporte, desodorante, disquete, eagle, esprúe, estique, fanzine, filme, flavonoide, folclore, gigabyte, ginger-ale, guaipe, guinche, hardware, hidrante, joule, kilobyte, limiste, lonche, lugre, megabyte, meme, mezanine, mofle, multiplete, niple, palé, panqueque, penique, penthouse, pinacle, ple, ponche, ponqué, porcentaje, puzle, queque, ragtime, reggae, regué, remake, rifle, self-service, software, striptease, suiche, tabloide, tanque, tecle, teme, terabyte, tie break, tique, tofe, toffee, trole, troque, videoarte, walkie-talkie, yate, yute.*	*perfor-mance.*	*caché, cookie, remake, troque.*

Los datos obtenidos a partir de la información proporcionada por el *DLE* revelan que, en un 95 % de los casos, las palabras de origen inglés incorporadas al español adoptan el género masculino, mientras que solo un 1,5 % han asumido el género femenino y un 3,4 % presentan vacilación de género. Como se ha expuesto a lo largo de esta investigación, resulta previsible que los anglicismos seleccionen el género masculino, dado que este se considera el género no marcado en español. Sin embargo, algunos sustantivos inanimados no siguen esta tendencia, como se ha mostrado y analizado en los distintos apartados de este capítulo. A continuación, se clasifican los sustantivos inanimados que presentan género femenino en español, así como aquellos que muestran alternancia de género, teniendo en cuenta el factor determinante en su asignación. De este modo, es posible distinguir los factores formales de los semánticos.

En relación con los factores formales, y considerando la terminación, se observan sustantivos inanimados con el sufijo *-dad*, como *externalidad*, *morbilidad*, *motilidad*, *pansexualidad*, *resistividad*, *sororidad*, *tensegridad* o *trazabilidad*; y con el sufijo *-ción* (o *-ión*), como *biorremediación*, *contracepción*, *conurbación*, *demodulación*, *desmodulación*, *desorción*, *drogadicción*, *exhaustación*, *explantación*, *fibrilación*, *gentrificación*, *hemaglutinación*, *implementación*, *inculturación*, *insulación*, *magnetostricción*, *quelación*, *registración*, *volatización*, *cardioversión*, *retropulsión* y *televisión*. También se incluye el sustantivo *interfaz*, que puede adoptar el género femenino por analogía con *faz*, o el masculino por defecto. Es posible que los hablantes consideren, por analogía, otras palabras como *antifaz* al asignar el género masculino. Asimismo, el sustantivo *bermudas* incorpora en su forma la terminación *-as*, característica del género femenino. Como se ha señalado, los sufijos y terminaciones mencionados (*-as*, *-dad*, *-ción* y *-sis*) tienden a asignar el género femenino en español. En consecuencia, la terminación desempeña un papel determinante en la asignación del género gramatical. No obstante, dentro de estos grupos de palabras, muchas son derivadas y, como se explicó al inicio del trabajo, el presente análisis se centra principalmente en sustantivos simples. En cualquier caso, se ofrece aquí una visión general de todo el léxico de origen inglés recogido en el *DLE*, con el propósito de presentar una perspectiva global sobre el comportamiento del género gramatical en este contexto.

En cuanto a los factores semánticos, las asociaciones relacionadas con el hiperónimo del préstamo desempeñan un papel fundamental en la asignación de género, especialmente en los sustantivos que adoptan el género femenino o presentan vacilación. Esto se observa, por ejemplo, en *selfi*, cuyo hiperónimo, 'fotografía', determina la selección del género. Otros anglicismos que adquieren el género de su hiperónimo son *sex shop* ('tienda'), *chip* ('patata'), *escúter* o *scooter* ('motocicleta'), *troque* ('camioneta'), *biopic* ('película'), *COVID* ('enfermedad'), *tenis* ('zapatillas'), *remake* ('adaptación', 'versión'), *cookie* ('galleta') y *bikini* ('prenda', 'malla'). Por otro lado, algunos términos obtienen el género del núcleo elidido en el sintagma nominal al que pertenecen, como *blazer* (la *chaqueta blazer*) o *caché* (la *memoria caché*). De forma excepcional, el sustantivo *interviú* puede asignarse al género femenino por asociación semántica con *entrevista*, aunque también se documenta *el Interviú*, posiblemente al tomar el género de *semanario* o *periódico*.

Con base en la información presentada, puede concluirse que, en la asignación de género a los préstamos del inglés, el género masculino actúa como género por defecto. En los casos en los que esta tendencia no se cumple, la marcación femenina se explica principalmente por criterios semánticos, que constituyen el factor predominante en la asignación del género femenino en sustantivos inanimados simples.

En este punto, resulta pertinente analizar algunos ejemplos recientes de préstamos del inglés que se han incorporado al español, con el fin de comprobar su tratamiento lexicográfico. Al revisar los anglicismos añadidos en la versión 23.7 del *DLE*, se observa que la mayoría adopta el género masculino por defecto, con la única excepción de *cookie*, que presenta predominantemente el género femenino. Los sustantivos de origen inglés incorporados con género masculino son *aquaplaning*, *banner*, *big data*, *bobsleigh*, *bracket*, *cookie*, *feng shui*, *grooming*, *macguffin*, *parkour*, *post-it*, *sexting* y *VAR*.

Atendiendo a las características formales y a la asignación de género, los anglicismos pueden clasificarse en dos grupos. En primer lugar, se encuentran los sustantivos cuyo género se determina por criterios formales. En español, es habitual el género masculino no marcado en los anglicismos terminados en *-ing* (Rodríguez González, 2019). De hecho, según el *DLE*, de los 23 lemas que presentan esta terminación (*antidumping*, *balconing*, *camping*, *casting*, *catering*, *dumping*, *footing*, *holding*, *jogging*, *leasing*, *lifting*, *living*, *marketing*, *overbooking*, *parking*, *puenting*, *rafting*, *ranking*, *ring*, *sparring*, *standing*, *swing*, *windsurfing*), todos adoptan el género masculino, salvo *sparring*, que presenta variación según el sexo del referente. A este grupo pertenecen también las incorporaciones más recientes *aquaplaning*, *grooming* y *sexting*, que optan por el masculino, en coherencia con su terminación.

En segundo lugar, se agrupan los sustantivos cuyo género se fija por factores semánticos. Como se ha señalado, las asociaciones vinculadas al hiperónimo del préstamo son determinantes en la asignación del género. Entre los anglicismos de reciente incorporación se encuentran *aquaplaning* ('desplazamiento'), *banner* ('anuncio'), *big data* ('(macro)datos'), *bracket* ('aparato'), *cookie* ('galleta'), *grooming* ('acoso'), *macguffin* ('elemento', 'objeto', 'recurso'), *post-it* ('papel'), *VAR* ('videoarbitraje', 'vídeo'), *feng shui* ('arte'), *bobsleigh* ('deporte', 'trineo') y *parkour* ('deporte', 'recorrido'). En relación con el término informático *cookie*, definido por el *DLE* (versión 23.6 en línea) como «pequeño archivo de texto enviado por un sitio web y almacenado en el navegador del usuario, cuyas actividades y preferencias captura», la familiaridad del hablante y su transparencia semántica favorecen la elección del género femenino, por asociación con su equivalente *galleta*. No obstante, dado que su referente real es *archivo* o *fichero*, el uso masculino también está documentado, aunque resulta mucho menos frecuente, especialmente en plural. Este uso femenino podría vincularse, además, a la tendencia del español a asociar el género femenino con la noción de conjunto (*las artes escénicas* frente a *el arte escénico*).

Considerando las versiones 23.4, 23.5, 23.6 y 23.7 del *DLE* y analizando la incorporación de sustantivos inanimados de origen inglés (Tabla 38), se confirma que estos términos tienden a recibir por defecto el género masculino. En los pocos casos en que esto no ocurre, la asignación responde a criterios semánticos, como sucede con *cookie* ('galleta'), *yincana* ('prueba'), *COVID* ('enfermedad') y *biopic* ('película').[38]

Tabla 38: Número de voces de origen inglés incorporadas en distintas versiones del *DLE*

actualización	adiciones	masculino	femenino	dos géneros
23.4.	4 sust.	2 casos	2 casos	-
23.5.	5 sust.	4 casos	-	1 caso
23.6.	1 sust.	1 caso	-	-
23.7.	13 sust.	12 casos	-	1 caso

En líneas generales, los resultados expuestos revelan una tendencia sistemática a asignar el género masculino a los anglicismos, salvo cuando la elección está determinada por factores semánticos o formales. A partir de la información presentada, se establece que, del 1,5 % de anglicismos que han adoptado el género femenino, el 100 % —es decir, ese 1,5 % del total— se ve influido

[38] En el caso de *yincana*, debe considerarse también su aspecto formal, dado que su terminación en *-a* puede ejercer influencia en su género gramatical femenino.

por factores semánticos. Por su parte, del 3,2 % que presenta vacilación de género, un 0,42 % está motivado por cuestiones formales y un 2,78 % por motivos semánticos.

Como se ha señalado, incluso cuando existe vacilación de género, prevalece el uso del masculino. En estos casos, tal como se observa en la Figura 39, el 90,9 % de los sustantivos que adoptan el femenino lo hacen por factores semánticos, mientras que solo un 9,1 % responde a razones formales. En consecuencia, no resulta apropiado hablar de arbitrariedad en la asignación del género, puesto que el proceso evidencia una clara sistematicidad.

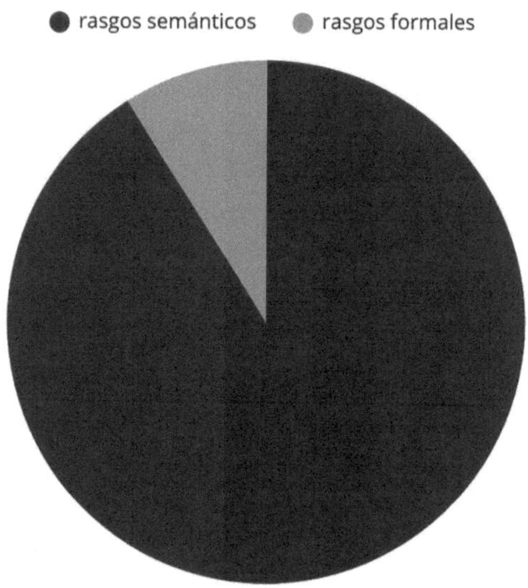

Figura 39: Distribución de los factores de asignación de género en préstamos del inglés, femeninos en español, incorporados en el *DLE.*

Hasta este punto, la investigación se ha basado fundamentalmente en los datos recopilados del *DLE*. No obstante, en este apartado dedicado a los anglicismos, se amplía el análisis para incluir ejemplos que aún no han sido incorporados al diccionario académico, pero que aparecen en *Martes Neológico*, un blog que presenta neologismos del español extraídos de la base de datos del

Observatori de Neologia.[39] Las entradas de este recurso ofrecen información gramatical (categoría, tipo de formación), semántica (ejemplos de uso, explicación del significado) y etimológica, además de datos sobre frecuencia de aparición y presencia en obras lexicográficas.

El objetivo de esta ampliación es comprobar si, como se ha demostrado en el análisis precedente, los préstamos del inglés tienden a asignar el género masculino por defecto a la mayoría de los sustantivos inanimados y, en los casos contrarios, si la asignación se rige por criterios formales o semánticos. El corpus recopilado en *Martes Neológico* reúne un total de 47 préstamos procedentes del inglés registrados entre 2018 y 2024. De ellos, 39 presentan género masculino (*manspreading*, *dildo*, *trekking*, *mansplaining*, *grooming*, *detox*, *nugget*, *renting*, *coworking*, *gif*, *outfit*, *webinar*, *packaging*, *hub*, *loft*, *impeachment*, *trap*, *mindfulness*, *ciberbullying*, *muffin*, *paintball*, *podcast*, *draft*, *photocall*, *malware*, *hip hop*, *long seller*, *play-off*, *workshop*, *gólbol*, *croma*, *gadget*, *showroom*, *feeling*, *aquagym*, *bagel*, *streaming*); cuatro son de género femenino (*masterclass*, *road movie*, *sitcom*, *gentrificación*); y cuatro muestran vacilación de género (*spin-off* o *spin off*, *checklist*, *cover*, *caucus*). Si se analizan los dos últimos grupos, se advierte que la mayoría asigna el género femenino a partir de características formales (*gentrificación*) o semánticas (*checklist* 'lista', *masterclass* 'clase', *sitcom* 'comedia', *road movie* 'película', *spin-off* 'empresa', *cover* 'versión', *caucus* 'reunión'). En conjunto, puede concluirse que la hipótesis principal de este trabajo se cumple con una notable regularidad: del total de los casos registrados en *Martes Neológico* (2018–2024), el 83 % de los sustantivos presentan género masculino, mientras que el 17 % corresponde al femenino, el grupo menos representado.

Hasta ahora se ha analizado y cuantificado el número de sustantivos inanimados de origen inglés incorporados en el diccionario académico, así como aquellos que, a corto plazo, podrían incorporarse, según el registro de *Martes Neológico*. De este modo, se ha podido clasificar cuáles son masculinos, femeninos o presentan vacilación de género. Sin embargo, a partir de los datos obtenidos, es posible predecir la probabilidad de asignación de género en sustantivos inanimados de origen inglés susceptibles de incorporarse al español. Para ello, se ha realizado un análisis estadístico exhaustivo basado en

39 https://www.upf.edu/es/web/obneo.

un conjunto representativo de términos recopilados en fuentes lexicográficas, como el *DLE*, y en corpus especializados empleados en esta investigación (CORDE, CREA, CORPES, entre otros). Este análisis permite determinar la frecuencia con la que un sustantivo inanimado potencial recibe el género masculino o femenino al integrarse en español. La metodología adoptada incluye la clasificación de los términos según su género y la aplicación de técnicas probabilísticas para inferir patrones y tendencias. Los resultados obtenidos ofrecen una visión cuantitativa de la influencia de los factores formales y semánticos en la asignación de género, lo que permite comprender con mayor profundidad los mecanismos lingüísticos implicados en la adaptación de los anglicismos al español. De acuerdo con los datos de la muestra, compuesta por 583 sustantivos inanimados de origen inglés, se prevé, como se muestra en la Figura 40, que un 95 % adopte el género masculino, mientras que un 5 % seleccione el femenino.

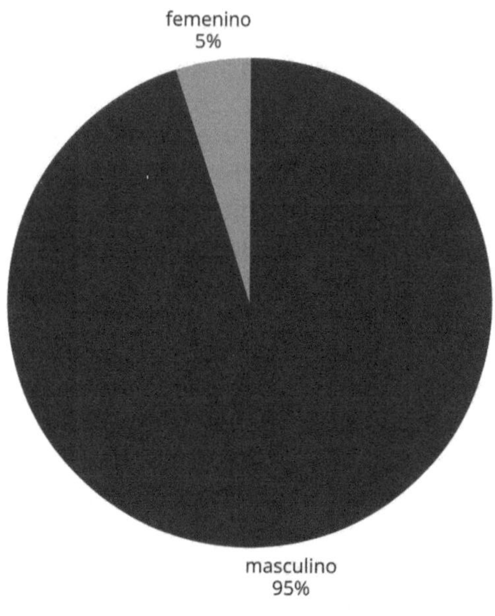

Figura 40: Asignación de género en español en préstamos del inglés.

Es importante señalar que los resultados presentados constituyen aproximaciones derivadas del conjunto de datos recopilados, por lo que este fenómeno podría experimentar variaciones futuras. En todo caso, los resultados confirman que, como se ha indicado a lo largo del estudio, el género masculino funciona como género por defecto en español y es el preferido para los préstamos procedentes de lenguas no flexivas. El género femenino, empleado de forma minoritaria, se asigna principalmente en función de rasgos semánticos y, en menor medida, de criterios formales.

Finalmente, los datos permiten predecir la probabilidad de influencia de los factores semánticos o formales en la determinación del género femenino. En los sustantivos que presentan únicamente género femenino, el 100 % responde a factores semánticos; mientras que, en los casos de doble género, se prevé que el femenino esté motivado semánticamente en un 87 % de los casos y formalmente en un 13 %, tal como se ilustra en la Figura 41.

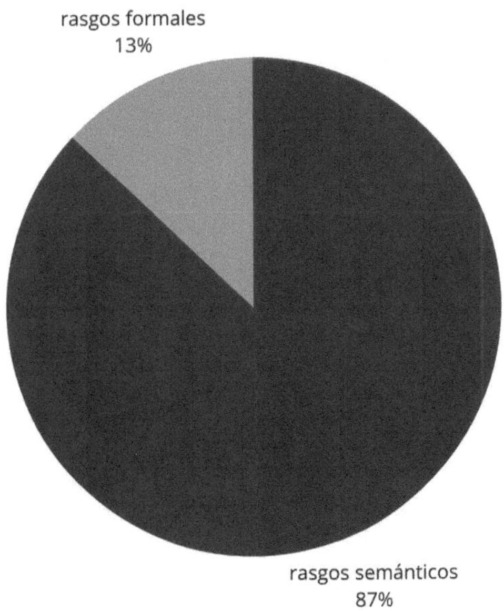

Figura 41: Factores determinantes en préstamos del inglés que son femeninos en español.

5.4. Conclusiones sobre el estudio de sustantivos inanimados de origen no latino

En primer lugar, para la investigación sobre la asignación de género gramatical en los préstamos se ha tenido en cuenta un factor fundamental: la lengua de origen. A lo largo del análisis se ha observado una tendencia general a asignar género masculino a los préstamos cuya lengua de origen carece de rasgos flexivos de género, dado que el masculino se considera el género no marcado, especialmente en el caso de los préstamos del inglés. En contraste con esta tendencia, se han analizado los casos femeninos presentes en las distintas terminaciones examinadas. De este estudio se concluye que los sustantivos femeninos han basado su asignación de género, principalmente, en la etimología —cuando proceden de una lengua flexiva— o en factores semánticos —en especial, aquellos provenientes de lenguas sin rasgos flexivos—. En la Figura 42 se muestra con mayor claridad el factor predominante en lenguas con y sin rasgos flexivos, mientras que la Tabla 39 distingue los factores determinantes en cada uno de los ejemplos analizados, junto con las lenguas consideradas en este trabajo.

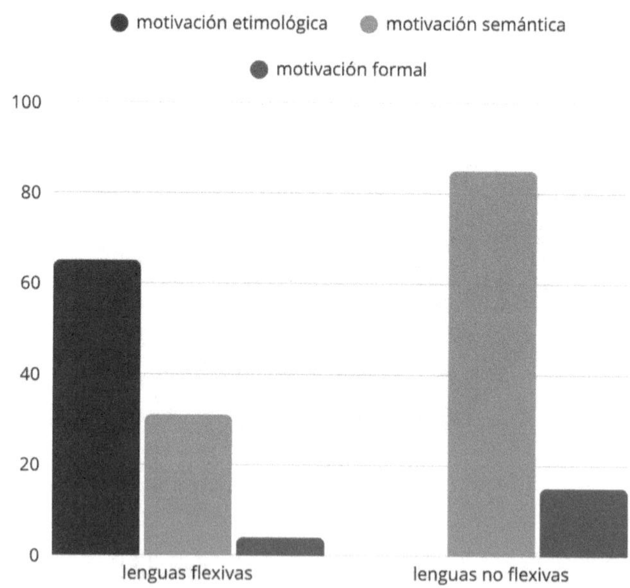

Figura 42: Distribución de los factores de asignación de género en lenguas flexivas y no flexivas.

En dicha tabla aparecen algunos casos destacados en negrita, lo que indica que la elección del género puede haber estado motivada por más de un factor.

Tabla 39: Clasificación de los préstamos femeninos incorporados en el *DLE* según la lengua de origen y el factor de asignación de género

	etimología	**semántica**	**formal**
francés	*baguette, berceuse, boiserie, boîte, boutade, boutique, chance, charrete, chicane, choucroute, coqueluche, crep, deblace, élite, entente, fondue, gripe, higiene, hupe, lítote, matiné, melé, morgue, mousse, nonchalance, pose, rúe, suite, tingle, tournée, boatiné, brioche, casete, clac, guatiné, papillote, quiche, reclame, bechamel, besamel.*	*bechamel, besamel, masacre.*	*reclame, lilac.*
inglés		*bikini, biopic, blazer, caché, chip, cookie, COVID, dumdum (dum-dum), escúter, interviú, internet, interfaz, intranet, jet, jet set, mable,* ***performance****, picop, réflex, remake, scooter, selfi, sex shop (sex-shop), tac, tenis,* ***troque****, web, zodiac.*	***performance, troque,*** *bermudas.*
árabe	*adutaque, atarfe.*	*albarraz,* ***almíbar****, almicantarat, azache, azúcar, azumbre, foluz, yihad.*	*alfoz,* ***almíbar****, azuquítar, guájar.*
griego	*acmé, acrópolis, adivas, ajuagas, albricias, anaptixis, arrelde, bácaris, base, concoide, congeries, crisis, deixis, diástole, diple, efeméride, elipse, epanástrofe, epímone,*	*abraxas, acates,* ***alabastrites****, burche, cánnabis, carisias,* ***dermis****, diabetes, épsilon, etites, hematites, ípsilon,*	***alabastrites****, alcamonías, apocalipsis, basis, belemnites,* ***dermis****,*

(*Suite*)

Tabla 39: (Suite)

	etimología	semántica	formal
	episteme, epítrope, faringe, fase, frase, glotis, gurapas, hecatombe, hemorroide, hidátide, hipálage, hipérbole, hipotaxis, íride, kermés, lis, meninge, metagoge, metrópoli, palangre, paralaxi, paragoge, paraselene, parataxis, perístole, polis, praxis, profilaxis, psique, psiquis, rafe, sintaxis, sístole, varietés.	*leneas, maratón, naos, ómicron, onoquiles, panateneas, herpes, cu, gu, tau, u, wau, interviú, vermú.*	*énfasis, laringe, tortícolis, naos.*
náhuatl		*chiche, ciguapate, cocoliste, textal.*	
italiano		*minestrone.*	
portugués	*cachunde, saudade, monzón.*		
caló	*chipé, fetén, mui.*		*chipén.*
hebreo		*álef, yod.*	
alemán	*realpolitik.*	*delicatessen, vermú, vermut.*	
sánscrito		*pañí, trimurti.*	
catalán	*vinagre.*	*vinagre.*	

Según los datos obtenidos, en las lenguas no flexivas el criterio semántico constituye el factor determinante (*chóped*, *led*, *interfaz*, *web*, *biopic*, *chip*, *sex shop*, *internet*, *intranet*, *réflex*, *cookie*, *selfi*), aunque en algunos casos también resulta relevante el factor formal (*blazer*, *scooter*, *bermudas*). En el caso de los préstamos de lenguas flexivas, como el griego, el árabe, el francés o el italiano, el factor predominante es el etimológico (*alamud*, *ataúd*, *nilad*, *efod*, *patarráez*, *alfalfez*, *ajedrez*, *diástole*, *hipérbole*, *base*, *alfoz*, *foluz*). También se observan asignaciones basadas en factores semánticos (*yihad*, *iris*, *clítoris*) o formales (*cartolas*). Resulta especialmente interesante el caso del griego, lengua en la que existe el género neutro. En los préstamos de esta procedencia, las características semánticas de las palabras han prevalecido en la asignación del género en español. Así se aprecia en ejemplos como *belemnites*, *leneas*, *panateneas* u *onoquiles*, sustantivos neutros en griego que han sido interpretados como femeninos en español. Por este motivo, tal como se muestra en la Figura 43, la motivación semántica continúa siendo el factor predominante en grecismos neutros o masculinos que se adaptan como femeninos en español.

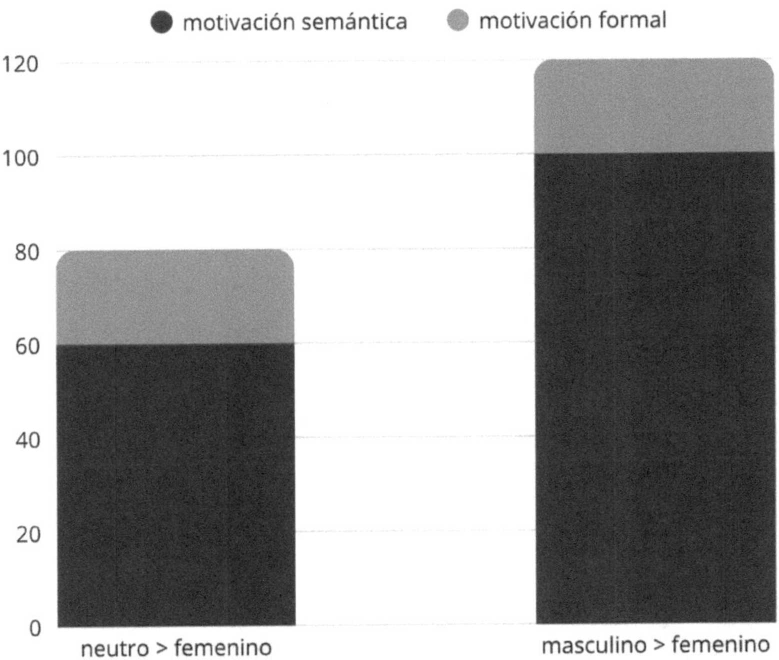

Figura 43: Distribución de los factores de asignación de género según el género etimológico en sustantivos inanimados de origen griego.

No sorprende, por tanto, que la motivación semántica sea el segundo factor más influyente en la asignación de género en el caso del griego, como se evidencia en la Figura 44.

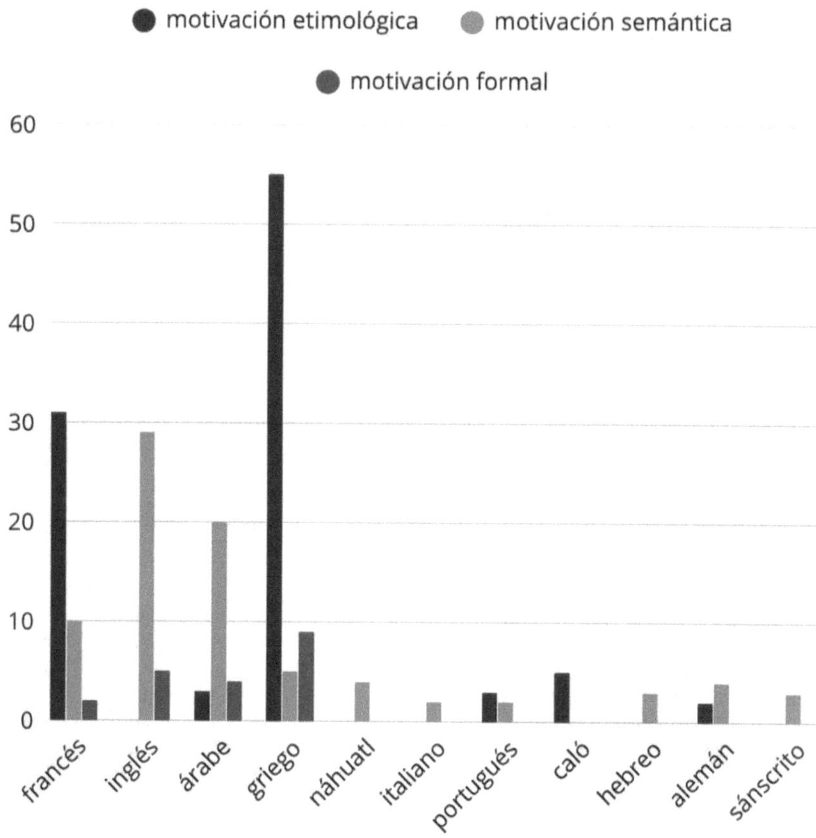

Figura 44: Distribución de los factores de asignación de género según la lengua de origen.

En cuanto a los sustantivos que presentan vacilación de género —como se explicó en el capítulo 4—, se observa una preferencia por el masculino también en los préstamos. No obstante, durante el período áureo se registran fluctuaciones asociadas al grado de acercamiento a las lenguas clásicas. En los siglos XVII y XVIII, en particular, el masculino compite con el femenino etimológico, sobre todo en los préstamos del griego (véase Figura 45). En estos casos, el uso del género femenino obedece a una distribución dialectal de las formas y a factores semánticos.

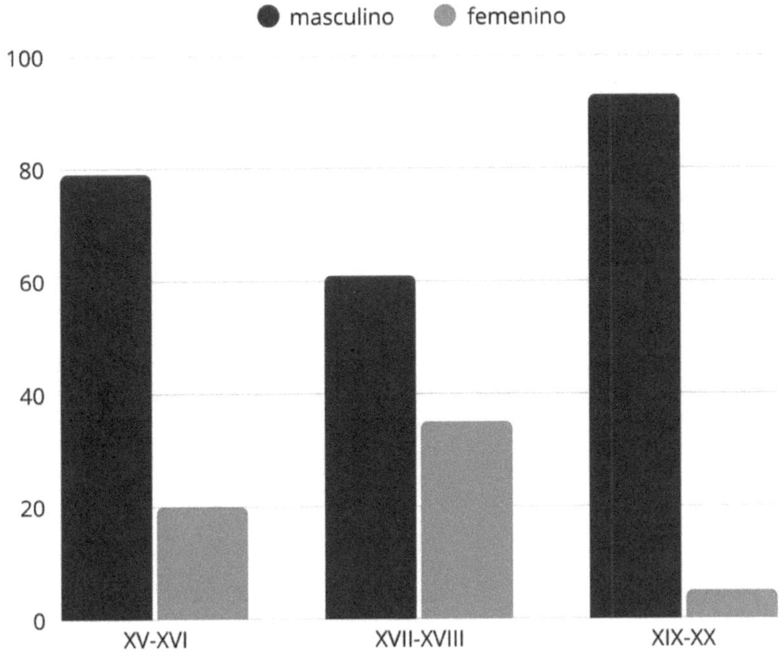

Figura 45: Distribución cronológica de *énfasis, éxtasis, paréntesis* y *análisis*.

En lo referente al género gramatical de las siglas o acrónimos, la mayoría de estas formaciones —constituidas por la unión de segmentos de dos o más palabras— adopta el género de la palabra núcleo (*led*, *CLAC*, *RDSI*, *ONG*, *PET*, *AM*, *TAC*, *uci*, *uvi*, entre otros). Sin embargo, existen excepciones en las que se observa vacilación de género, como en *COVID* (§ 5.1.2). En general, el análisis de los ejemplos sugiere que la asignación de género en las siglas puede explicarse mediante asociaciones semánticas. En este sentido, debe considerarse el nombre principal de la sigla, así como la influencia de diversas asociaciones subyacentes (la palabra dominante, el concepto genérico o la familia léxica, entre otras). La combinación de todos estos factores puede complejizar la asignación del género a las siglas.

En cuanto a los préstamos procedentes del inglés y su asignación de género en español, los datos analizados confirman que la selección del masculino resulta previsible por su carácter no marcado. En lo que respecta a los factores que influyen en la asignación del género femenino, estos pueden clasificarse en dos grandes categorías: formales (*resistividad* < *-dad*, *registración* < *-ción*) y semánticos (*chip* 'patata', *tenis* 'zapatillas'). En los sustantivos con vacilación de género se constata que predomina el masculino y que la elección del femenino responde a razones formales en más del 90 % de los casos estudiados. Por consiguiente, no resulta apropiado hablar de arbitrariedad en el proceso de asignación de género, ya que, como muestran los diversos ejemplos y los datos estadísticos, dicho proceso revela una clara tendencia, regularidad y sistematicidad.

Conclusiones

El género gramatical ha sido objeto de numerosas investigaciones debido a su complejidad estructural e irregularidad funcional. En el presente estudio, se ha abordado este concepto desde diversas perspectivas —formal, semántica e histórica—, con el propósito de comprender su evolución en el sistema del español, su clasificación y sus mecanismos de manifestación, tal como se desarrolla en la parte primera de este trabajo.

En el sistema latino, el género se organizaba en masculino, femenino y neutro. Con la desaparición del neutro y la posterior reestructuración de las declinaciones, muchos sustantivos originalmente neutros pasaron a integrarse en un género específico. En términos generales, el género se mantuvo estable en los sustantivos de la primera y segunda declinación, mientras que los de la tercera declinación presentaron cierta vacilación. Al carecer de una marca explícita de género, estos sustantivos fueron clasificados en una u otra categoría, lo que condujo, en la mayoría de los casos, a la recategorización de neutros como masculinos o femeninos. Este estudio ha examinado la evolución del género en los sustantivos desde el latín hasta el español, con especial atención a los sustantivos inanimados, dado que su género no depende de un referente natural, sino de factores lingüísticos y estructurales. Por ello, se han analizado las terminaciones que las gramáticas históricas han considerado más inciertas o arbitrarias —las consonánticas (*-b*, *-c*, *-d*, *-f*, *-g*, *-h*, *-j*, *-k*, *-l*, *-m*, *-n*, *-ñ*, *-o*, *-p*, *-q*, *-r*, *-s*, *-t*, *-v*, *-w*, *-x*, *-y*, *-z*) y las vocálicas *-u*, *-i*, *-e*— con el fin de determinar los factores clave en la asignación del género femenino a los sustantivos inanimados del español.

La etimología constituye el factor más decisivo en la asignación del género femenino a los sustantivos inanimados, muchos de los cuales conservan el género de su lengua de origen. En los términos procedentes del latín, la etimología es el criterio dominante: generalmente, si el sustantivo tenía género femenino en latín, lo mantiene en español (*lente, mente, calle, torre, par*). Tal como se expone en el § 4.3, la etimología explica el 55 % de los sustantivos femeninos de origen latino analizados. En el caso de los préstamos lingüísticos, la influencia etimológica también es notable. En lenguas flexivas, el género gramatical suele heredarse del étimo: *alamud* (arabismo), *patarráez* (italianismo), *besamel* (galicismo), *hipérbole* o *metrópoli* (grecismos) son ejemplos representativos.

El factor semántico constituye el segundo criterio más relevante en la asignación del género femenino. Este criterio asocia el género con rasgos del significado o de la realidad extralingüística del sustantivo. Entre los sustantivos inanimados de origen latino, la semántica explica numerosos casos en los que la etimología no resulta suficiente (*andas, orden, diez, red, terminal, dragonites, cérvix*). En los sustantivos con vacilación de género (*mar, calor, honor, canal*), la preferencia por el femenino se relaciona con factores semánticos o dialectales. En los préstamos de lenguas sin género gramatical, como el inglés o el náhuatl, la motivación semántica adquiere un papel aún más decisivo: el género femenino se asigna según los rasgos conceptuales del sustantivo o por influencia de su hiperónimo (*selfi, bikini*). Asimismo, la semántica interviene en los casos de alternancia de género (*la/el COVID*), donde el femenino puede derivar tanto del hiperónimo ('enfermedad') como de la interpretación conceptual del término.

El criterio formal determina la asignación de género a partir de la terminación o la estructura morfológica del sustantivo. Aunque no siempre es concluyente, permite identificar patrones de analogía que revelan la no arbitrariedad del género. Los sufijos *-dad, -sis, -itis, -ción*, entre otros, confieren sistemáticamente género femenino a los sustantivos (*bondad, otitis, micosis, producción*). Su productividad y regularidad en español refuerzan la transparencia categorial del género. Del mismo modo, los sustantivos monosílabos de origen latino tienden a recibir género femenino (*flor, red, sed, lid, vid, grey*). Por otro lado, en esta correlación entre la marca formal y el género inherente, el grupo más problemático para determinar el género es el compuesto por los sustantivos que termina en *-e*, por ser una marca segmental que carece de información. Por lo general, los sustantivos inanimados terminados en *-e* adoptan género masculino, aunque existen femeninos cuya asignación responde a criterios etimológicos (*ubre, torre, carne, nube*), semánticos (*leche, legumbre, sílice*) o formales (*fuente, hojaldre, mugre*).

La distinción entre sustantivos continuos y discontinuos también influye en la asignación del género. Los sustantivos continuos tienden a ser femeninos (*leche, sal, miel*), mientras que los discontinuos suelen ser masculinos (*puente*). Esta oposición revela el valor clasificatorio del género gramatical, observable en pares como *leña/leño* o *madera/madero*. Asimismo, en los sustantivos sin marca morfológica explícita de género (*-a* / *-o*), la alternancia se manifiesta mediante el artículo determinante (*la/el labor*), lo que confirma el papel del entorno sintáctico en la interpretación del género.

Además de los factores mencionados, es fundamental tener en cuenta que las interferencias lingüísticas en el nivel morfológico del español derivan del contacto con otras lenguas romances (catalán, gallego, asturiano, francés, italiano, portugués, entre otras). Este contacto influye en la asignación de género, como se observa en *labor, flor, calor* u *olor*, donde el género puede variar por influencia cruzada entre lenguas. La proximidad estructural entre el español y otras lenguas peninsulares genera tendencias compartidas en la selección de género, lo que evidencia un intercambio bidireccional. En este sentido, es importante destacar la solidez del italiano, que generalmente mantiene una mayor estabilidad etimológica conservando generalmente el género heredado del latín, no viéndose influido por otras lenguas romances.

En cuanto a los sustantivos que han tenido históricamente doble género, el análisis llevado a cabo muestra que muchos sustantivos con doble género presentaron un predominio del femenino entre los siglos XV y XVII (*el/la color, el/la calor, el/la énfasis, el/la honor, el/la fin, el/la origen*). Esta variación refleja una tensión entre el género etimológico (latino) y el género romance, vinculada al grado de proximidad con la lengua clásica. A partir del siglo XVII, el masculino comienza a imponerse progresivamente, consolidándose desde el siglo XVIII. El cambio se relaciona con factores sociolingüísticos y de prestigio, ya que el masculino se afianza en la lengua administrativa y científica, mientras que el femenino se mantiene en registros literarios o dialectales.

Respecto a los sustantivos de origen inglés, abordados en el § 5.4, estos tienden a asignar género masculino por defecto, al ser este el género no marcado en español. Los datos cuantitativos revelan que el 90,7 % de estos sustantivos son masculinos, el 7,2 % femeninos y el 2,1 % presentan vacilación de género.

La Figura 46 sintetiza la asignación de género en sustantivos inanimados femeninos del español. En los sustantivos de origen latino, el 55,1 % conserva el género original; el 33,2 % responde a motivaciones semánticas; y el 11,7 % a criterios formales. En los préstamos, la etimología sigue siendo el factor principal (49 %), seguida de la motivación semántica (40,8 %) y la formal (10,2 %). Entre los préstamos de origen inglés, el 90,1 % de los sustantivos femeninos se asigna según criterios semánticos, frente a un 9,1 % que lo hace por criterios formales. Finalmente, en los sustantivos inanimados que no pertenecen a los grupos previamente mencionados, la motivación semántica predomina (60 %), seguida por la formal (22,9 %) y la etimológica (17,1 %). Este hecho contrasta con la tendencia observada en los sustantivos inanimados femeninos de origen latino o en los préstamos, lo cual es justificable dado que muchos de estos sustantivos presentan un origen desconocido.

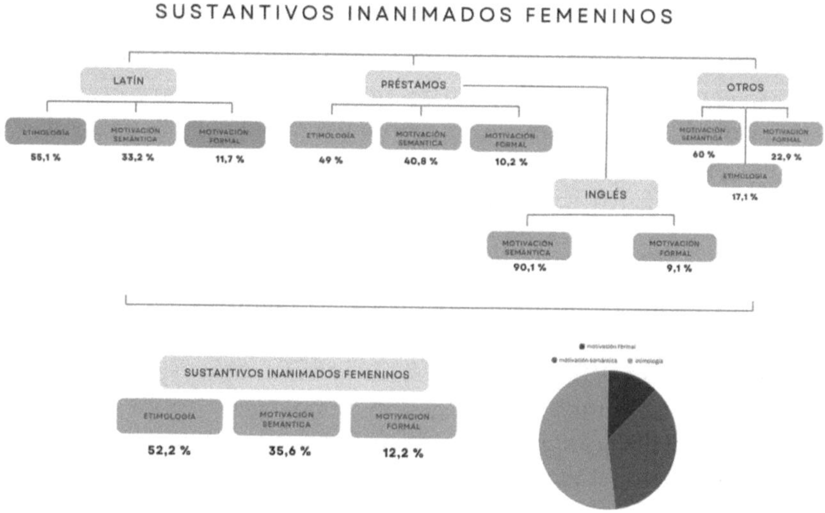

Figura 46: Esquema resumen de la asignación de género en sustantivos inanimados femeninos del español.

Estos resultados confirman que, aunque la etimología constituye el principal factor en la asignación de género femenino en sustantivos de origen latino, la semántica desempeña un papel determinante en los préstamos y en los sustantivos sin origen claro, mientras que el criterio formal opera como mecanismo complementario que refuerza la coherencia del sistema morfológico del español.

De este modo, los resultados obtenidos permiten afirmar que la asignación de género en los préstamos en general, y en los anglicismos en particular, revela cierta sistematicidad y regularidad. En el caso de los sustantivos inanimados femeninos que se apartan de la tendencia mayoritaria, los rasgos formales tienen una relevancia parcial y el peso recae fundamentalmente en los factores semánticos. En efecto, el 100 % de los anglicismos femeninos analizados han asignado su género teniendo en cuenta criterios semánticos. En cuanto a los anglicismos que presentan vacilación de género (*selfi*, *remake*, *bikini*), se ha comprobado que la forma femenina (*la selfi*, *la remake*, *la bikini*) responde a dos tipos de motivación: el 90,9 % selecciona el género femenino por razones semánticas y solo el 9,1 % lo hace atendiendo a criterios formales. Por consiguiente, no resulta adecuado hablar de arbitrariedad en la asignación del género, ya que el proceso muestra una clara regularidad. No obstante, incluso en los casos de vacilación, se observa que el uso del masculino continúa siendo el predominante en este tipo de sustantivos.

A partir del análisis efectuado, se confirma que el género masculino constituye la tendencia general en los sustantivos inanimados del español. Incluso en aquellos que presentan cierta oscilación —como *mar*, *calor* o *color*—, la forma masculina sigue prevaleciendo. En el caso de los sustantivos femeninos, que se apartan de dicha tendencia, se ha puesto de manifiesto la complejidad del fenómeno y la interacción de múltiples factores en la asignación del género gramatical. De este modo, tanto la semántica como la etimología desempeñan un papel determinante en la elección del género. Aunque la semántica ejerce una influencia notable, especialmente en las voces procedentes del inglés, es la etimología la que tiene un peso mayor en la asignación de género en los préstamos. A su vez, las características formales pueden intervenir en la selección de género, frecuentemente por analogía con otros sustantivos que comparten rasgos formales similares. En este sentido, se ha comprobado que, de los 492 sustantivos analizados, aproximadamente el 52,2 % adopta su género basándose en la etimología, mientras que el 47,5 % restante se distribuye entre factores semánticos (35,6 %) y formales (12,2 %) (véase Figura 46). Estos resultados confirman la vigencia de los tres criterios establecidos en el *Esbozo de una nueva gramática de la lengua española* (1973) —significado, etimología y terminación—, que continúan siendo fundamentales para explicar la asignación de género. Desde una perspectiva histórica, la etimología resulta un elemento ineludible en el estudio del género gramatical del español. Su relevancia ya se reconocía en el siglo XV y, en la actualidad, sigue constituyendo un factor decisivo. Además, a lo largo de este trabajo se ha evidenciado una regularidad sistemática en los procesos de asignación de género, lo que contribuye a una comprensión más profunda de los diversos factores implicados. Con base en los datos analizados, se puede incluso prever el género gramatical que adoptarán los futuros neologismos o préstamos en español, como se ha demostrado en el § 5.4 para el caso concreto de los anglicismos.

En futuras investigaciones resultará pertinente ampliar el corpus con sustantivos inanimados aún no incorporados al diccionario, así como examinar la relación entre la terminación de los sustantivos con referentes sexuados y el género gramatical asignado, especialmente cuando no existe correspondencia formal en las terminaciones *-o* / *-a*. Del mismo modo, será de interés analizar el comportamiento de los sustantivos inanimados del español en otras lenguas romances —como el italiano, el portugués, el francés o el rumano—, con el fin de determinar en qué medida la etimología desempeña también un papel relevante en ellas e identificar otros factores que intervienen en la asignación de género. Todo ello permitirá ampliar los estudios existentes y profundizar en la historia del género gramatical en nuestra lengua desde sus orígenes hasta la actualidad. En esta línea, resulta fundamental continuar investigando el comportamiento de los posibles préstamos futuros para seguir contrastando la hipótesis planteada en este estudio. Finalmente, consideramos que la metodología aplicada en esta investigación ofrece una base sólida para desarrollar nuevos estudios sobre el género gramatical, lo cual permitirá obtener resultados de gran interés y proyección.

Bibliografía

Adelaar, W. F. H. (1977). *Tarma Quechua: Grammar, Texts, Dictionary.* Lisse, Peter de Ridder Press.

Aguilar, A. (2021). Lenguaje y género: del lenguaje inclusivo a la inclusión efectiva. Repositorio Centroamericano SIIDCA-CSUCA. http://hdl.handle.net/11056/19704.

Alarcos, E. (1994). *Gramática de la lengua española.* Madrid, Espasa Calpe.

Albitre Lamata, P. (2021). La lengua ante una nueva realidad social de la mujer: construcción del género en portavoza y árbitra. *Revista de Filología y Lingüística de la Universidad de Costa Rica*, 47(2).

Alcalá, F. P. de (1505). *Vocabulista arávigo en letra castellana. En Arte para ligeramente saber la lengua arávig.* Granada, Juan Varela. http://ntlle.rae.es/ntlle/SrvltGUILoginNtlle [Consultado el 13/07/2020].

Alcina Franch, J. y Blecua, J. M. (1975). *Gramática española*. Madrid, Ariel.

Alemany y Bolufer, J. (1917). *Diccionario de la Lengua Española*. Barcelona, Ramón Sopena. http://ntlle.rae.es/ntlle/SrvltGUILoginNtlle [Consultado el 16/07/2020].

Alfonso Vega, M. y Melis, Ch. (2010). La posición del sujeto en la oración intransitiva del español en S. Bogard (Ed.), *Sintaxis, semántica y prosodia. Sus reejos en el orden de palabras del español* (pp. 39-68). El Colegio de México.

Alonso, D. (1962). Metafonía, neutro de materia y colonización suditaliana en la Península Hispánica, *Enciclopedia Lingüística Hispánica, I.* Madrid, Consejo Superior de Investigaciones Científicas.

Alvar, M. y Pottier, B. (1983). *Morfología histórica del español.* Madrid, Gredos.

Álvarez de Miranda, P. (1993). El alomorfo de *la* y sus consecuencias. *LEA: Lingüística Española Actual*, 15(1), 5-44.
Álvarez de Miranda, P. (2018). *El género y la lengua*. Madrid, Turner.
Ambadiang, T. (1994). *La morfología flexiva.* Madrid, Taurus.
Ambadiang, T. (1999). La flexión nominal. Género y número en I. Bosque y V. Demonte (Dirs.), *Gramática descriptiva de la lengua española* (pp. 4843-4916). Espasa Calpe.
Ambadiang, T. (2011). Configuración y representación en la flexión nominal: la relevancia de las variaciones morfológicas en Mª V. Escandell Vidal, M. Leonetti Jungl y C. Sánchez López (Coords.), *60 problemas de gramática: dedicados a Ignacio Bosque* (pp. 349-355). Akal.
Anderson, J. M. (1961). The Morphophonemics of Gender in Spanish Nouns. *Lingua*, 10, 85-296.
Anónimo. (1555). *Vtil y breve institvtion para aprender los principios y fundamentos de la lengua Hespañola.* Amberes, Bartholomaeus Gravius.
Anónimo. (1559). *Gramática de la Lengua Vulgar de España*. Amberes, Bartholomaeus Gravius.
Arellano, F. (1996). *Las lenguas romances: introducción al estudio de la filología románica comparada*. Venezuela, Universidad Católica de Táchira.
Arias Barredo, A. (1995). *De feminismo, machismo y género gramatical: el género, un monema no exclusivamente metalingüístico.* Valladolid, Universidad de Valladolid.
Aristóteles. (2016). *Poética* (2ª ed. J. D. García Bacca, Trad.). Universidad Nacional Autónoma de México. http://classics.mit.edu/Aristotle/poetics.html (Documento original publicado 335 a. C.).
Aristóteles. (2018). *Metafísica* (V. García Yebra, Trad.). Gredos. https://www.mercaba.es/grecia/metafisica_de_aristoteles.PDF (Documento original publicado ca. 348-335 a. C.).
Atkinson, J. (1977). *A Finnish Grammar.* Helsinki, Suomalaisen Kirjallisuuden Seura.
Autoridades = Real Academia Española. (1726-1739). *Diccionario de la lengua castellana, en que se explica el verdadero sentido de las voces, su naturaleza y calidad, con las phrases o modos de hablar, los proverbios o refranes, y otras cosas convenientes al uso de la lengua [...].* Madrid, Imprenta de Francisco del Hierro. http://ntlle.rae.es/ntlle/SrvltGUILoginNtlle [Consultado el 14/07/2020].
Ballester, X. (2006). Indoeuropeo: una Lengua para Cazadores y Recolectrices. *Verba. Anuario Galego de Filoloxía, 33*, 49-68.

Bamgbose, A. (2010). *A grammar of yoruba*. Cambridge, Cambridge University Press.
Banfield, R. L. (1994). *Gender assignment of English loanwords in the Spanish language*. [Tesis de licenciatura inédita]. Brigham Young University.
Barkin, F. (1980). The role of loanword assimilation in gender assignment. *Bilingual Review*, 7, 05-112.
Bello, A. (1847). *Gramática de la Lengua castellana destinada al uso de los americanos*. Caracas, [s. n.].
Bengoechea, M. (2003). La representación de la agencia femenina en las secciones políticas de cuatro diarios españoles. *Estudios de sociolingüística: Linguas, sociedades e culturas*, *4*(2), 563-588.
Bengoechea, M. y Gumiel, S. (2023). Lenguaje y sexismo. En E. Carmona y M. Garrido (Coord.), *Igualdad efectiva de mujeres y hombres: manual interdisciplinar* (pp. 51-68). Valencia, Tirant lo Blanch.
Bergen, J. J. (1978). A Simplified Approach for Teaching the Gender of Spanish Nouns. *Hispania*, 61, 865-876.
Bergen, J. J. (1980). The Semantics of Gender Contrasts in Spanish. *Hispania*, 63, 48-57.
Blasco-Ferrer, E. (1994). *Ello, ellus. Grammatica sarda.* Nuoro, Poliedro.
Bonet, E. (2016). Morfemas y alomorfos en Gutiérrez-Rexach (Ed.), *Enciclopedia Lingüística Hispánica* (pp. 700-709). Routledge.
Bopp, F. (1833). *Vergleichende grammatik des sanskrit, zend, griechischen, lateinischen, litthauischen, gothischen und deutschen*. Berlin, Bei Ferdinand Dümmler.
Borer, H. (2005). *In name only*. Oxford, Oxford University Press.
Bosque, I. (2012). Informe sobre sexismo lingüístico y visibilidad de la mujer. *Boletín de Información Lingüística de la Real Academia Española*, 1, 1-18.
Brugmann, K. y Delbrück, B. (1897). *Grundriss der vergleichenden Grammatik der indogermanischen Sprachen*. Strassburg, Karl. J. Trübner
Bull, W. (1965). *Spanish for teachers: Applied linguistics.* New York, The Ronald Press Co.
Butler, J. (2001). *El género en disputa: Feminismo y la subversión de la identidad.* Barcelona, Paidós.
Cabeza Pereiro, M. C. y Rodríguez Barcia, S. (2013). Aspectos ideológicos, gramaticales y léxicos del sexismo lingüístico. *Estudios filológicos*, 52, 7-27.
Calero Fernández, M. Á. (1994). La relación género gramatical-sexo biológico desde Nebrija hasta 1771. En R. Escavy Zamora, J M. Hernández Terrés, A. Roldán Pérez (Eds.), *Congreso Internacional de*

Historiografía Lingüística (pp. 121-140). Universidad de Murcia. http://hdl.handle.net/10459.1/70604.

Calero Fernández, M. Á. (1999). *Sexismo lingüístico: Análisis y propuestas ante la discriminación sexual en el lenguaje*. Madrid, Narcea.

Calero Fernández, M. Á. (2002). La identidad femenina en el discurso lexicográfico. *Quaderns de Filologia*, 7, 25-46.

Calero Fernández, M. Á. (2006). Creencias y actitudes lingüísticas en torno al género gramatical en español en M. I. Sancho Rodríguez, L. Ruiz Solves y F. Gutiérrez García (Eds.), *Estudios sobre lengua, literatura y mujer* (pp. 235-286). Universidad de Jaén.

Casas, C. de las (1570). *Vocabulario de las dos lenguas toscana y castellana*. Sevilla, Francisco de Aguilar y Alonso Escribano. http://ntlle.rae.es/ntlle/SrvltGUILoginNtlle [Consultado el 14/07/2020].

Castillo, M., Bouzouita, M. y Pato, E. (2018). Dialectos del español: una nueva aplicación para conocer la variación actual y el cambio en las variedades del español. *Dialectología: revista electrónica*, 20, 61-83.

Čašule, I. (2009). *Burushaski as an Indo-European Kentum Language*. Munich, Lincom.

Cennamo, M. (2009). Argument structure and aligment variations and changes in Late Latin en J. Barðdal y S. L. Chelliah (Eds.), *The Role of Semantic* (pp. 307-346). John Benjamins Publishing Company.

Chomsky, N. y Lasnik, H. (1993). The theory of principles and parameters. En J. Jacobs, A. von Stechow, W. Sternefeld y T. Vennemann (Eds.), *Syntax: an international handbook of contemporary research* (Vol. 1, pp. 506-569). Berlin, Walter de Gruyter.

Clackson, J. (2007). *Indo-European Linguistics: An Introduction*. Cambridge, Cambridge University Press.

Clackson, J. (2016). *Latin as a source for the Romance languages*. En A. Ledgeway y M. Maiden (Eds.), *The Oxford guide to the Romance languages* (pp. 3-13). Oxford, Oxford University Press.

Coedo, A. (2018). *Análisis de la representación de la mujer en la vigesimotercera edición del* Diccionario de la lengua *española (RAE y ASALE) y en sus actualizaciones en línea*. [Trabajo de Fin de Grado inédito]. Universidade de Vigo.

Corbett, G. G. (1991). *Gender.* Cambridge, Cambridge University Press.

Corbett, G. G. (2007). Gender and noun classes en T. Shopen (Ed.), *Language typology and syntactic description* (Vol. III, pp. 241-279). Cambridge, Cambridge University Press. https://doi:10.1017/CBO9780511618437.004

Corbett, G. G. (2013). *The Expression of Gender.* Boston, Walter de Gruyter.

Corbett, G. G. (2013). Número de géneros. En M. S. Dryer, y M. Haspelmath, (Eds.), *WALS Online (v2020.4) [Conjunto de datos]*. Zenodo.
Corominas, J. (1961). *Breve Diccionario Etimológico de la Lengua Castellana.* Madrid, Gredos.
Corominas, J. y Pascual, A. J. (1980-1991). *Diccionario crítico etimológico castellano e hispánico*. Madrid, Gredos.
Correas, G. (1626). *Arte de la lengua española castellana.* Madrid, [s. n.].
Covarrubias, S. (1611). *Tesoro de la lengua castellana o española*. Madrid, Luis Sánchez.
Crystal, D. (2000). *Diccionario de lingüística y fonética*. Barcelona, Octaedro.
Cunha, C. y Cintra, L. (2017). *Nova Gramática do português contemporâneo.* Rio de Janeiro, Lexikon.
Dahl, Ö. (2000). Animacy and the notion of semantic gender en B. Unterbeck (Ed.), *Gender in grammar and cognition* (Vol. 124, pp. 99-116). Mouton de Gruyter. https://doi.org/10.1515/9783110802603.99.
Davidson, A. B. (1962). *An introductory Hebrew Grammar.* Edinburgh, T. T. Clark.
Díaz Llorca, I. y Díaz Llorca, L. (2017). *Sexismo e identidad femenina en el discurso lexicográfico: análisis comparativo del* DIEC2 *(2017) y de la 23ª edición del* DLE *(2014)*. [Trabajo de Fin de Grado]. Universitat Pompeu Fabra.
Díaz Padilla, F. (1994). *Gramática analítico-descriptiva de la lengua italiana.* Oviedo, Universidad de Oviedo.
Dionisio de Tracia. (2003). *Ars Grammatica* (W. Rodríguez et al., Trad.). Universidad Nacional de Colombia. https://repositorio.unal.edu.co/handle/unal/30938 (Documento original publicado ss. II-I a.).
Domínguez, R. J. (1853). *Diccionario Nacional o Gran Diccionario Clásico de la Lengua Española.* Madrid-París, Establecimiento de Mellado.
Domínguez, R. J. (1869). *Nuevo suplemento al Diccionario Nacional o Gran Diccionario Clásico de la Lengua Española.* Madrid, Imprenta y Librería Universal de los Sres. Crespo, Martín y Comp.
Durrell, M. (2021). *Hammer's German grammar and usage*. Londres, Routledge.
Dworkin, S. N. (2012). *A history of the Spanish lexicon. A linguistic perspective*. New York, Oxford University Press.
Ehrlich, S. (2001). *Representing Rape: Language and Sexual Consent.* New York, Routledge.
Ehrlich, S. (2007). Legal Discourse and the Cultural Intelligibility of Gendered Meanings. *Journal of Sociolinguistics*, 11, 452-477.

El Colegio de México. (s. f.) *Diccionario del Español de México* [en línea], http://dem.colmex.mx

Engel, U. (1991). *Deutsche Grammatik*. Heidelberg, Julius Gross.

Estapá, R. (1990-1991). A vueltas con el género. *Universitas Tarraconensis*, 13, 249-261.

Fábregas, A. (2022). Hacia una caracterización sintáctica del género del sustantivo en español. *Revista Española De Lingüística*, *52*(1), 39-96. https://doi.org/10.31810/rsel.52.1.2.

Fernández de Santaella, R. y Jiménez Arias, D. (1499). *Vocabularium ecclesiasticum*. Sevilla, Juan Pegnitzer, Magno Herbst y Tomás Glockner.

Fernández Pérez, M. (1991). Sobre el concepto de morfema y el ámbito de la Morfologia. *Verba*, 18, 27-68.

Fernández-Ordóñez, I. (2004). Corpus Oral y Sonoro del Español Rural (COSER). [http://www.corpusrural.es]

Fernández-Ordóñez, I. (2006). Del Cantábrico a Toledo: El "neutro de materia" hispánico en un contexto románico y tipológico (primera parte). *Revista de Historia de la Lengua Española*, 1, 67-118.

Fernández-Ordóñez, I. (2007). Del Cantábrico a Toledo: El "neutro de materia" hispánico en un contexto románico y tipológico (continuación). *Revista de Historia de la Lengua Española*, 2, 29-81.

Forbes, N. (1964). *Russian Grammar.* Oxford, Oxford University Press.

Forgas Berdet, E. (2011). El compromiso académico y su reflejo en el DRAE: los sesgos ideológicos (sexismo, racismo, moralismo) del Diccionario en S. Senz y M. Alberte (Eds.), *El dardo en la Academia. Esencia y vigencia de las academias de la lengua española*, 2, 425-458. Melusina.

García Arias, X. Ll. (2004). *Diccionario General de la Lengua Asturiana.* Oviedo, Prensa Asturiana S.A. / La Nueva España.

García Gallarín, C. (2018). *Diccionario histórico de la morfología del español.* Madrid, Guillermo Escolar.

García Gallarín, C. (2020). *El género gramatical: variación y cambio.* Madrid, Autoedición.

García González, F. (1985). Algo más sobre el "neutro de materia". *Lletres Asturianes*, 17, 31-36.

García Meseguer, Á. (1988). *Lenguaje y discriminación sexual.* Barcelona, Montesinos.

García Meseguer, Á. (1994). *¿Es sexista la lengua española?: una investigación sobre el género gramatical.* Barcelona, Paidós.

Gaspar, J. y Roig, J. (1853). *Diccionario enciclopédico de la lengua española, con todas las vozes, frases, refranes y locuciones usadas en España y las Américas Españolas [...].* Madrid, Imprenta y Librería de Gaspar y Roig. http://ntlle.rae.es/ntlle/SrvltGUILoginNtlle [Consultado el 20/10/2020].

Gil Fernández, J. (2019). *Los cultismos grecolatinos en español*. Ediciones Universidad de Salamanca.

Gil, J. M. (2020). Las paradojas excluyentes del «lenguaje inclusivo»: Sobre el uso planificado del morfema flexivo *-e*. *Revista Española de Lingüística*, *50*(1), 65-84. http://dx.doi.org/10.31810/RSEL.50.1.3.

Giudici, E. (1967). *Grammatica del francese moderno.* [s.l.], Liguori.

Gómez Capuz, J. (2000). La creación léxica (II): neologismos formales y neologismos externos al sistema en A. Briz Gómez y Grupo Val. Es.Co., *¿Cómo se comenta un texto coloquial?* (pp. 143-168). Barcelona, Ariel.

Gómez de Silva, G. (2001). *Diccionario breve de mexicanismos.* México, Academia Mexicana - Fondo de Cultura Económica [Consultado el 13/10/2020].

Gómez Torrego, L. (1996). Algunas cuestiones sobre los sustantivos ambiguos en cuanto al género. *Español Actual*, 66, 86-88.

González Calvo, J. M. (1979). El género ¿una categoría morfológica? *Anuario de Estudios Filológicos*, 2(5), 1-73.

Grimm, J. (1822). *Deutsche Grammatik*. Göttingen, Dieterich.

Guerrero-Salazar, S. (2010). *El sexismo lingüístico: un tema de actualidad*. Málaga, UMA/SEDOC.

Gutiérrez, C. (2018). Árabe *aṯṯúmn* > español *azumbre*. *Boletín de la Real Academia Española*, *98*(317), 161-176.

Harms, R. T. (1962). *Estonian Grammar.* The Hague, Mouton & Co.

Harris, J. W. (1985). Spanish word markers en N. F. Neussel (Ed.), *Current Issues in Spanish Phonology and Morphology* (Vol. 22, pp. 27-62). Indiana.

Harris, J. W. (1991). The exponence of gender in Spanish. *Linguistic lnquiry*, 2211, 27-62.

Haspelmath, M. (2006). Against markedness (and what to replace it with). *Journal of Linguistics*, 42(1).

Heim, M. (1976). *Contemporary Czech*. Michigan, Michigan Sl. Publications Ann Arbor.

Henríquez, B. (1679). *Thesaurus utriusque linguae hispaniae et latinae*. Matriti, ex typographia Ioannis Garcia Infançon. http://ntlle.rae.es/ntlle/SrvltGUILoginNtlle [Consultado el 09/10/2020].

Heredia, S. de (1767). *Arte novísimo Gramático-Latino que contiene toda la Gramática dividida en sus cuatro partes…* Córdoba, Francisco Villalón.

Hjelmslev, L. (1976). *Sistema lingüístico y cambio lingüístico.* Madrid, Gredos.

Hockett, C. F. (1958). *A Course in Modern Linguistics.* New York, Macmillan.

Holmes, J. (2006). Gendered talk at work: Constructing gender identity through workplace discourse. *Sociolinguistic Studies*, 3.

Hooper, J. B. y Terrell, T. (1976). Stress Assignment in Spanish: a Natural Generative View. *Glossa 10*(1), 64-110.

Hoyos, M. C. (2002). Sexo, género y usos lingüísticos. *Revistas de la Universidad de Granada*, 32, 13-32.

Hualde, J. I. y Ortiz de Urbina, J. (Eds.) (2003). *A grammar of Basque.* Berlín, Mouton de Gruyter.

Huang, C.-R. y Shi, D. (Eds.) (2016). *A reference grammar of Chinese.* Cambridge, Cambridge University Press.

Iglesias Casals, I. (1990). El género femenino o la discriminación a través del lenguaje en M. A. Martínez Álvarez et al. (Eds.). *Actas del Congreso de la Sociedad Española de Lingüística* (Vol. 2, pp. 555-562). Madrid, Gredos.

Iliescu, M. (1973). Stammen die romanischen Substantive lateinischen Urprungs von der Akkusativform ab? *Revue Roumain de Linguistique*, 17, 477-479. Institucionales, Responsabilidad Social y Cultural.

Instituto Cervantes y Observatori de Neologia. (s. f.). *Martes neológico.* https://blogscvc.cervantes.es/marteseologico/.

Jiménez Patón, B. (1614). *Institvciones de la gramatica española.* Baeza, Pedro de la Cuesta.

Karlsson, F. (2017). *Finnish: A comprehensive grammar.* Londres, Routledge.

Kiyose, G. N. (1995). *Japanese Grammar: A New Approach.* Kyoto, Kyoto University Press.

Kornflit, J. (1993). *Turkish Grammar.* London, Routledge.

Krahe, H. (1964). *Lingüística indoeuropea.* Madrid, Consejo Superior de Investigaciones Científicas / Instituto Antonio de Nebrija.

Kramer, R. (2015). *The morphosyntax of gender.* Oxford, Oxford University Press.

Kramer, R. (2020). Grammatical Gender: A Close Look at Gender Assignment Across Languages. *Annual Review of Linguistics*, 6, 45-66. https://doi.org/10.1146/annurev-linguistics-011718-012450.

Kretschmer, P. (1934). *Las lenguas y los pueblos indoeuropeos.* Madrid, Centro de Estudios Históricos.

Kroeger, P. (1991). *Phrase structure and grammatical relations in Tagalog.* Stanford, CSLI Publications.

Lang, M. F. (1992). *Formación de palabras en español: morfología derivativa productiva en el léxico moderno.* Madrid, Cátedra.

Lapesa, R. (1981). *Historia de la lengua española.* Madrid, Gredos.

Lapesa, R. (2000). *Estudios de morfosintaxis histórica del español.* Madrid, Gredos.

Lehmann, W. P. (1974). *Proto-Indo-European Syntax.* Austin, University of Texas Press.

Leslau, W. (1995). *Reference Grammar of Amaharic.* Wiesbaden, Otto Harrassowitz.

Lin, H. (1981). *Essential Grammar for Modern Chinese.* Boston, Cheng & Tsui.

Lledó Cunill, E., Calero Fernández, M. Á. y Forgas Berdet, E. (2004). *De mujeres y diccionarios. Evolución de lo femenino en la 22.ª edición del "DRAE".* Ministerio de Trabajo e inmigración, Instituto de la Mujer.

Lliteras, M. (2008). Del género derivativo al género flexivo en M. A. Maquieira Rodríguez y M. D. Martínez Gavilán (Eds.), *Gramma-Temas 3: España y Portugal en la tradición gramatical* (pp. 125-148). Universidad de León.

Lloyd, P. M. (1993). *Del latín al español.* T. 1: *Fonología y morfología históricas de la lengua española.* Versión esp. de A. Álvarez. Madrid, Gredos.

Lockwood, W. B. (1969). *Indo-European philology: historical and comparative.* London, Hutchinson University Library.

López-Mora, P. (2020). El sustantivo: evolución de los morfemas de caso, género y número. RIUMA. https://hdl.handle.net/10630/19805.

Loporcaro, M. (2017). *Gender from Latin to Romance.* Oxford, Oxford University Press.

Luque, R. (2021). El diccionario académico como referencia para un estudio morfológico y léxico-semántico del español de Honduras. *Oltreoceano: Rivista sulle migrazioni*, 18, 95-104.

Maiden, M. y Robustelli, C. (2007). *A reference grammar of modern Italian.* Londres, Routledge.

Maldonado, C. (2012). *Diccionario de uso del español actual*, Clave. Madrid, SM.

Márquez, M. (2013). *Género gramatical y discurso sexista.* Madrid, Síntesis.

Martinet, A. (1956). *Economie de changements phonétiques.* Berne, Francke.

Martínez Gómez Gayoso, B. (1743). *Gramática de la lengua castellana.* Madrid, [s. n.].

Masica, C. (1991). *The Indo-Aryan Languages.* Cambridge, Cambridge University Press.
Meillet, A. (1921). La catégorie du genre et les conceptions indo-européennes en Antoine Meillet (Ed.), *Linguistique historique et linguistique générale*, (pp. 211-229). Champion.
Meillet, A. (1958). *Linguistique historique et linguistique générale*. Paris, Champion.
Méndez Dosuna, J. V. y Pensado Ruiz, C. (1993). ¿Hasta qué punto es innatural "Víctor"-"Vict-ít-or"? los diminutivos infijados en español en S. Varela (Ed.), *La formación de las palabras* (pp. 316-335). Taurus.
Mendívil, J. L. (2020). El masculino inclusivo en español. *Revista Española de lingüística*, *50*(1), 35-64. http://dx.doi.org/10.31810/RSEL.50.1.2.
Menéndez Pidal, R. (1940). *Manual de gramática histórica española.* Madrid, Espasa-Calpe.
Menéndez Pidal, R. (1962). El dialecto leonés. Prólogo, notas y apéndices de Carmen Bobes. Oviedo, Instituto de Estudios Asturianos.
Meringer, R. (1923). *Lingüística indoeuropea*. Madrid, Victoriano Suárez.
Metslang, H. (Ed.) (2024). *Eesti grammatika*. Tartu, Tartu Ülikooli Kirjastus.
Michel, Jean-Baptiste et al. (2010). *Quantitative Analysis of Culture Using Millions of Digitized Books*. Science 331 (6014): 176-182.
Millán Chivite, F. (1994). Tipología semántica de la oposición de género no sexuado en español. *Cauce*, 17, 53-73.
Mills, S. (2010). *Language and sexism.* Cambridge, Cambridge University Press.
Minsheu J. (1617). *Vocabularium Hispanicum Latinum et Anglicum copiossisimum, cum nonnullis vocum millibus locupletatum, ac cum Linguae Hispanica Etymologijs [...]*. Londres, Joanum Browne. http://ntlle.rae.es/ntlle/SrvltGUILoginNtlle [Consultado el 09/10/2020].
Miranda, G. (1566). *Osservationi della lingua castigliana*. Venezia, Gabriel Giolito de Ferrari.
Moliner, M. (2007). *Diccionario de uso del español.* Madrid, Gredos.
Montero Curiel, P. (2019). Reflexiones sobre el género del sustantivo *sartén* en la diacronía del español. *Revista De Filología Española, 99*(2), 333-355.
Montero Curiel, P. (2021). Aportaciones a la historia del género ambiguo en español: a propósito del sustantivo deverbal *tizne*. *Anuario de letras. Lingüística y filología*, *9*(1), 133-156.
Montero Curiel, P. (2024). El género gramatical en español: historia de un concepto. *Verba: Anuario Galego de Filoloxía*, *51*, 1-19.

Morala Rodríguez, J. R. (dir.). Corpus Léxico de Inventarios (CorLexIn) [en línea], https://apps2.rae.es/CORLEXIN.html.

Moreno Cabrera, J. C. (2003). *El universo de las lenguas: clasificación, denominación, situación, tipología, historia y bibliografía de las lenguas.* Madrid, Castalia.

Moreno de Alba, J. (2001). *El Español en América.* México, Fondo de Cultura Económica.

Moreno Fernández, F. y Ueda, H. (1986). El género en los sustantivos del español: sobre su naturaleza gramatical. *Boletín de la Academia Puertorriqueña de la Lengua Española, 14*(2), 79-109.

Morera, M. (1985). El valor del género en español y el caso particular del sustantivo mar. *Revista de Filología*, 4, 107-123.

Morera, M. (2011). *El género gramatical en español desde el punto de vista semántico.* Frankfurt, Peter Lang.

Morin, R. (2006). Spanish gender assignment in computer and internet related loanwords. *Rivista di linguistica, 18*(2), 309-338.

Morin, R. (2010). Terminal letters, phonemes, and morphemes in Spanish gender assignment. *Linguistics. An Interdisciplinary Journal of the Language Sciences, 48*(1), 143-169. https://doi.org/10.1515/ling.2010.004.

Muñoz-Basols, J. y Salazar. D. (2019). ¿Nos hacemos un/una selfie con la/el tablet? Cross-Linguistic Lexical Influence, Gender Assignment and Linguistic Policy in Spanish. *Revista Signos. Estudios de lingüística, 52*(99), 77-107.

Muraoka, T. (1997). *Classical Syriac. A Basic Grammar.* Wiesbadeen, Harrassowitz.

Murillo, J. E. (1999). La marcación del género en los sustantivos del español: entre la flexión y la derivación. *Revista de Filología y Lingüística de la Universidad de Costa Rica, 25*(1), 181-192.

Nebrija, E. A. de (1492). *Gramática de la lengua castellana.* Salamanca, Juan de Porras.

Olivares, C. (1986). A Reply to Nissen. *Journal of Pragmatics*, 10, 739-740.

Olza Zubiri, J. y Jusayú, M. A. (1986). *Gramática de la lengua Guajira (morfosintaxis).* San Cristóbal, Universidad Católica del Táchira.

Paredes García, F. (2011). ¿La médica o la médico?: Una aproximación sociolingüística a la elección de género. *Revista Nebrija de Lingüística aplicada a la enseñanza de Lenguas*, 10.

Pagés, A. de (1902). *Gran diccionario de la lengua castellana, autorizado con ejemplos de buenos escritores antiguos y modernos [...].* Madrid, Sucesores de Rivadeneyra.

Pazó, J. (1989). *Morfología léxica del español la estructura de palabra en nombres y adjetivos*. [Tesis de doctorado no publicada]. Universidad Autónoma de Madrid.

Pazó, J. (1991). La estructura de palabra en nombres y adjetivos. *Lingüística hispánica*, 14, 93-123.

Penny, R. (1993). *Gramática histórica del español*. Barcelona, Ariel.

Pharies, D. A. (2002). *Diccionario Etimológico de los Sufijos Españoles (y de otros elementos finales)*. Madrid, Gredos.

Pharies, D. A. (2007). *Breve historia de la lengua española*. Chicago, University of Chicago Press.

Picallo, M. C. (2008). Gender and number in Romance. *Lingue e linguaggio*, 7 (1).

Picallo, M. C. (2016). Género y número en J. Gutiérrez-Rexach (Ed.), *Enciclopedia Lingüística Hispánica* (pp. 630-639). Routledge.

Pinkster, H. (2015). *The Oxford Latin Syntax*. Oxford, Oxford University Press.

Pinkster, H. (2021). *The Oxford Latin Syntax*. Oxford, Oxford University Press.

Posner, R. (1998). *Las lenguas romances*. Madrid, Cátedra.

Pottier, B. (1959). Peut-on parler d'un genre neutre dans la structure de l'espagnol ? *Bulletin de la Société Linguistique de Paris*, 54, 7-8.

Pountain, C. (2005). Gender without Sex: the semantic exploitation of the masculine/feminine opposition in the history of Spanish en Roger Wright & Peter Ricketts, (Eds.), *Studies on Ibero-Romance Linguistics Dedicated to Ralph Penny* (pp. 329-348). Delaware, Juan de la Cuesta Hispanic Monographs.

PRESEEA (2014-). Corpus del Proyecto para el estudio sociolingüístico del español de España y de América. Alcalá de Henares, Universidad de Alcalá. [http://preseea.uah.es].

Protomártir Vaquero, S. (2008). El género gramatical: Ruy López y el Brocense en C. M. Cabanillas Núñez y J. Á. Calero Carretero (Coords.). *Actas de las V y VI Jornadas de Humanidades Clásicas* (pp. 205-246). Mérida, Junta de Extremadura.

Raab, M. (2015). Los sufijos –dad, –tad, –icia, –eza, –ez, –tud y –dumbre en voces neológicas del castellano oriental del siglo XV. *ELUA: Estudios de Lingüística. Universidad de Alicante*, 29, 299–318. https://doi.org/10.14198/ELUA2015.29.13

Rainer, F. (1993). *Spanische Wortbildungslehre*. Tübingen, Niemeyer.

Rainer, F. (1999). La derivación adjetival en I. Bosque y V. Demonte (Dirs.), *Gramática descriptiva de la lengua española* (pp. 4595-4644). Espasa Calpe.

Ramajo, A. (1987). *Las gramáticas de la lengua castellana desde Nebrija a Correas*. Salamanca, Universidad de Salamanca.

Ramírez-Trujillo, A. (2010). Transferencia diferencial: El caso del náhuatl y el español en C. Borgonovo, M. Español-Echevarría y P. Prévost, (Eds.), *Selected Proceedings of the 12th Hispanic Linguistics Symposium* (pp. 221-233). Somerville, Cascadilla Proceedings Project.

Ramos Guerreira, A. (2021). Las categorías de género, número y caso: la concordancia en J. M. Baños (Ed.), *Sintaxis Latina* (pp. 76-81). Madrid, CSIC.

Rask, R. (1818). *Undersøgelse om det gamle nordiske eller islandske Sprogs Oprindelse*. Copenhague, Gyldendal.

Real Academia Española. (1770). *Diccionario de la lengua castellana compuesto por la Real Academia Española*. Madrid, Joachín Ibarra.

Real Academia Española. (1771). *Gramática de la lengua castellana*. Madrid, Joachín Ibarra.

Real Academia Española. (1780). *Diccionario de la lengua castellana compuesto por la Real Academia Española, reducido a un tomo para su más fácil uso*. Madrid, Joachín Ibarra. http://ntlle.rae.es/ntlle/SrvltGUILoginNtlle [Consultado el 09/10/2020].

Real Academia Española. (1783). *Diccionario de la lengua castellana compuesto por la Real Academia Española, reducido a un tomo para su más fácil uso*. Madrid, Joachín Ibarra. http://ntlle.rae.es/ntlle/SrvltGUILoginNtlle [Consultado el 09/10/2020].

Real Academia Española. (1796). *Gramática de la lengua castellana*. Madrid, Viuda de Ibarra.

Real Academia Española. (1803). *Diccionario de la lengua castellana*. Madrid, Viuda de Ibarra. http://ntlle.rae.es/ntlle/SrvltGUILoginNtlle [Consultado el 09/10/2020].

Real Academia Española. (1817). *Diccionario de la lengua castellana*. Madrid, Imprenta Real. http://ntlle.rae.es/ntlle/SrvltGUILoginNtlle [Consultado el 09/07/2020].

Real Academia Española. (1822). *Diccionario de la lengua castellana*. Madrid, Imprenta Real. http://ntlle.rae.es/ntlle/SrvltGUILoginNtlle [Consultado el 09/10/2020].

Real Academia Española. (1832). *Diccionario de la lengua castellana*. Madrid, Imprenta Real. http://ntlle.rae.es/ntlle/SrvltGUILoginNtlle [Consultado el 09/10/2020].

Real Academia Española. (1837). *Diccionario de la lengua castellana*. Madrid, Viuda de Ibarra. http://ntlle.rae.es/ntlle/SrvltGUILoginNtlle [Consultado el 09/10/2020].

Real Academia Española. (1843). *Diccionario de la lengua castellana.* Madrid, Imprenta de D. Francisco María Fernández. http://ntlle.rae.es/ntlle/SrvltGUILoginNtlle [Consultado el 09/10/2020].
Real Academia Española. (1852). *Diccionario de la lengua castellana.* Madrid, Imprenta Nacional. http://ntlle.rae.es/ntlle/SrvltGUILoginNtlle [Consultado el 09/10/2020].
Real Academia Española. (1858). *Gramática de la lengua castellana.* Madrid, Imprenta Nacional.
Real Academia Española. (1869). *Diccionario de la lengua castellana.* Madrid, Imprenta de Don Manuel Rivadeneyra. http://ntlle.rae.es/ntlle/SrvltGUILoginNtlle [Consultado el 09/10/2020].
Real Academia Española. (1870). *Gramática de la lengua castellana.* Madrid, [s. n.].
Real Academia Española. (1884). *Diccionario de la lengua castellana.* Madrid, Imprenta de D. Gregorio Hernando. http://ntlle.rae.es/ntlle/SrvltGUILoginNtlle [Consultado el 09/10/2020].
Real Academia Española. (1899). *Diccionario de la lengua castellana.* Madrid, Imprenta de los Sres. Hernando y compañía. http://ntlle.rae.es/ntlle/SrvltGUILoginNtlle [Consultado el 20/07/2020].
Real Academia Española. (1914). *Diccionario de la lengua castellana.* Madrid, Imprenta de los sucesores de Hernando. http://ntlle.rae.es/ntlle/SrvltGUILoginNtlle [Consultado el 20/07/2020].
Real Academia Española. (1917). *Gramática de la lengua castellana.* Madrid, Perlado, Páez y compañía (sucesores de Hernando).
Real Academia Española. (1920). *Gramática de la lengua castellana.* Madrid, Perlado, Páez y compañía (sucesores de Hernando).
Real Academia Española. (1924). *Gramática de la lengua española.* Madrid, Perlado, Páez y compañía (sucesores de Hernando).
Real Academia Española. (1925). *Diccionario de la lengua española.* Madrid, Calpe. http://ntlle.rae.es/ntlle/SrvltGUILoginNtlle [Consultado el 20/07/2020].
Real Academia Española. (1931). *Gramática de la lengua española.* Madrid, Espasa-Calpe.
Real Academia Española. (1956). *Diccionario de la lengua española.* Madrid, Espasa-Calpe. http://ntlle.rae.es/ntlle/SrvltGUILoginNtlle [Consultado el 20/07/2020].
Real Academia Española. (1959). *Gramática de la lengua española.* Madrid, Espasa-Calpe.

Real Academia Española. (1970). *Diccionario de la lengua española.* Madrid, Espasa-Calpe. http://ntlle.rae.es/ntlle/SrvltGUILoginNtlle [Consultado el 20/07/2020].
Real Academia Española. (1973). *Esbozo de una Nueva Gramática de la lengua española*. Madrid, Espasa-Calpe.
Real Academia Española. (1983). *Diccionario manual e ilustrado de la lengua española*. Madrid, Espasa-Calpe. http://ntlle.rae.es/ntlle/SrvltGUILoginNtlle [Consultado el 20/07/2020].
Real Academia Española. (1984). *Diccionario manual e ilustrado de la lengua española*. Madrid, Espasa-Calpe. http://ntlle.rae.es/ntlle/SrvltGUILoginNtlle [Consultado el 20/07/2020].
Real Academia Española. (1989). *Diccionario manual e ilustrado de la lengua española*. Madrid, Espasa-Calpe. http://ntlle.rae.es/ntlle/SrvltGUILoginNtlle [Consultado el 20/07/2020].
Real Academia Española. (1992). *Diccionario de la lengua española.* Madrid, Espasa-Calpe. http://ntlle.rae.es/ntlle/SrvltGUILoginNtlle [Consultado el 20/07/2020].
Real Academia Española. (2001). *Diccionario de la lengua española.* Madrid, Espasa-Calpe.
Real Academia Española. (2005). *Diccionario panhispánico de dudas.* Madrid, Taurus.
Real Academia Española. (2009). *Nueva gramática de la lengua española.* Madrid, Espasa-Calpe.
Real Academia Española. (2010). *Diccionario de americanismos.* Madrid, Santillana.
Real Academia Española. (2013). *Mapa de diccionarios* [en línea], https://app.rae.es/ntllet.
Real Academia Española. (2018). Enclave RAE [en línea], https://www.rae.es.
Real Academia Española. (2025). *Nueva gramática de la lengua española.* Barcelona, Planeta.
Real Academia Española. (2025). *Diccionario panhispánico de dudas.* Barcelona, Penguin Random House.
Real Academia Española. Corpus de Referencia del Español Actual (CREA) [en línea], https://corpus.rae.es/creanet.html.
Real Academia Española. Corpus de Referencia del Español Actual (CREA. Versión anotada) [en línea], https://apps2.rae.es/CREA/.
Real Academia Española. Corpus del Español del Siglo XXI (CORPES XXI) [en línea], https://www.rae.es/corpes/.

Real Academia Española. Corpus Diacrónico del Español (CORDE) [en línea], https://corpus.rae.es/cordenet.html.
Real Academia Española. (s. f.). *Diccionario de la lengua española* [en línea], https://dle.rae.es/?w=diccionario
Real Academia Española. *Diccionario panhispánico de dudas* [2.ª edición (versión provisional) en línea] https://www.rae.es/dpd
Real Academia Española. *Nuevo tesoro lexicográfico de la lengua española* (*NTLLE*) [en línea], http://ntlle.rae.es/ntlle/SrvltGUILoginNtlle.
Real Academia Nacional de Medicina de España. (s. f.). *Diccionario de términos médicos* [en línea], https://dtme.ranm.es/index.aspx
Reyes Benítez, I. Y. (1990-91). Nuevo uso del género gramatical en español: el 'lenguaje inclusivo', su frecuencia en un texto feminista actual. *Revista de Estudios Hispánicos*, 17-18, 455-472.
Riloba, F. (1982). *Gramática árabe-española*. [s.l.], Edelsa.
Rini, J. (2019). Changing Genders: Linguistic Factors Beyond Ambiguous Gender Marking and the Case of Spanish el arte vs. el ave and el hambre. *Bulletin of Spanish Studies*, *96*(1), 1-16.
Roca, I. M. (1989). The organisation of grammatical gender. *Transactions of the Philological Society*, 87, 1-32.
Roca, I. M. (2005). La gramática y la biología en el género del español (1ª parte). *Revista Española de Lingüística*, *35*(2), 397-432.
Roca, I. M. (2006). La gramática y la biología en el género del español (2º parte). *Revista Española de Lingüística*, *35*(2), 397-432.
Roca, I. M. (2013). El género del castellano: entelequias y realidades. Español Actual. *Revista del español vivo*, *99*, 51-96.
Rodríguez, B. (1996). Sobre el neutro en español. *Scripta Philologica in memoriam Manuel Taboada Cid*, 2, 635-648.
Rodríguez, B. (2003-2004). Del latín al romance en español: La evolución del género en los pronombres. *Contextos*, 41, 19-117.
Rodríguez, B. (2005). Del latín al español: los nuevos géneros del romance en R. M. Castañer y J. M. Enguita (Eds.), *In memoriam Manuel Alvar (1923-2001), Archivo de Filología Aragonesa* (pp. 799-818). Institución Fernando el Católico.
Rodríguez Adrados, F. (1975). *Lingüística indoeuropea*. Madrid, Gredos.
Rodríguez Adrados, F. (1984). Tipología y reconstrucción del indoeuropeo (en torno a un libro de Francisco Villar). *Revista Española De Lingüística*, *14*(1), 107-117.
Rodríguez Adrados, F. (1987). *Nuevos estudios de lingüística indoeuropea*. Madrid, Consejo Superior de Investigaciones Científicas.

Rodríguez Adrados, F. (1995). *Manual de lingüística indoeuropea.* Madrid, Ediciones Clásicas.
Rodríguez Adrados, F. (2008). *Historia de las lenguas de Europa.* Madrid, Gredos.
Rodríguez Barcia, S. (2018). *La representación de la mujer en el DLE (RAE y ASALE): repercusión social de la ideología académica.* Universidade de Vigo.
Rodríguez Díez, B. (2005). *El género del latín al español. Los nuevos géneros del romance.* León, Universidad de León.
Rodríguez González, F. (1984). El género de las siglas. *Revista Española de Lingüística, 14*(2), 311-366.
Rodríguez González, F. (2019). El género de los anglicismos en español actual. Panorama y revisión crítica. *Boletín de la Real Academia Española, 99*(319), 347-413.
Rodríguez Navas y Carrasco, M. (1918). *Diccionario general y técnico hispano-americano.* Madrid, Cultura Hispanoamericana. http://ntlle.rae.es/ntlle/SrvltGUILoginNtlle [Consultado el 20/07/2020].
Rodríguez Segura, D. (1999). *Panorama del anglicismo en español.* Almería, Universidad de Almería.
Rodríguez Vargas, J. (2022). *Gramática general del persa moderno.* Córdoba, Almuzara.
Rosal, F. del (1611). *Origen y etymología de todos los vocablos originales de la Lengua Castellana*, [s. n.]. http://ntlle.rae.es/ntlle/SrvltGUILoginNtlle [Consultado el 20/07/2020].
Rosenblat, A. (1951). Vacilaciones de género en los monosílabos. *Boletín de la Academia Venezolana*, 18, 183-204.
Rosenblat, A. (1952). Género de los sustantivos en *-e* y en consonante. Vacilaciones y tendencias. *Estudios dedicados a Menéndez Pidul*, 111, 159-202.
Rosenblat, A. (1953). El género de los compuestos. *Nueva Revista de Filología Hispánica*, 7, 95-112.
Rosenblat, A. (1962). Morfología del género en español. Comportamiento de las terminaciones -o, -aw. *Nueva Revista de Filología Hispánica*, 16, 31-80.
Rounds, C. H. (2008). *Hungarian: An essential grammar.* Londres, Routledge.
Ryding, K. C. (2005). *A reference grammar of Modern Standard Arabic.* Cambridge, Cambridge University Press.
Salvá, V. (1830). *Gramática de la lengua castellana según ahora se habla.* París, Imprenta de Demonville.

Salvá, V. (1846). *Nuevo diccionario de la lengua castellana que comprende la última edición íntegra, muy rectificada y mejorada, del publicado por La Academia Española* [...]. París: Librería de Don Vicente Salvá. http://ntlle.rae.es/ntlle/SrvltGUILoginNtlle [Consultado el 20/07/2020].

Sánchez González de Herrero, Mª de las N. (2011). La importancia de la lengua de partida en las traducciones medievales al castellano del De Prorietatibus Rerum de Bartolomé Ánglico. En M. Castillo y L. Pons (Coord.), *Así se van las lenguas variando: nuevas tendencias en la investigación del cambio lingüístico en español* (pp. 411-435). Frankfurt, Peter Lang.

Sani, S. (1991). *Grammatica sanscrita*. Pisa, Giardini.

Saporta, S. (1962). On the expression of gender in Spanish. *Romance Philology*, 15, 279-84.

Seco, M. (1989). *Gramática esencial del español.* Madrid, Espasa Calpe.

Seco, M., Andrés, O. y Ramos, G. (1999). *Diccionario del Español Actual*. Madrid, Aguilar

Serrano-Dolader, D. (2010). El género en los sustantivos: ¿flexión y/o derivación? en J. F. Val Álvaro y M. C. Horno Chéliz (Eds.), *La gramática del sentido: léxico y sintaxis en la encrucijada* (pp. 249-270). Prensas Universitarias de Zaragoza.

Shapiro, M. C. (1989). *A primer of modern standard Hindi*. New Delhi, Motilal Banarsidass.

Smead, R. N. (2000). On the assignment of gender to Chicano Anglicisms: Processes and results. *Bilingual Review, 25*(3), 277+. https://link.gale.com/apps/doc/A85472328/AONE?u=anon~9d349195&sid=googleScholar&xid=8efca208

Smyth, D. (2002). *Thai: An essential grammar.* New York, Routledge.

Sohn, H. (1999). *The Korean language.* Cambridge, Cambridge University Press.

Stevens, J. (1706). *A new Spanish and English dictionary: collected from the best Spanish authors both ancient and modern ... to which is added a copious English and Spanish dictionary, likewise a Spanish grammar ... wherein the Spanish dialogues that have been publish'd are put into proper English.* London, George Sawbridge.

Stockwell, R. P. J., Boven, D y Martin, J. W. D. (1965). *The Grammatical Structures of English and Spanish.* Chicago, The University of Chicago Press.

Stokoe, W. C. (1974). Classification and Description of Sign Languages en T. Sebeok (Ed.), *Current Trends in Linguistics* (Vol. 12, pp. 345-371).

Stone, G. (1980). *An introduction to Polish.* Oxford, Oxford University Press.

Teschner, R. V. (1983). Spanish gender revisited: *-z* words as illustrating the need for expanded phonological and morphological analysis. *Hispania*, 66, 252-256.

Teschner, R. V. y Russell, W. M. (1984). The gender patterns of Spanish nouns: an inverse dictionary-based analysis. *Hispanic Linguistics*, *1*(1), 15-32.

Thompson, L. C. (1965). *A Vietnamese Grammar.* Seattle, University of Washington Press.

Tihany, L. C. (1942). *Modern Hungarian Grammar.* Washington, Council of Learned Societies.

Toro y Gómez, M. de (1901). *Nuevo diccionario enciclopédico ilustrado de la lengua castellana*. París, Librería Armand Colin.

Tubert, S. (2003). *Del sexo al género: los equívocos de un concepto.* Madrid, Cátedra.

Val, Á. (1999). La composición en I. Bosque y V. Demonte (Dirs.), *Gramática descriptiva de la lengua española* (pp. 4757-4842). Espasa Calpe.

Velleman, B. (1979). Neutro, colectivo e identificación de masa. *Nueva Revista de Filología Hispánica*, *28*(2).

Villafañe y Yebra, S. de (1701). *Speculum Grammaticorum; explicación de las cuatro partes de la gramática, con toda distinción, y claridad, etimología, prosodia, ortografía, y sintaxis, con lo metódico, y histórico de ella.* Pamplona, [s. n.].

Villalobos Graillet, J. E. (2015). La globalización lingüística: el conflicto entre el inglés y el español. Actualización del caso de México y los Estados Unidos. *Glosas*, *8*(7), 4-15.

Villalón, C. de (1558). *Gramática Castellana: Arte breue y compendiosa para saber hablar y escreuir en la lengua Castellana congrua y decentemente*. Amberes, Guillermo Simon.

Villar, F. (1972). *Lenguas y pueblos indoeuropeos.* Madrid, Istmo.

Villar, F. (1974). *Origen de la flexión nominal indoeuropea.* Madrid, Instituto Antonio de Nebrija.

Villar, F. (1983). *Ergatividad, acusatividad y género en la familia lingüística indoeuropea.* Salamanca, Universidad de Salamanca.

Villar, F. (1996). *Los indoeuropeos y los orígenes de Europa: lenguaje e historia.* Barcelona, Gredos.

VV. AA. (2008). *Guía sindical del lenguaje no sexista*. Madrid, Unión General de Trabajadores.

VV. AA. (2011). *Guía de uso no sexista del lenguaje de la Universidad de Murcia.* Murcia, Universidad de Murcia.

VV. AA. (2019). *Guía para un uso no sexista de la lengua en la Universidad Autónoma de Madrid.* Madrid, Vicerrectorado de Relaciones.

Wade, T. (2020). *A comprehensive Russian grammar.* Hoboken, John Wiley & Sons.

Wartburg, W. (1991). *Problemas y métodos de la lingüística* (D. Alonso y E. Lorenzo, Trad.). Consejo Superior de Investigaciones Científicas. (Obra original publicada en 1951).

Winstedt, R. O. (1913). *Malay Grammar.* Oxford, The Clarendon Press.

Wonder, J. P. (1978). Género natural y género gramatical. *Español Actual*, 34, 19-27.

Zamora Munné, J. C. y Béjar, E. C. (1987). El género en los préstamos. *Revista de la Sociedad Española de Lingüística*, 1711, 131-137.

Zenenko, G. P. (1983). Acerca de la manifestación del género de los sustantivos y adjetivos como categoría gramatical en las lenguas romances ibéricas. *Verba*, 10, 231-248.

Zerolo, E., Toro y Gómez M. de e Isaza, E. (1895). *Diccionario enciclopédico de la lengua castellana. Contiene las voces, frases, refranes y locuciones de uso corriente en España y América, las formas desusadas que se hallan en autores clásicos y la gramática y sinonimia del idioma, todo ilustrado con ejemplos y citas de escritores antiguos y modernos; la biografía de los hombres que más se han distinguido en todos los tiempos, la geografía universal, la historia, la mitología, etc., etc.*, 2 vols., Garnier Hermanos, París, Libreros-Editores.

Apéndices

Apéndice 1: Esquema de sustantivos inanimados femeninos con terminación en V + *r*

-*r*	ejemplos	etimología	semántica	formal
Latín	*calor, color, cuchar, flor, honor, labor, mar, par, segur.*	*segur.*	*calor, color, flor, labor, mar, par, cuchar, honor.*	*cuchar, flor honor, mar, calor, color.*
Préstamos	*almíbar, azuquítar, azúcar, blazer, escúter, guájar, scooter.*		*almíbar, azúcar, blazer, escúter, scooter.*	*almíbar, azuquítar, guájar.*
Otros	*llar.*		*llar.*	

Apéndice 2: Esquema de sustantivos inanimados femeninos con terminación en V + *d*

-*d*	ejemplos	etimología	semántica	formal
Latín	*amistad, consuetud, dificultad, egestad, enemistad, honestad, libertad, lid, majestad, mansuetud, meitad, merced, noluntad, pared, potestad, pubertad, red, salud sed, vid, virtud, voluntad.*	*consuetud, dificultad, egestad, honestad, libertad, lid, majestad, mansuetud, meitad, merced, potestad, pubertad, salud sed, vid, virtud, voluntad.*	*red.*	*amistad, enemistad, noluntad, pared, red.*

(*Suite*)

Apéndice 2: (Suite)

-d	**ejemplos**	**etimología**	**semántica**	**formal**
Préstamos	*azud, COVID, yihad, yod.*		*COVID, yihad, yod.*	
Otros	*calicud, meatad, metad, mitad.*	*meatad, metad, mitad.*	*calicud.*	*meatad, metad, mitad.*

Apéndice 3: Esquema de sustantivos inanimados femeninos con terminación en V + *z*

-z	**ejemplos**	**etimología**	**semántica**	**formal**
Latín	*cerviz, cicatriz, coz, cruz, diez, faz, haz, hez, hoz, luz madriz, matriz, nuez, paz, pez, pollez, prez, raíz, tez, variz, vez, voz.*	*cerviz, cicatriz, coz, cruz, faz, haz, hez, hoz, luz madriz, matriz, nuez, paz, pez, pollez, raíz, variz, vez, voz.*	*diez, tez.*	*prez, tez.*
Préstamos	*albarraz, alfoz, foluz, interfaz.*		*albarraz, foluz, interfaz.*	*alfoz, interfaz.*
Otros	*choz, friz, nariz, tondiz.*	*nariz.*		*choz, friz, tondiz.*

Apéndice 4: Esquema de sustantivos inanimados femeninos con terminación en V + *s*

-s	**ejemplos**	**etimología**	**semántica**	**formal**
Latín	*andas, animalias, árganas, bilis, caries, cutis, dimisorias, dos, dragonites, equis, exequias, expensas, facies, fasces, fauces, fórfolas, gemonías, lemurias, lupercales, lúes, macis, mies, nares, nupcias, obsequias, ovas, parias, pelvis, preces, puches, pus, sanies, secundinas, seis, selectas, súmulas, tabes, torques, tos, tres, venus, veras, vibrisas.*	*bilis, caries, cutis, dimisorias, exequias, facies, fauces, gemonías, lúes, macis, mies, nares, nupcias, obsequias, pelvis, preces, puches, sanies, secundinas, selectas, súmulas, tabes, tos veras, vibrisas.*	*andas, cutis, dos, dragonites, equis, fasces, lupercales, fórfolas, pus, seis, tres, venus.*	*andas, animalias, expensas, fórfolas, lemurias, lupercales, ovas, parias, pus, árganas, fasces.*

-*s*	ejemplos	etimología	semántica	formal
Préstamos	*abraxas, acates, acrópolis, adivas, ajuagas, alabastrites, albricias, alcamonías, anaptixis, apocalipsis, basis, belemnites, bermudas, bácaris, carisias, congeries, crisis, cánnabis, deixis, dermis, diabetes, énfasis, etites, glotis, gurapas, hematites, herpes, hipotaxis, kermés, leneas, lis, naos, onoquiles, panateneas, parataxis, polis, praxis, profilaxis psiquis, sintaxis, tenis, tortícolis, varietés.*	*acrópolis, adivas, ajuagas, albricias, anaptixis, bácaris congeries, crisis, deixis, glotis, gurapas, hipotaxis, kermés, lis, parataxis, polis, praxis, profilaxis psiquis, sintaxis, varietés.*	*abraxas, acates, alabastrites, carisias, cánnabis, dermis diabetes, etites, hematites, herpes, leneas, naos, onoquiles, panateneas, tenis.*	*alabastrites, alcamonías, apocalipsis, basis, dermis, énfasis, belemnites, tortícolis, bermudas, naos.*

Apéndice 5: Esquema de sustantivos inanimados femeninos con terminación en V + *n*

-*n*	ejemplos	etimología	semántica	formal
Latín	*clin, crin, fin herrén, imagen, man, marcen, margen, orden, sartén.*	*herrén, imagen, sartén.*	*crin, margen, orden, fin.*	*clin, man, marcen, fin.*
Préstamos	*chipén, delicatessen, épsilon, fetén, ípsilon, maratón, monzón, ómicron, sien.*	*fetén, monzón.*	*delicatessen, épsilon, ípsilon maratón, sien, ómicron.*	*sien, chipén.*

Apéndice 6: Esquema de sustantivos inanimados femeninos con terminación en V + *l*

-*l*	ejemplos	etimología	semántica	formal
Latín	*cal, canal, capital, col, coral, curul cárcel, hiel, miel, piel, sal, señal, terminal.*	*cal, piel.*	*canal, capital coral, curul, cárcel, hiel, miel, sal, terminal.*	*col, sal, miel, hiel, señal.*
Préstamos	*bechamel, besamel, textal.*	*bechamel, besamel.*	*bechamel, besamel, textal.*	
Otros	*babel, jirasal.*		*babel, jirasal.*	

Apéndice 7: Esquema de sustantivos inanimados femeninos con terminación en otras consonantes

otras consonantes	**ejemplos**	**etimología**	**semántica**	**formal**
Latín	*cérvix, grey, ley, ónix, saxafrax.*	*ley, cérvix, saxafrax.*	*grey, ónix.*	*grey, cérvix.*
Préstamos	*álef, almicantarat, biopic, chip, clac, crep, dumdum (dum-dum), internet, intranet, jet, jet set, lilac, picop, realpolitik, reflex, sex shop (sex-shop), tac, vermut, web, zodiac.*	*crep, realpolitik, clac.*	*álef, almicantarat, biopic, chip, dumdum (dum-dum), internet, intranet, jet, jet set, picop, reflex, sex shop (sex-shop), tac, vermut, web, zodiac.*	*lilac.*
Otros	*AM, calicut, ONG, PET, troj, trox, túrmix, tac.*		*AM, calicut, ONG, PET, troj, trox, túrmix, tac.*	*troj, trox.*

Apéndice 8: Esquema de sustantivos inanimados femeninos con terminación en *-i*

-i	**ejemplos**	**etimología**	**semántica**	**formal**
Latín	*frui.*	*frui.*		
Préstamos	*bikini, metrópoli, mui, paralaxi, pañí, selfi, trimurti.*	*metrópoli, mui, paralaxi.*	*bikini, pañí, selfi, trimurti.*	
Otros	*chiri, RDSI, tarralí, uci, uvi, fi, xi, ji, i, mi, psi, ni.*		*RDSI, tarralí, uci, uvi, fi, xi, ji, i, mi, psi, ni, chiri.*	*chiri.*

Apéndice 9: Esquema de sustantivos inanimados femeninos con terminación en *-u*

-u	**ejemplos**	**etimología**	**semántica**	**formal**
Latín	*tribu.*	*tribu.*		
Préstamos	*cu, gu, tau, u, wau, interviú, vermú.*		*cu, gu, tau, u, wau, interviú, vermú.*	
Otros	*mu.*		*mu.*	*mu.*

Apéndice 10: Esquema de sustantivos inanimados femeninos con terminación en *-e*

-e	ejemplos	etimología	semántica	formal
Latín	*arte, barbarie, be, calle, calvicie, calígine, canicie, carne, catorce, ce, che, clase, clave, cohorte, coluvie, congerie, corte, corónide, costumbre, crasicie, cumbre, cúspide, de, doce, dote, efe, efigie, ele, elle, eme, ene, ere, erre, ese, especie, estirpe, falce, fame, fe, fiebre, frente, fuente, ge, glande, hache, hambre, hojaldre, hueste, índole, ingle, ingre, intemperie, labe, lande, landre, laude, leche, legumbre, lente, libídine, linde, lite, llande, llave, loable, lúe, mente, mimbre, mole, molicie, muerte, mugre, nave, nieve, noche, nube, nueve, once, palude, parte, pe, pece, perdurable, pernicie, peste, planicie, podre, probóscide, progenie, prole, puente, quiete, quince, rene, rémige, sangre, sebe, sede, serie, siete, simiente, suerte, superficie, sílice, te, teame, temperie, torre, trabe, trece, trébede, ubre, uve, variable, ve, veste, vislumbre, vorágine, várice, ye, yunque.*	*arte, barbarie, calle, calvicie, calígine, canicie, carne, clase, clave, cohorte, coluvie, congerie, corte, corónide, costumbre, crasicie, cúspide, dote, efigie, especie, estirpe, falce, fame, fe, fiebre, frente, glande, hambre, índole, intemperie, labe, lande, landre, lente, libídine, lite, llande, llave, lúe mente, mole, molicie, muerte, nave, nieve, noche, nube, palude, parte, pece, pernicie, peste, planicie, probóscide, progenie, prole, quiete, sebe, sede, serie, simiente, suerte, superficie, temperie, torre, trabe, trébede, ubre, veste, vorágine, várice, yunque, laude.*	*be, catorce, ce, cumbre, landre, che, de, doce, efe, ele, elle, eme, ene, ere, erre, ese, ge hache, hojaldre, hueste, ingle, laude, leche, legumbre, linde, loable, mimbre, mugre, nueve, once, pe, perdurable, podre, puente, quince, rene, rémige, sangre, siete, sílice, te, teame, trece, uve, variable, ve, vislumbre, ye.*	*cumbre fuente, puente, ingre podre, vislumbre, mugre.*

(*Suite*)

Apéndice 10: (Suite)

-e	ejemplos	etimología	semántica	formal
Préstamos	*acmé, adutaque, arrelde, atarfe, azache, azumbre, baguette, base, berceuse, boatiné, boiserie, boutade, boutique, boîte, brioche, burche, cachunde, caché, casete, chance, charrete, chicane, chiche, chipé choucroute, ciguapate, cocoliste, concoide, coqueluche, deblace, diple, diástole, efeméride, elipse, élite, entente, epanástrofe, episteme, epímone, epítrope, faringe, fase, fondue, frase, gripe, guatiné, hecatombe, hemorroide, hidátide, higiene, hipálage, hipérbole, hupe, íride, laringe, lítote, masacre, matiné, melé, meninge, metagoge, minestrone, morgue, mousse, nonchalance, palangre, papillote, paragoge, paraselene, performance, perístole, pose, psique, quiche, rafe, reclame, remake, rúe, saudade, suite, sístole, tingle, tournée, troque, vinagre.*	*acmé, adutaque, arrelde, atarfe, baguette, base, berceuse, boiserie, boutade, boutique, boîte, cachunde, chance, charrete, chicane, chipé choucroute, concoide, coqueluche, deblace, diple, diástole, efeméride, elipse, élite, entente, epanástrofe, episteme, epímone, epítrope, faringe, fase, fondue, frase, gripe, hecatombe, hemorroide, hidátide, higiene, hipálage, hipérbole, hupe, íride, lítote, matiné, melé, meninge, metagoge, morgue, mousse, nonchalance, palangre, paragoge, paraselene, perístole, pose, psique, rúe, saudade, suite, sístole, tingle, tournée, vinagre, brioche, quiche, boatiné, casete, guatiné, papillote, reclame, rafe.*	*azache, azumbre, burche, caché, chiche, ciguapate, cocoliste, mable, masacre, minestrone performance, remake, troque, vinagre.*	*laringe performance, reclame, troque.*
Otros	*birome, hoce, malinche, oenegé, pyme, tose, troje.*	*hoce, tose.*	*birome. malinche oenegé, pyme, troje.*	

STUDIA ROMANICA ET LINGUISTICA

Band 1 Michael Metzeltin: Die Sprache der ältesten Fassungen des Libre de Amich e Amat. Untersuchungen zur kontrastiven Graphetik, Phonetik und Morphologie des Katalanischen und des Provenzalischen. 1974.

Band 2 Paul Miron: Aspekte der lexikalischen Kreativität im Rumänischen. 1977.

Band 3 Paul Miron: Der Wortschatz Dimitrie Cantemirs. 1978.

Band 4 Peter Wunderli: Valéry Saussurien. Zur linguistischen Fragestellung bei Paul Valéry. 1977.

Band 5 Ekkehard Zöfgen: Strukturelle Sprachwissenschaft und Semantik. Sprach- und wissenschaftstheoretische Probleme strukturalistisch geprägter Bedeutungsforschung (dargestellt am Beispiel des Französischen). 1977.

Band 6 Marianne Wigger: Tempora in Chrétiens «Yvain». Eine textlinguistische Untersuchung.

Band 7 Christoph Strosetzki: Konversation. Ein Kapitel gesellschaftlicher und literarischer Pragmatik im Frankreich des 17. Jahrhunderts. Vergriffen.

Band 8 Maria Iliescu: Grundwortschatz Rumänisch. Deutsch-Englisch-Französisch. 1979.

Band 9 Hartmut Rentsch: Determinatoren für den Modusgebrauch im Neufranzösischen aus generativer Sicht. 1981.

Band 10 Alberto Zuluaga: Introducción al estudio de las expresiones fijas. 1980.

Band 11 Edeltraud Werner: Die Verbalperiphrase im Mittelfranzösischen. Eine semantisch-syntaktische Analyse. 1980.

Band 12 Wolfgang Rettig: Sprachliche Motivation. Zeichenrelationen von Lautform und Bedeutung am Beispiel französischer Lexikoneinheiten. 1980.

Band 13 Petra M. E. Braselmann: Konnotation - Verstehen - Stil. Operationalisierung sprachlicher Wirkungsmechanismen dargestellt an Lehnelementen im Werke Maurice Dekobras. 1981.

Band 14 Angela Karasch: Passiv und passivische Diathese im Französischen und Deutschen. 1982.

Band 15 Peter Wunderli / Wulf Müller (Hrsg.): Romania historica et Romania hodierna. Festschrift für Olaf Deutschmann zum 70. Geburtstag, 14. März 1982. 1982.

Band 16 Renate Tretzel: Glauben heißt nicht immer Wissen. Der Konjunktiv in abhängigen Subjekt- und Objektsätzen. 1993.

Band 17 Thomas Krefeld: Das französische Gerichtsurteil in linguistischer Sicht. Zwischen Fach- und Standessprache. 1985.

Band 18 Gudrun Krassin: Das Wortfeld der Fortbewegungsverben im modernen Französisch. 1984.

Band 19 Brigitte Nerlich: La pragmatique. Tradition ou révolution dans l'histoire de la linguistique française ? 1986.

Band 20 Olaf Deutschmann: Ungeschriebene Dichtung in Spanien. 1988.

Band 21 Rudolf Windisch: Zum Sprachwandel. Von den Junggrammatikern zu Labov. 1988.

Band 22 Christoph Strosetzki: Konversation und Literatur. Zu Regeln der Rhetorik und Rezeption in Spanien und Frankreich. 1988.

Band 23 Gabriele Berardi: Studien zur Saussure-Rezeption in Italien. 1989.

Band 24 Peter Wunderli: Principes de diachronie. Contribution à l'exégèse du *Cours de linguistique générale* de Ferdinand de Saussure. 1990.

Band 25 Graciela E. Vázquez: Análisis de errores y aprendizaje de español / lengua extranjera. Análisis, explicación y terapia de errores transitorios y fosilizables en el proceso de aprendizaje de español como lengua extranjera en cursos universitarios para hablantes nativos de alemán. 1991.

Band 26 Andreas Gather: Formen referierter Rede. Eine Beschreibung kognitiver, grammatischer, pragmatischer und äußerungslinguistischer Aspekte. 1995.

Band 27 Anne-Marie Spanoghe: La syntaxe de l'appartenance inaliénable en français, en espagnol et en portugais. 1995.

Band 28 Kerstin Störl-Stroyny: Kausalität. Die Entwicklung des Ausdrucks von Kausalität im Spanischen. 1997.

Band 29 Ildikó Koch: Die Metataxe im deutsch-italienischen Sprachvergleich. Eine Studie der verb bedingten Abweichungen im Satzbau. 2000.

Band 30 Uta Schmitt: Diskurspragmatik und Syntax. Die Funktionale Satzperspektive in der französischen und deutschen Tagespresse unter Berücksichtigung einzelsprachlicher, pressetyp- und textklassenabhängiger Spezifika. 2004.

Band 31 Gabriele Kaps: Zweisprachigkeit im paraliturgischen Text des Mittelalters. 2005.

Band 32 Karin Ewert-Kling: *Left Detachment* und *Right Detachment* im gesprochenen Französischen und Spanischen. Eine formale und funktionale Analyse mit einem Ausblick auf Grammatikalisierungstendenzen. 2010.

Band 33 Andreas Dufter / Daniel Jacob (éds.): Syntaxe, structure informationnelle et organisation du discours dans les langues romanes. 2011.

Band 34 Maria Selig / Gerald Bernhard (Hrsg.): Sprachliche Dynamiken. Das Italienische in Geschichte und Gegenwart. 2011.

Band 35 Elmar Schafroth / Maria Selig (Hrsg.): *Testo e ritmi.* Zum Rhythmus in der italienischen Sprache. 2012.

Band 36 Valeriano Bellosta von Colbe / Marco García García (eds.): Aspectualidad – Transitividad – Referencialidad. Las lenguas románicas en contraste. 2012.

Band 37 Daniel Jacob / Katja Ploog (éds.): Autour de *que* - El entorno de *que*. 2013.

Band 38 Ursula Reutner / Elmar Schafroth (eds./cur./éds.): Political Correctness. Aspectos políticos, sociales, literarios y mediáticos de la censura lingüística. Aspetti politici, sociali, letterari e mediatici della censura linguistica. Aspects politiques, sociaux, littéraires et médiatiques de la censure linguistique. 2012.

Band 39 Sabine De Knop / Fabio Mollica / Julia Kuhn (Hrsg.): Konstruktionsgrammatik in den romanischen Sprachen. 2014.

Band 40 Ludwig Fesenmeier / Sabine Heinemann / Federico Vicario (Hrsg./a cura di): Sprachminderheiten: gestern, heute, morgen. Minoranze linguistiche: ieri, oggi, domani. 2014.

Band 41 Mathias Arden: Inszenierte und elaborierte Mündlichkeit bei *TV Globo*. Zur soziostilistischen Modellierung morphosyntaktischer Variablen des brasilianischen Portugiesisch. 2015.

Band 42 Elmar Schafroth / Maria Selig (a cura di/Hrsg.): La lingua italiana dal Risorgimento a oggi. Das Italienische nach 1861. Unità nazionale e storia linguistica. Nationale Einigung und italienische Sprachgeschichte. In collaborazione con/In zusammenarbeit mit Nora Wirtz. 2014.

Band 43 Romana Castro Zambrano: Diskursanalyse und mentale Prozesse. Sprachliche Strategien zur diskursiven Konstruktion nationaler Identität bei Hugo Chávez und Evo Morales. 2015.

Band 44 Anna-Maria De Cesare / Davide Garassino (eds.): Current Issues in Italian, Romance and Germanic Non-canonical Word Orders. Syntax – Information Structure – Discourse Organization. 2016.

Band 45 Martin Becker / Ludwig Fesenmeier (a cura di): Relazioni linguistiche. Strutture, rapporti, genealogie. 2016.

Band 46 Carlota de Benito Moreno / Álvaro S. Octavio de Toledo y Huerta (eds.): En torno a 'haber'. Construcciones, usos y variación desde el latín hasta la actualidad. 2016.

Band 47 Marta Fernández Alcaide / Elena Leal Abad / Álvaro S. Octavio de Toledo y Huerta (eds.): En la estela del Quijote. Cambio lingüístico, normas y tradiciones discursivas en el siglo XVII. 2016.

Band 48 Vivian Pereira-Koschorreck: Kontaktanzeigen kontrastiv. Französische und deutsche Kontaktanzeigen im diachronen und synchronen Vergleich. 2016.

Band 49 Ulrike Kolbinger: Indigene Schreiber im kolonialen Peru. Zur juristisch-administrativen Textproduktion im Jauja-Tal (16. und 17. Jahrhundert). 2017.

Band 50 Gabriela Cruz Volio: Actos de habla y modulación discursiva en español medieval. Representaciones de (des)cortesía verbal histórica. 2017.

Band 51 Daniela Pietrini: Sprache und Gesellschaft im Wandel. Eine diskursiv basierte Semantik der Familie im Gegenwartsfranzösischen am Beispiel der Presse. 2017.

Band 52 María Teresa Echenique Elizondo / Angela Schrott / Francisco Pedro Pla Colomer (eds.): Cómo se *hacen* las unidades fraseológicas: continuidad y renovación en la diacronía del espacio castellano. 2018.

Band 53 Dolores Corbella / Alejandro Fajardo / Jutta Langenbacher-Liebgott (eds.): Historia del léxico español y Humanidades digitales. 2018.

Band 54 Steffen Heidinger: Sekundäre Prädikation und Informationsstruktur. Fokus und Informationsstatus bei spanischen Depiktiven. 2018.

Band 55 Elena Carmona Yanes: Tres siglos de cartas de lectores en la prensa española. Estudio discursivo histórico. 2019.

Band 56 Susana Rodríguez Rosique: El futuro en español. Tiempo, conocimiento, interacción. 2019.

Band 57 Ermenegildo Bidese / Jan Casalicchio / Manuela Caterina Moloni: La linguistica vista dalle Alpi. Linguistic views from the Alps. Teoria, lessicografia e multilinguismo. Language Theory, Lexicography and Multilingualism. 2019.

Band 58 Elton Prifti / Martina Schrader-Kniffki (Hrsg.): Translation und sprachlicher Plurizentrismus in der *Romania „minor"*. 2020.

Band 59 Carolin Patzelt / Elton Prifti (Hrsg.): Diachrone Varietätenlinguistik: Theorie, Methoden, Anwendungen. 2020.

Band 60 Inga Hennecke / Eva Varga (Hrsg.): Sprachliche Unsicherheit in der Romania. 2020.

Band 61 Araceli López Serena / Santiago Del Rey Quesada / Elena Carmona Yanes (eds.): Tradiciones discursivas y tradiciones idiomáticas en la historia del español moderno. 2020.

Band 62 Mar Garachana (ed.): La evolución de las perífrasis verbales en español. Una aproximación desde la gramática de construcciones diacrónicas y la gramaticalización. 2020.

Band 63 Erica Autelli: Il Genovese Poetico attraverso i Secoli. 2021.

Band 64 Paula Rebecca Schreiber: Sprachliche Kontextualisierung von globalen und lokalen Popkulturen. *Hip Hop Linguistics, Resistance Vernacular* und italienischsprachigen Rap. 2021.

Band 65 Alexander M. Teixeira Kalkhoff / Maria Selig / Christine Mooshammer (eds.): Prosody and Conceptional Variation. 2021.

Band 66 Santiago Del Rey Quesada: Grupos léxicos paratácticos en la Edad Media romance. Caracterización lingüística, influencia latinizante y tradicionalidad discursiva. 2021.

Band 67 María Méndez Orense: La tradicionalidad discursiva del texto preensayístico en los siglos XVII y XVIII. Caracterización lingüística del discurso sobre economía política de *arbitristas* y *proyectistas*. 2022.

Band 68 M.ª Ángeles Blanco Izquierdo / Gloria Clavería Nadal (eds.): El diccionario académico en la segunda mitad del siglo XIX: evolución y revolución. *DRAE* 1869, 1884 y 1899. 2021.

Band 69 Adelaida Hermoso Mellado-Damas: El adverbio francés y sus combinaciones. 2022.

Band 70 Mercedes de la Torre García / Francisco Molina-Díaz (eds.): Paisaje lingüístico: cambio, intercambio y métodos. 2022.

Band 71 Vincenzo Damiazzi: Domande retoriche nel *Bundestag*. Un'analisi prosodica. 2022.

Band 72 Ana I. Codesido García / Carlos Hernández Sacristán / Victoria Marrero-Aguiar (eds.): Lingüística clínica en el ámbito hispánico: un panorama de estudios. 2023.

Band 73 María José García Folgado / Miguel A. Silvestre Llamas (eds.): Lengua, prensa y enseñanza en el siglo XIX. 2024.

Band 74 Ignacio Satti: Progresividad en la narración colaborativa. Un análisis multimodal. 2023.

Band 75 Alejandro Junquera Martínez: El color del español en el siglo XVII: estudio lexicográfico y documental. 2023.

Band 76 Miguel Ángel Puche Lorenzo / Antoni Nomdedeu-Rull (eds.): El léxico especializado en el español contemporáneo (1884-1936). 2024.

Band 77 Antonio Cañas García: La sintaxis de los determinantes específicos y definidos. 2024.

Band 78 Carmen Martín Cuadrado: Los repertorios fraseográficos del español en el siglo XIX: historia, fuentes, tipología y metodología. 2025.

Band 79 Francisco Javier Perea Siller: La obra lingüística de Fernando Araujo y Gómez (1857-1914): orígenes del lenguaje, fonética y enseñanza de idiomas. 2026.

Band 80 Leticia González Corrales: Las novedades del léxico común en la lexicografía española del siglo XIX: la aportación de los diccionarios de autor (1825-1847). 2025.

Band 81 Rosalía Rodríguez-Vázquez y Miguel Cuevas-Alonso (eds.): Perspectivas actuales en fonética experimental. Análisis segmental, prosodia y enseñanza de la fonética del español. 2026.

Band 82 Natalia López Cortés y Esther Álvarez García (eds.): Predicación y categorías en español: un panorama teórico y aplicado. Próximamente.

Band 83 Juan Carlos Justiniano López: La música en sus palabras: Análisis y clasificación del léxico español de la música occidental. *Términos* y *palabras* en la nomenclatura de la teoría y el lenguaje musical. Próximamente.

Band 84 Mar Capilla Martín: El género gramatical en español: factores determinantes en la asignación de género en sustantivos inanimados. 2026.

www.peterlang.com

FSC
www.fsc.org
MIX
Papier | Fördert
gute Waldnutzung
FSC® C083411

Kolibri 360 GmbH
Ferdinand-Jühlke-Straße 7
99095 Erfurt, Deutschland
produktsicherheit@kolibri360.de

Druck:
CPI Druckdienstleistungen GmbH
im Auftrag der
Kolibri 360 GmbH
Ferdinand-Jühlke-Str. 7
99095 Erfurt